Venedig
Este
Adria
antike Küste
Spina
Ravenna
Rimini
ucchio
MBRIA
Sassoferrato
Ancona
Fermo
Mare
Adriaticum
(Adriatisches
Meer)
PICENUM
Liris
Liris
Volturno
Capua
Cumae
CAMPANIA
Neapel
thecussae
Pompeji
Fratte
Pontecagnano
0
50
100 km

Dirk Steuernagel

Die Etrusker

Dirk Steuernagel

Die Etrusker

Ursprünge – Geschichte – Zivilisation

marixverlag

Inhalt

Einleitung 9

1. Die Wiederentdeckung der Etrusker 11

2. Ursprünge der Etrusker und der etruskischen Gesellschaft 18

2.1 Die etruskische Sicht 18
2.2 Die Sicht der Griechen und Römer 20
2.3 Die Problematik der etruskischen Sprache 22
2.4 Die prähistorischen Anfänge der etruskischen Kultur 30
2.5 Der Beitrag der Humangenetik 35
2.6 Das Problem des Ethnos und der Ethnogenese 37

3. Der geographische und historische Rahmen 39

3.1 Das Kernland und die weiteren Siedlungsgebiete der Etrusker 39
3.2 Die Etrusker und ihre Nachbarn 43
3.3 Die Unterwerfung durch Rom und das etruskische Erbe 51

4. Städte, Siedlungsstruktur und wirtschaftliche Grundlagen 59

4.1 Die Entstehung der städtischen Zentren 59
4.2 Stadtraum und Architektur 67
4.3 Agrarwirtschaft, territoriale Herrschaft und Bodenschätze 79
4.4 Austausch und Handel 83

5. Gräber und Nekropolen 94

5.1 Zur Bedeutung der Gräber für die Erforschung der etruskischen Zivilisation 94
5.2 Gräber und Nekropolen der orientalisierenden und archaischen Zeit (7. Jh. bis 5. Jh. v. Chr.) 96
5.3 Gräber und Nekropolen der nacharchaisch-hellenistischen Zeit (4. Jh. bis 1. Jh. v. Chr.) 109
5.4 Zwischen Diesseits und Jenseits 115

6. Die etruskische Gesellschaft 125

6.1 Quellen und methodische Grundlagen einer etruskischen Sozialgeschichte 125
6.2 Familienstrukturen und Familienverbände 126
6.3 Die Aristokratie 130
6.4 Andere gesellschaftliche Gruppen 139
6.5 Politische Institutionen 144

7. Die etruskische Religion 151

7.1 Die Überlieferung des religiösen Wissens 151
7.2 Kosmologie und die Ordnung von Raum und Zeit 158
7.3 Die etruskische Götterwelt 161
7.4 Heiligtümer, Tempel und Kulte 167
7.5 Totenkult und Ahnenkult 176

8. Kunst und Handwerk 182

8.1 Die orientalisierende Zeit (Ende 8. Jh. bis frühes 6. Jh. v. Chr.) 182
8.2 Die archaische Zeit (6. Jh. bis Mitte 5. Jh. v. Chr.) .. 190
8.3 Die nacharchaisch-frühhellenistische Zeit (Mitte 5. Jh. bis Mitte 3. Jh. v. Chr.) 198
8.4 Die Zeit des Hellenismus und der Romanisierung (Mitte 3. Jh. bis 1. Jh. v. Chr.) 207

Zum Schluss 212

Anhang I: Namen etruskischer Städte und Stätten, modern und antik 215

Anhang II: Epochen 216

Anhang III: Bibliographie 217

Einleitung

Noch ein Buch über die Etrusker? Es scheint wahrhaftig kein Mangel zu herrschen an Literatur über dieses antike Volk, das im modernen Bewusstsein vor allem als Vorläufer und Wegbereiter der Römer gegenwärtig ist. Das Interesse ist gleichwohl lebendig und veranlasst europäische und außereuropäische Museen immer wieder, Sonderausstellungen zum Thema zu veranstalten. In deren Ankündigungen dürfen Begriffe wie »Rätsel« und »Geheimnis« oder gar »Mysterium« nicht fehlen, denn die ungebrochene Anziehungskraft geht gerade von ungelösten Problemen aus, die die Etrusker für die heutige Wissenschaft natürlich auch weiterhin bereithalten. Nicht dass andere antike Kulturen ganz ohne Geheimnisse oder Rätsel wären: Wenn wir etwa meinen, Griechen und Römer gut oder gar »zu gut« zu kennen, sodass Langeweile droht, dann oft nur aufgrund von Scheingewissheiten, die eine humanistische Bildungstradition oder deren späte Ausläufer vermitteln. Aus dieser Tradition waren die Etrusker, weil sie keine »klassischen« Texte hinterließen, ausgeschlossen – und gerade das macht sie noch heute interessant, nachdem die Tradition abgerissen ist und der von ihr aufgestellte Kanon keine Verbindlichkeit mehr besitzt.

Dieses Buch möchte das Interesse aufgreifen und zugleich zeigen, wie stark die etruskische Kultur mit anderen antiken Kulturen verwoben war, wie eng sich die Kontakte mit Griechen und Römern, aber auch mit Phöniziern oder Kelten gestalteten. Selbstverständlich kann hier nicht die Geschichte des gesamten Mittelmeerraums im 1. Jahrtausend v. Chr. aufgerollt werden. Es ist mir aber ein Anliegen, die Etrusker nicht isoliert, als Faszinosum zu betrachten, sondern in ihrer historischen Bedingtheit und Eingebundenheit. Die Etrusker haben auf vielen Gebieten noch heute Beeindruckendes geschaffen: Werke der Architektur, der Kunst, des Handwerks führen uns diese Leistungen vor Augen. Ihre eigene Kreativität auf diesen Gebieten wird aber vielleicht noch übertroffen von den kulturellen Transferleistungen der Etrusker. Damit nehmen sie tatsächlich eine Schlüsselposition ein im Austausch zwischen dem östlichen Mittelmeer einerseits, Italien und dem transalpinen Europa andererseits.

Gedacht ist das Buch für Italienreisende, allgemein kulturhistorisch Interessierte, auch Studierende historischer, archäologischer und anderer Fachrichtungen. Dem Reihenprofil entsprechend habe ich mich bemüht, den aktuellen Stand der Wissenschaft zu wesentlichen Aspekten der etruskischen Geschichte und Zivilisation allgemeinverständlich zusammenzufassen.

Ich hoffe, mit dieser Überblicksdarstellung eine zuverlässige Ausgangsbasis für die Beschäftigung mit den Etruskern zu bieten. Ein Einstieg ist grundsätzlich über jedes Kapitel möglich, über Querverweise lassen sich inhaltliche Zusammenhänge erschließen. Die im Anhang zusammengestellte Literatur ermöglicht vertiefende Studien. Hingegen wurde, um den Lesefluss zu erleichtern, auf Fußnoten verzichtet. Nur die wichtigsten Belege aus der antiken Literatur sind an den entsprechenden Stellen im Text selbst zitiert.

Die Darstellung setzt, auch hierin dem Reihenprofil verpflichtet, in erster Linie auf das Wort. Nun kennen wir die Etrusker jedoch mehr noch durch ihre materiellen Hinterlassenschaften denn durch Schriften. Daher begleiten Abbildungen von ausgewählten Objekten und Befunden den Text, um wenigstens exemplarisch deren Bedeutung für das Verständnis der etruskischen Zivilisation zu beleuchten.

Noch eine letzte Vorbemerkung: Ortsnamen sind in der Regel in ihrer modernen (meist italienischen) Form angegeben. Nur wo andere Formen im Deutschen üblich sind (z. B. Rom, Veji, Pompeji), oder wo aus dem Zusammenhang heraus die antike Form naheliegt, wurde von dieser Regel abgewichen. Zur Vermeidung von Missverständnissen sind in Anhang I die einander entsprechenden modernen und antiken Ortsnamen zusammengestellt.

Regensburg, im Oktober 2019

1. Die Wiederentdeckung der Etrusker

»Die Etrusker waren, wie jedermann weiß, das Volk, das in den frühen Tagen Roms die Mitte Italiens besaß und das die Römer, in ihrer üblichen nachbarschaftlichen Art, vollständig auslöschten, um Platz zu schaffen für Rom – Rom mit einem großen R. Sie hätten sie nicht alle auslöschen können, es gab zu viele von ihnen. Aber sie löschten die etruskische Existenz als Nation und Volk aus. Das scheint indessen das unausweichliche Ergebnis einer Expansion – Expansion mit einem großen E –, die die einzige *raison d'être* für Leute wie die Römer ist.«

Mit diesen Worten beginnt D. H. Lawrence einen Essay über seinen Besuch der etruskischen Gräber von Cerveteri im Jahr 1927. Lawrence, abgestoßen vom im damaligen Italien gepflegten faschistischen Kult des »Römertums«, macht sich hier zum Anwalt der verdrängten und scheinbar vergessenen Etrusker. Tatsächlich waren diese mit Ausgang der Antike aus dem historischen Bewusstsein Europas fast völlig verschwunden. Zwar hatten sich griechische und römische Autoren bisweilen mit spezifischen etruskischen Gebräuchen und Institutionen befasst, wie Aristoteles und Theopompos, oder die Geschichte Etruriens ausführlich dargestellt, wie der römische Kaiser Claudius. Aber von diesen Büchern waren nur die Titel und wenige, kurze Zitate überliefert. Erst das Spätmittelalter und die Renaissance entdeckten die Etrusker neu. Man sah sie, zumal in den aufstrebenden Kommunen Mittelitaliens, als Bürgen für eine historische Bedeutung, durch die man sich auf Augenhöhe mit Kaiserherrschaft und Papsttum wähnte.

Unter den ersten »Entdeckern« waren Giovanni Villani und Leonardo Bruni. Beide verfassten nicht in Latein, sondern in der Volkssprache Abhandlungen zur Geschichte von Florenz (1350 bzw. 1410). Darin stellten sie fest, dass die Etrusker vor dem Aufstieg Roms weite Teile Italiens dominiert hätten. Konnten sie sich für diese Behauptung auf Aussagen des römischen Historiographen Livius (*Ab urbe condita* 1, 2, 5) und des spätantiken Vergilkommentators Servius (*Comentarii in Vergilii Aeneidos* 11, 567) stützen, so spitzten sie ihre Darstellung doch in einer Weise zu, die nicht mehr von den antiken Quellen gedeckt war. Bruni etwa sah die Ursache des Niedergangs Roms in der Abkehr von dem Modell freier Stadtstaaten, das sich ursprünglich im etruskischen Zwölfstädtebund manifestiert habe. Villani hingegen verstieg sich zu der Behauptung, die etruskische Stadt Fiesole, oberhalb von Florenz gelegen, sei die älteste Stadt nicht nur Italiens, sondern ganz Europas, gegründet von einem direkten Nachfahren Noahs (*Nuova Cronica* 1, 7), der zugleich Vater des Gründers von Troja und somit Urahn der Römer gewesen sein soll. Als Beleg führte Villani die bis heute streckenweise noch gut erhaltenen, aus riesigen Quadern gefügten etruskischen Stadtmauern von Fiesole an. Auch andernorts berief man sich auf etruskische Ruinen als Zeugnisse einstiger Größe.

Einen Schritt weiter ging bei der Verfertigung solcher Abstammungslinien und Geschichtsbilder der aus Viterbo stammende Dominikanermönch Giovanni Nanni. Unter dem Namen Annius veröffentlichte er 1498 eine Sammlung von angeblich antiken Texten (*Opera diversorum auctorum de antiquitatibus loquentium* bzw. *Antiquitates variae*), die eine von der griechisch-römischen Historiographie abweichende, enger an die biblische Tradition anschließende Sicht der Weltgeschichte eröffnen sollte. Annius schrieb die – tatsächlich von ihm selbst verfassten Texte – Autoren zu, die zwar hier und dort in überlieferten Schriften zitiert, deren Werke aber meist vollständig verloren waren. So behauptete er, unter Berufung insbesondere auf den babylonischen Gelehrten Berosus, nicht das »lügnerische Griechenland«, sondern Etrurien sei die Wiege der europäischen Zivilisation, genauer: Viterbo, wo Noah sich unter dem Namen Janus nach der Sintflut niedergelassen und als Herrscher ebenso wie als Priester gewirkt habe. Als Rom die Rolle des *caput mundi* usurpiert und die griechische Philosophie an die Stelle der ursprünglichen Lehre des Noah-Janus gesetzt habe, sei die wahre Geschichte vergessen und der Schein griechischer Überlegenheit produziert worden. Obwohl diese Texte schon bald als Fälschungen entlarvt wurden und trotz ihrer Frontstellung gegen die humanistische Wiederentdeckung der griechischen Philosophie, wirkten Annius' Fantastereien lange nach. Sie bedienten den Wunsch nach Versöhnung von antikem und christlichem Erbe, der sich unabhängig von Annius schon beim Architekten Leon Battista Alberti finden lässt. Dieser behauptete in dem erst postum 1485 veröffentlichten Traktat »Über die

Baukunst« (*De re aedificatoria* 6, 3), es habe »eine wahre und geheiligte, schriftliche Tradition für den Tempelbau« bei den Etruskern gegeben und diese sei unmittelbar auf zeitgenössische Sakral-, also christliche Kirchenbauten anwendbar. Als auf heiligen Schriften basierend, damit dem Christentum verwandt, ist in der Sichtweise von Guillaume Postel auch die etruskische Religion. Schon der Titel seines 1551 in Florenz erschienenen Buches, *De Etruriae regionis, quae prima in orbe Europaeo habitata est, originibus, institutis, religione et moribus* (»Über die Ursprünge, Einrichtungen, Religion und Sitten der Länder Etruriens, das als erstes auf dem europäischen Kontinent bewohnt wurde«), lässt erkennen, dass Postel zudem von Annius das Postulat eines zivilisatorischen Primats der Etrusker übernahm. Etwa zur gleichen Zeit führten andere Gelehrte wie Pier Francesco Giambullari die toskanische Volkssprache auf das Etruskische und dieses wiederum auf das Aramäische als biblische Ursprache zurück (*Il Gello*, 1544, Neuauflage 1549 unter dem Titel *Origini della lingua fiorentina*).

Postel wie Giambullari wirkten in Florenz unter der monarchischen Herrschaft Cosimos I. de' Medici, der sich seit 1569 »Großherzog der Toskana« nannte. Zur Legitimation seiner Territorialherrschaft berief sich Cosimo häufig auf die etruskische Vormachtstellung im antiken Mittelitalien und insbesondere auf die legendenumwobene Gestalt des Porsenna, einen König von Clusium (Chiusi), dem es sogar beinahe geglückt sein soll, Rom einzunehmen. Giorgio Vasari, seit 1554 künstlerischer Berater Cosimos, ließ denn auch ein berühmtes, zu jener Zeit in Arezzo gefundenes Bronzebildwerk, die Chimaira, im Palazzo Vecchio, dem offiziellen herzoglichen Regierungssitz, aufstellen (Abb. 1). In einem wohl fiktiven Dialog mit Francesco de' Medici, den Vasari 1557 veröffentlichte, erklärte er dazu, die Inschrift auf einem Bein des Fabelwesens und die altertümliche Formgebung ließen erkennen, dass es sich um ein etruskisches Werk handele; die Etrusker hätten schon vor Griechen und Römern sich in den Künsten geübt und dürften damit tatsächlich eine Vorrangstellung beanspruchen.

Obgleich nach dem Tode Cosimos I. das Interesse zunächst deutlich nachgelassen hatte, ging die nächste Welle der Etruskerbegeisterung wiederum von Florenz aus. Auslöser war die Publikation einer umfassenden, philologisch-historischen Abhandlung, die ein schottischer Gelehrter namens Thomas Dempster im Auftrag des Großherzogs Cosimo II. zwischen 1616 und 1619 verfasst hatte. Gedruckt erschien das Werk erst 1726 *(De Etruria regali libri VII).* Die zweibändige Buchausgabe wurde nun, der damals neuen antiquarischen Ausrichtung der Geschichtsschreibung entsprechend, um einen von Filippo Buonarroti kommentierten Apparat von Kupferstichen ergänzt. Seinem Beispiel folgend, publizierte der Priester und Altertumsforscher Anton Francesco Gori bald darauf drei Bände eines *Museum Etruscum* (1736–1743) mit zahlreichen Illustrationen etruskischer Monumente und Funde (Abb. 1). Darin berichtet er gelegentlich auch über eigene Nachforschungen, so in einer gerade geöffneten Grabstätte in Volterra. Damit regte er wiederum eine manchmal geradezu fieberhafte Suche nach etruskischen Gräbern in Volterra und an anderen Orten der Toskana an. Umfangreiche Sammlungen etruskischer Altertümer entstanden, wollte man doch die Geschichte an den Monumenten erweisen, statt auf lückenhafte und oft tendenziöse Berichte griechischer und römi-

Abb. 1: Chimaira, Stich aus Th. Dempster: De Etruria regali, *Florenz 1733, Taf. 22*

scher Historiographen zu vertrauen. Mit derselben Motivation unternahm man erste ernstzunehmende Versuche, die etruskische Schrift zu lesen, die Struktur der Sprache und die Inhalte der Texte zu verstehen. Im Zuge dieser *Etruscheria* genannten, weite Kreise der italienischen Gelehrtenwelt erfassenden Bewegung wurde 1726 die *Accademia Etrusca* in Cortona gegründet, die eine paneuropäische Ausstrahlung entwickelte und zu ihren Mitgliedern Geistesgrößen wie Montesquieu und Voltaire zählte. Dennoch wurde immer wieder, nicht zuletzt aus einem bornierten Lokalpatriotismus heraus, die alte Behauptung der Vorrangstellung der Etrusker gegenüber der griechischen und römischen Kultur erneuert. Selbst Johann Joachim Winckelmann, der bis heute als Gründer der Klassischen Archäologie gilt, ordnete in seiner *Geschichte der Kunst des Alterthums* (1764) die Etrusker einer historischen Entwicklungsstufe vor der griechischen Kunst zu. Demgegenüber zeigten bereits Winckelmanns jüngere Zeitgenossen Christian Gottlob Heyne und Luigi Lanzi wichtige Querverbindungen zwischen der etruskischen und der griechischen Kultur auf und legten so die Grundlagen für ein modernes historisches Verständnis.

Die Hochkonjunktur der archäologischen Erforschung (und Ausplünderung!) etruskischer Stätten setzte jedoch erst in den 1820er-Jahren und dann vor allem auf dem Territorium des damaligen Kirchenstaats ein. Nekropolen in Veji, Cerveteri, Corneto (Tarquinia), Vulci, rund um Viterbo und auch weiter nördlich, in der Region um Perugia und Chiusi, wurden zum Ziel von in der Regel ortsansässigen Ausgräbern, deren wichtigste Motivation oft darin bestand, mit den in den Gräbern gefundenen Objekten einträgliche Geschäfte zu machen. Somit wurden die Fundstücke über unzählige Sammlungen verstreut, die damals in ganz Europa entstanden. Daneben gab es aber auch recht gewissenhafte Dokumentationen von Fundkontexten, wie jene, die 1836 bei der Ausgrabung einer Grabanlage des 7. Jh.s v. Chr. in Cerveteri der Ortspriester Alessandro Regolini und der päpstliche Offizier Vincenzo Galassi erstellten (dazu 6.2). Die Funde aus dem nach ihnen benannten Grab gingen dann in das unter Papst Gregor XVI. 1837 gegründete, weltweit erste öffentliche Etruskermuseum im Vatikan ein, wo sie noch heute zu sehen sind. Wenig später erhielt auch das Britische Museum in London seine etruskische Abteilung, nach dem Ankauf von Objekten einer spektakulären Ausstellung, die findige »Grabungsunternehmer« aus Tuscania in der Pall Mall veranstaltet hatten. Andere europäische Museen zogen nach. Zugleich entstanden wissenschaftliche Apparate, indem etruskische Inschriften systematisch abgeformt (»abgeklatscht«) und abgeschrieben, Faksimiles und Umzeichnungen von etruskischen Bildwerken zusammengetragen wurden. Hierin tat sich Eduard Gerhard, Mitbegründer des in Rom angesiedelten *Instituto di Corrispondenza Archeologica* und seit 1833 Archäologe an den Berliner Museen, besonders hervor. Nach der Mitte des 19. Jahrhunderts wurden auf dem Fundament des gesammelten Materials umfangreiche Corpora von etruskischen Inschriften, Spiegelgravuren, Reliefs usw. publiziert.

Im Gegensatz zu dem enormen Zuwachs an archäologischem und epigraphischem Quellenmaterial war die Wertschätzung der etruskischen Kulturleistungen seit den Tagen der *Etruscheria* allerdings stark gesunken. Nach den Maßstäben des im 19. Jahrhundert vorherrschenden klassizistischen Kunstgeschmacks konnten etruskische neben griechischen Werken nicht bestehen, sondern waren höchstens als qualitativ minderwertige Reflexe einer Betrachtung wert. Die Abkehr von der klassizistischen Ästhetik zu Beginn des 20. Jahrhunderts führte eine erneute Wende herbei. Was bisher als vergröberte Nachahmung, ja barbarische Verballhornung echter künstlerischer Form gesehen worden war, galt nun als spontane Äußerung einer vitalen, urtümlichen Kreativität. Diese gewissermaßen »völkische« Umwertung schlug sich in Italien, besonders unter dem faschistischen Regime und durch ihm nahestehende Wissenschaftler wie Giulio Quirino Giglioli, in der Vereinnahmung der etruskischen Kultur als Substrat der eigenen nationalen Kultur nieder. Die Etruskerforschung erfuhr in dieser Periode, zwischen 1920 und 1940, einen enormen Aufschwung. Sie wurde gar zur eigenen Disziplin, der Etruskologie, freilich um den Preis der partiellen Lösung von den Altertums- und historischen Sprachwissenschaften. Große wissenschaftliche Kongresse auf nationaler wie internationaler Ebene fanden statt, es entstanden spezialisierte Lehrstühle an den Universitäten und Forschungszentren, vor allem in Italien. Diese bildeten die Basis für gezielte Untersuchungen, mit denen man die bislang ungeklärten Probleme lösen wollte.

Ohne dass ein ideologischer oder erkenntnistheoretischer Bruch erklärt bzw. offen zutage getreten wäre, kühlten die oft hitzig geführten Debatten, z. B. über die Herkunft des etruskischen Volkes oder die Zugehörigkeit des Etruskischen zu einer der bekannten Sprachfamilien, schon im Laufe der späteren 1930er- und 1940er-Jahre merklich ab. Eine gewisse historisierende Versachlichung setzte ein, angeleitet nicht zuletzt durch den Giglioli-Schüler Massimo Pallottino. Begleitet wurde sie von einer Ausweitung der wissenschaftlichen Interessen, in deren Zuge sich die Forschung in der Zeit nach dem Zweiten Weltkrieg vermehrt sozialgeschichtlichen Aspekten widmete, nicht allein Gräber und Heiligtümer, sondern vermehrt auch Siedlungen und Produktionsstätten archäologisch untersuchte. Damit einhergehend wurden neben der seit Vasaris Tagen stets vielbeachteten etruskischen Bildkunst eine ganze Reihe anderer Materialgattungen als primäre Quellen für die etruskische Geschichte erschlossen, sodass sich beispielsweise Handelsverbindungen in den keltischen Kulturraum beiderseits der Alpen erstmals deutlich fassen ließen. So wuchs das Verständnis der etruskischen Zivilisation als Teil einer ethnisch wie kulturell komplexen Landschaft Altitaliens und der antiken Mittelmeerwelt. Leider ist die institutionalisierte wissenschaftliche Beschäftigung mit den Etruskern in vielen Ländern außerhalb Italiens dennoch auf dem Rückzug, eine akademische Marginalisierung droht. Sehr erfolgreiche Publikumsausstellungen, die in mittlerweile immer enger werdenden zeitlichen Abständen in ganz Europa stattfinden, können darüber nicht hinwegtäuschen. Auch ist es mit solchen Veranstaltungen, obwohl sie einem großen Kreis von Interessierten neue Facetten des Etruskerbildes vor Augen stellen, bisher nicht vollständig gelungen, mit dem Klischee der »anti-klassischen«, »mysteriösen« Kultur aufzuräumen.

2. Ursprünge der Etrusker und der etruskischen Gesellschaft

2.1 *Die etruskische Sicht*

Wie man in der frühen Neuzeit über das Alter der etruskischen Zivilisation diskutierte und den Ursprüngen des Volkes nachspürte, so hatte es schon in der Antike eine lebhafte Debatte über die Herkunftsfrage gegeben – zumindest in der griechischen und römischen Geschichtsschreibung. Was die Etrusker darüber dachten, ist kaum bekannt. Nicht einmal den Namen, den sie sich selbst gaben, kennen wir mit Gewissheit. Dionysios von Halikarnassos, der um die Zeitenwende eine Geschichte Roms in zwanzig Büchern verfasste, sagt, die Etrusker selbst nennten sich *Rasenna* (*Antiquitates Romanae* 1, 30, 3). Tatsächlich ist derselbe Wortstamm in verschiedenen etruskischen Inschriften wiederzuerkennen, als Teil von Titeln städtischer Magistrate (*zilath mechl rasnal* bzw. *rasnas*), einmal auch zur Bezeichnung eines Territoriums auf einem Grenzstein aus Cortona *(tular rasnal)*. Der Kontext legt hier jeweils aber nahe, dass eine Bezeichnung des Volkes nicht als ethnische, sondern als politische Einheit vorliegt (vergleichbar lat. *populus*). Die Angabe des Dionysios, der kaum der etruskischen Sprache mächtig gewesen sein dürfte, beruht also vielleicht auf einem Missverständnis. Tatsächlich könnte die Selbstbezeichnung der Etrusker von einem erschlossenen Wortstamm **Turs-* gebildet worden sein, der sich umgeformt im griechischen *Tyrsenoi* bzw. *Tyrrhenoi* und im lateinischen *Etrusci* wiederfindet.

Ein Selbstverständnis als Ethnos scheint jedenfalls unter den Etruskern verbreitet gewesen zu sein, obwohl sie politisch auf verschiedene Stadtstaaten verteilt lebten. Sie waren nur lose durch eine Bundesorganisation verknüpft, die »zwölf Völker Etruriens« *(duodecim populi Etruriae)*, die sich zu Versammlungen in einem Bundesheiligtum trafen (dazu 6.5). Für das übergreifende Selbstverständnis steht der Begriff des *nomen Etruscum*, der sich in römischen Quellen findet, die sich auf eine religiös definierte Zeitrechnung und ein schicksalhaft vorherbestimmtes Ende des etruskischen Volksstamms beziehen. Wie verschiedentlich bezeugt, unterteilten die Etrusker ihre Geschichte in *saecula*, deren Dauer unterschiedlich gewesen sein und sich nach dem Todesdatum desjenigen Menschen gerichtet haben soll, der von Beginn des *saeculum* an am längsten gelebt hatte. Das Ende sei dann jeweils durch göttliche Vorzeichen angezeigt worden. Der antiquarische Geschichtsschreiber Marcus Terentius Varro wusste im späteren 1. Jh. v. Chr. zu berichten, dass etruskische Geschichtswerke dem etruskischen Volk insgesamt zehn *saecula* zumessen, acht davon seien schon abgelaufen, ein neuntes und zehntes stehe noch bevor, dann werde das Ende der etruskischen Nation *(finis nominis Etrusci)* gekommen sein (überliefert bei Censorinus, *De die natali* 17, 6). Dieses Ende rückte offenbar im Bewusstsein der Etrusker näher, als nach dem Tod Caesars im Jahr 44 v. Chr. ein Komet erschien, das sog. *sidus Iulium*. Augustus berichtete in seinen Memoiren (zitiert bei Servius, *Commentarii in Vergili Bucolica Ecl.* 9, 47), ein etruskischer Priester habe damals den Kometen als Zeichen für das Ende des neunten und den Beginn des zehnten, letzten *saeculum* gedeutet. Damit lässt sich, unter Berücksichtigung der bei Varro überlieferten Daten zur Dauer der früheren *saecula,* ungefähr abschätzen, dass die Etrusker den Anfang ihrer Geschichte nach heutiger Zeitrechnung um die Wende vom 2. zum 1. Jahrtausend v. Chr. angesetzt haben dürften.

Auf der Lehre von den *saecula* und dem Anfang der Geschichte fußt auch ein in Kompilationen der Schriften römischer Feldmesser enthaltener Text (*Gromatici veteres,* ed. K. Lachmann 1848, p. 350), der wörtlich aus dem Etruskischen ins Lateinische übersetzt zu sein scheint. Als Sprecherin tritt eine Prophetin namens Vegoia auf, die vor Verstößen gegen sakralrechtlich garantierte Grenzziehungen warnt, die im achten *saeculum* begangen würden. Diese Warnung ist verknüpft mit einer nur kurz angerissenen Weltschöpfungsgeschichte, in der Jupiter das Gebiet von Etrurien *(terra Aetruriae)* für sich beansprucht. Damit wird nahegelegt, dass der betreffende Teil Italiens schon von Anbeginn der Zeiten etruskisch gewesen sei. Wenngleich dies einer leicht durchschaubaren Strategie des Textes entspricht, privates Eigentum an Grund und Boden als göttlich gegeben erscheinen zu lassen, könnte dahinter sehr wohl ein Verständnis der Etrusker als Ureinwohner Italiens stehen. Ähnliches deutet sich an in der Gestalt eines »Propheten« namens Tages, eines mit Weisheit und körperlichen Merkmalen des Alters versehenen Knaben. Er soll nahe der etruskischen Stadt *Tarquinii* (heute Tarquinia) einer Ackerscholle entstiegen sein und die Menschen in religiösen Praktiken, insbesondere der typisch etruskischen Vorzeichendeutung unterwiesen haben (Cicero, *De divinatione* 2, 50; vgl. 7.1). Auch diese Überlieferung lässt auf ein Selbstbild als Ureinwohner schließen, wenn man den »erdgeborenen« Tages etwa mit den Heroen und Urkönigen Erichtonios und Erechtheus vergleicht, in denen die antiken Athener ihre eigene Autochthonie verkörpert sahen. Allerdings steht dem entgegen, dass jener Herrscher von Tarquinii, den Tages unterrichtet haben soll, ein gewisser Tarchon war, der als Sohn oder Bruder des Tyrrhenos (oder Tyrsenos) galt, der wiederum ein aus Kleinasien stammender Lyder war (Ioannes Lydus, *De ostentis* 2–3; vgl. 2.2). Überhaupt sind Geschichten über eingewanderte Gründungsheroen in Etrurien wohl seit dem 5. Jh. v. Chr. recht verbreitet gewesen, wie verstreute Überlieferungen beweisen. Eine ganze Reihe etruskischer Städte führte sich auf griechische Helden zurück, die vor Troja gekämpft hatten (Iustinus, *Epitome historiarum Philippicarum* 20, 1), oder auch, wie die Römer, auf Aineas – das legen vor allem Bildzeugnisse nahe. Dem nach der Eroberung Trojas umherirrenden Odysseus und seiner Nachkommenschaft kam wohl eine besondere Rolle zu (Servius, *Comentarii in Vergilii Aeneidos* 8, 479; 10, 167). Dem griechischen Historiker Theopomp zufolge wurde bei Cortona sogar das Grab des Odysseus verehrt, der dorthin noch nach seiner Rückkehr nach Ithaka ausgewandert sei (*Scholion ad Lycophrontem* 806 = FGH 115 F 354). Migrationsgeschichten und die Behauptung von Bodenständigkeit scheinen also in der etruskischen Sicht der eigenen Wurzeln nebeneinandergestanden bzw. konkurriert zu haben.

2.2 *Die Sicht der Griechen und Römer*

Besser einzuordnen als die bruchstückhaften und nur indirekt auf uns gekommenen Zeugnisse der etruskischen Überlieferung sind Erzählungen, die in Griechenland und Rom über den Ursprung der Etrusker kursierten. Auch diese präsentieren divergierende Sichtweisen. Die Überlieferung dazu setzt allerdings relativ spät ein; die Verse der *Theogonie* des böotischen Dichters

Hesiod, in denen Leute namens *Tyrsenoi* als Nachfahren von Odysseus und Kirke erscheinen (1011–1016), sind möglicherweise erst nachträglich dem Werk aus dem frühen 7. Jh. v. Chr. angefügt worden. Die frühesten sicher datierbaren Belege stammen aus dem späteren 5. Jh. v. Chr., aus den Geschichtswerken des Hellanikos von Lesbos und des Herodot. Beide berichten von Wanderungsbewegungen. Hellanikos wird von Dionysios von Halikarnassos zitiert (*Antiquitates Romanae* 1, 28, 3). Demzufolge waren die Etrusker von ihrer Herkunft her Pelasger, also Angehörige eines frühgeschichtlichen, vor- oder wenigstens nicht-griechischen Volkes, das weite Teile des ägäischen Mittelmeerraums besiedelt haben soll. Von den Griechen aus ihrer Heimat vertrieben, hätten sie sich in Italien niedergelassen und dort den Namen »Tyrrhener« angenommen. Eine andere Geschichte erzählt Herodot (*Historiae* 1, 94): Die Tyrsener (so nennt er sie) seien eigentlich Lyder, also ein Volksstamm des westlichen Kleinasiens gewesen. Als eine Hungersnot ihre Heimat heimsuchte, sei die Hälfte der Lyder unter Führung des Tyrsenos, des Sohnes von König Atys, ausgezogen, um neues Land zu gewinnen, und habe sich schließlich in Mittelitalien niedergelassen.

Diese beiden einander widersprechenden Versionen sind, mit Varianten, die am weitesten verbreiteten in der griechischen und römischen Geschichtsschreibung. Manche Autoren versuchen sie miteinander zu versöhnen, beispielsweise Plutarch, der in seiner Biographie des Romulus (2, 1) behauptet, die Tyrrhener stammten aus Thessalien (also aus einem der Siedlungsgebiete der Pelasger) und seien zunächst nach Lydien und von dort nach Italien ausgewandert. Strabon (*Geographica* 5, 2, 2–3) hingegen berichtet, dass Lyder, damals schon in Italien ansässig und Tyrrhener genannt, die Stadt *Caere* (heute Cerveteri, in Südetrurien) eingenommen hätten, die bis dahin von aus Thessalien eingewanderten Pelasgern bewohnt gewesen sei. Strabon referiert jedoch auch den frühhellenistischen Historiographen Antikleides (5, 2, 4), der von den Inseln Lemnos und Imbros kommende Pelasger nennt, die unter Führung des Tyrrhenos, Sohn des Atys nach Italien umgesiedelt seien.

Eine radikal andere Version der etruskischen Ursprünge liefert Dionysios von Halikarnassos. Er setzt sich zunächst mit den bereits genannten Überlieferungen kritisch auseinander und präsentiert dann so kurz wie entschieden seine eigene These: »Wahrscheinlich kommen jene eher der Wahrheit nahe, die erklären, das (etruskische) Volk sei von nirgendwoher gekommen, sondern aus dem Land stammend *(epichorion)*, zumal es sich als äußerst alt und mit keinem anderen Stamm hinsichtlich der Sprache und der Lebensweise gleich erweist.« (*Antiquitates Romanae* 1, 30, 2). Nicht auszuschließen ist, dass er Autochtoniethesen aufgreift, die in Etrurien selbst kursierten (2.1), doch hat er von diesen wohl kaum direkte Kenntnis. Deutlich ist in jedem Fall der Hintergrund, vor dem Dionysios geneigt war, die Etrusker als »Eingeborene« anzusehen. Intention seines Geschichtswerks war es nämlich, die Römer, die er als Abkömmlinge der Griechen darstellt, möglichst scharf von ihrer »barbarischen« Umgebung abzusetzen. Der Kontrast musste aus dieser Intention heraus besonders hinsichtlich der Etrusker betont werden, da hier die Beziehungen besonders eng scheinen mochten. Die Römer der augusteischen Zeit leiteten ja nicht wenige der eigenen Gebräuche und Einrichtungen aus Etrurien her, auch um deren hohes Alter zu betonen. In der Königszeit soll Rom zeitweise von etruskischen Herrschern regiert worden sein (vgl. 3.2 und 7.5). Und Dionysios selbst sagt, dass manche griechische Autoren irrtümlich annähmen, Rom sei eine etruskische Stadt (*Antiquitates Romanae* 1, 29, 2).

Allgemein ist festzuhalten, dass antike Legenden über Ursprünge von Völkern eher nicht als verschwommene Erinnerungen an tatsächliche Migrationsbewegungen von »Urvölkern« wie den Pelasgern verstanden werden sollten, sondern als Hilfsmittel zur aktiven Formierung von ethnischem Selbstbewusstsein. Eine wissenschaftliche Analyse muss der historischen Bedingtheit und auch des »Gemachtseins« solcher Identitäten Rechnung tragen, wenn sie die Frage nach den Ursprüngen der Etrusker stellt.

2.3 Die Problematik der etruskischen Sprache

Schon Dionysios bezieht sich auf die Andersartigkeit der Sprache, um die Eigenständigkeit der etruskischen Zivilisation zu demonstrieren. Um deren Ursprünge zu ergründen, nahmen und nehmen auch viele moderne Versuche von der Sprache ihren Ausgang. Tatsächlich ist sie mit keiner anderen, jedenfalls keiner der besser bekannten Sprachen der Alten Welt, noch mit einer modernen Sprache verwandt. Es mag daher so scheinen, als sei das Etruskische völlig unverständlich, quasi wie ein Code, der darauf wartet, geknackt zu werden. Entsprechende »Lösungen« werden tatsächlich immer wieder vorgeschlagen, wobei häufig die angenommene Verwandtschaft mit einer modernen Sprache als Ausgangspunkt dient, wie in jüngerer Zeit etwa mit dem Albanischen und dem Türkischen geschehen. Solche Unternehmungen reflektieren in der Regel weder das methodische Instrumentarium noch den Kenntnisstand der etruskischen Sprachwissenschaft.

Etruskische Texte sind fast ausschließlich in Form von Inschriften überliefert. Die einzige Ausnahme bildet ein auf Leinen geschriebenes Buch, das auf unbekannten Wegen nach Ägypten gelangt, dort in acht Streifen zerschnitten und zur Mumifizierung eines Leichnams verwendet worden war. Diese Mumie hat ein Reisender Mitte des 19. Jahrhunderts nach Zagreb gebracht; seither bewahrt man im dortigen Archäologischen Museum die nach dem mittlerweile ungebräuchlichen Namen der Stadt benannten Agramer Mumienbinden auf. Das Buch enthält mit ca. 1130 Wörtern den längsten überhaupt erhaltenen etruskischen Text.

Die insgesamt über zehntausend erhaltenen Inschriftentexte hingegen sind in der Regel recht kurz. Die meisten sind Sepulkral-, Besitz- und Weihinschriften, die sich an Grabwänden und -monumenten, auf Gegenständen des täglichen Gebrauchs und auf in Heiligtümern deponierten Objekten finden. Ferner sind Beischriften zu bildlichen Darstellungen auf Schmucksteinen, Gefäßen, Sarkophagen und Urnen zu nennen. Neben Personennamen enthalten solche Texte meist nur wenige Wörter eines formelhaften Vokabulars, nur selten sind Grabinschriften etwas ausführlicher gestaltet. Dazu gibt es eine Handvoll längerer Texte auf unterschiedlichen Inschriftenträgern (Metalltafeln und -täfelchen, ein Dachziegel, ein Grenzstein, das Modell einer Schafsleber) mit unterschiedlichen Funktionen; sie enthalten jeweils ca. 50 bis 200 Wörter.

Die etruskische Schrift leitet sich von Alphabeten ab, die griechische Kolonisten im 8. Jh. v. Chr. in den westlichen Mittelmeerraum gebracht hatten. Die frühesten etruskischen Schriftzeug-

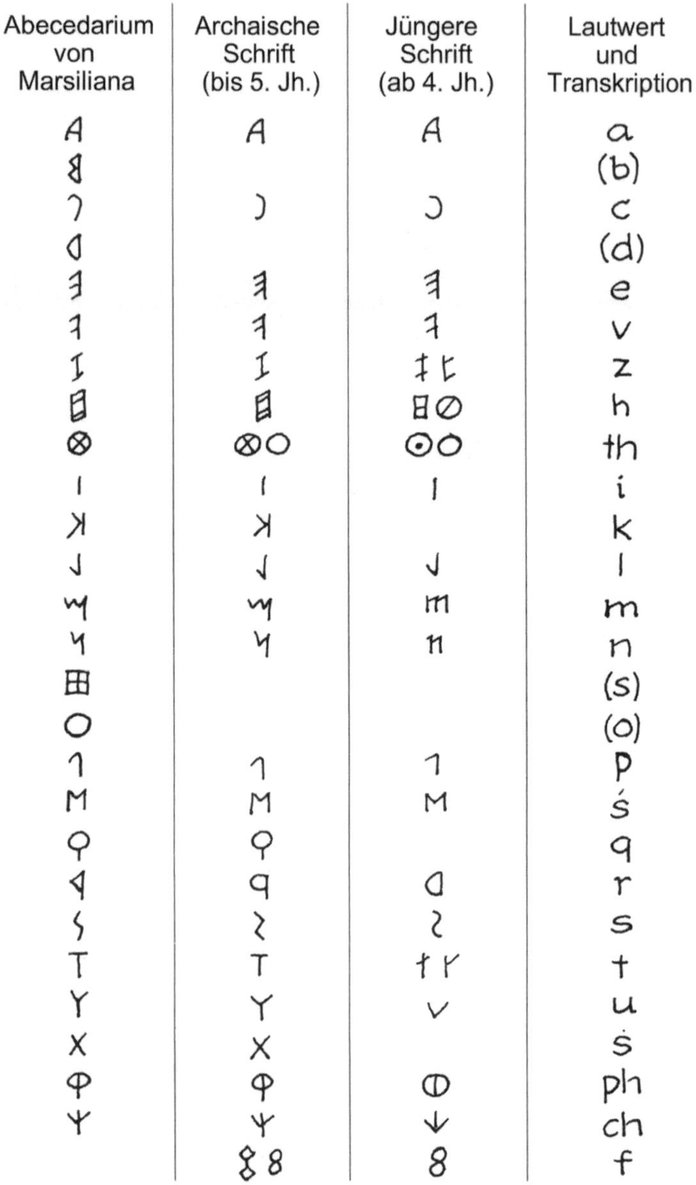

Abb. 2: Etruskische Alphabete

nisse stammen aus der Zeit um 700 v. Chr., Objekte mit einzelnen Buchstaben sind schon aus dem 8. Jh. bekannt. Besonders unter den frühen Zeugnissen gibt es einige Musteralphabete, die den Vorgang der Übernahme und Anpassung der griechischen Buchstaben llustrieren (Abb. 2). Solche Alphabetarien enthalten Zeichen, die im Etruskischen sonst nie benutzt worden sind, weil die entsprechenden Laute in dieser Sprache nicht vorkamen (z. B. die stimmhaften Verschlusslaute wie Beta und Delta). Dafür gibt es Zeichen, die kein griechisches Pendant haben, eben für Laute oder Lautdifferenzierungen, die nur im Etruskischen vorhanden waren (z. B. bei den Reibe- bzw. Zischlauten, sodass neben Sigma ein Buchstabe San existiert, dessen Form unserem großen M ähnelt). Welche Phoneme den etruskischen Schriftzeichen entsprachen, wie also die Lautbildung vorzustellen ist, lässt sich vor allem anhand von Umschriften fremdsprachlicher Wörter und Namen im Etruskischen (z. B. etrusk. *Atunis* von griech. *Adonis*) und durch lateinische oder griechische Übertragungen etruskischer Wörter und Namen rekonstruieren (z. B. lat. *Vibenna* von etrusk. *Vipina*). Durch Vergleich älterer und jüngerer etruskischer Inschriften ist es zudem möglich, Lautentwicklungen innerhalb der etruskischen Sprache nachzuvollziehen. Bei den jüngeren Inschriften fallen (durch die sog. Synkope) häufig Binnenvokale aus, was für eine starke Anfangsbetonung der Wörter spricht.

Generell gilt, dass Lesen und Transkription etruskischer Texte kein Problem darstellt. Die Römer scheinen übrigens ihrerseits das lateinische Alphabet aus der etruskischen Schrift entwickelt zu haben. Im Unterschied zur Schreibweise von Griechen und Römern, in der im Laufe der Zeit die rechtsläufige Schrift zur Regel wird, ist das Etruskische meist linksläufig geschrieben. Weitaus schwieriger als das Lesen gestaltet sich das Verständnis etruskischer Texte. Die Sprache ist, wie man aus der Chronologie der Schriftzeugnisse schließen kann, wohl im Laufe des 1. Jh.s n. Chr. außer Gebrauch gekommen, sie hat also die Schwelle zum Mittelalter und zu der bis heute wirksamen christlichen bzw. humanistischen Bildungstradition nicht überschritten. Ferner gehört das Etruskische keiner der bekannten Sprachfamilien an. Wortbedeutungen mithilfe vergleichender Etymologie zu erschließen, ist folglich nicht möglich. Zudem geben die griechischen und römischen Autoren nur etwa 60 Übersetzungen etruskischer Wörter an. In begrenztem Umfang können zweisprachige Texte, sog. Bilinguen, z. B. in Etruskisch und Latein verfasste Grabinschriften, ausgewertet werden. Ansonsten sind Wortbedeutungen also nur aus den etruskischen Texten selbst zu erschließen. Das geschieht durch Beachtung des Zusammenhangs und durch Heranziehen von strukturell vergleichbaren Texten aus anderen Sprachen sowie, soweit möglich, der lexikalischen Ableitungen. Ein Beispiel: Ein etruskischer Sarkophag aus Tuscania aus dem 3. Jh. v. Chr., heute im British Museum, ist mit der Reliefdarstellung eines Beamten geschmückt, der im zweispännigen Wagen fährt und von Amtsdienern begleitet wird. Die Inschrift des Sarkophagkastens lautet *Atnas Vel Larthal clan svalce avil LXIII zilath maruchva taris cepta phechucu*. Wir haben eine Grabinschrift und können erwarten, etwas über den Verstorbenen zu erfahren. Wir können außerdem römische Grabinschriften zum Vergleich heranziehen in der Erwartung, dass es im Aufbau zumindest gewisse Parallelen gibt. Unter diesen Prämissen und durch Kontrolle anhand ähnlicher etruskischer Grabinschriften stellt sich dann heraus: Am Anfang steht der zweiteilige Name, Vorname und Gentilname (Familienname), hier allerdings in umgekehrter Reihung, dann der Vatersname im Genitiv *(Larthal von Larth)* in Verbindung mit dem Wort für Sohn, *clan* (diese Bedeutung ist durch zweisprachige Inschriften gesichert). Es folgt eine Wortgruppe mit dem Zahlzeichen für »63« am Ende, vermutlich eine Angabe zum Sterbealter, vergleichbar lateinischen Formulierungen wie *vixit annos LXIII.* Durch Abgleich mit vielen anderen etruskischen Beispielen lässt sich diese Hypothese erhärten, *avil* muss das Wort für »Jahr« sein, *svalce* eine Vergangenheitsform des Verbs für »leben«. Bis hierhin lautet der Text also: »Vel Atnas, Sohn des Larth, hat 63 Jahre gelebt«. Die dahinter aufgereihten Worte dürften, in Analogie zu Grabmonumenten römischer Magistrate, die vom Verstorbenen bekleideten Ämter aufzählen, bilden also den sog. *cursus honorum* ab. Tatsächlich ist *zilath* auch sonst in Kontexten überliefert, die auf etruskische Amtsbezeichnungen schließen lassen; *maruchva* und *cepta* sind erweiterte (Verbal-?) Formen ebensolcher Titel, wobei *maru-* unmittelbar an eine in altitalischen Texten, z. B. den Ritualvorschriften der umbrischen *Tabulae Iguvinae* erwähnte Magistratur erinnert. Der unaufgelöste Rest bezeichnet demnach entweder weitere

Ämter oder Erweiterungen bzw. Spezifizierungen der genannten Titel.

Auch ein Verständnis längerer und komplexerer Texte wie das in Form der erwähnten Mumienbinden überlieferte Buch lässt sich am ehesten durch Kombinationen von kontextabhängigen Hypothesenbildungen und strukturellen Vergleichen erschließen. So können beispielsweise Parallelen mit dem Textaufbau jener *Tabulae Iguvinae* aufgezeigt werden. Beiden Texten liegt offenbar eine kalendarische Struktur zugrunde, die an genau bezeichneten Tagen die Ausführung bestimmter Riten be- bzw. vorschreibt. Nicht zuletzt das Material des etruskischen Buches spricht für eine solche Deutung, wissen wir doch durch Livius, dass die römischen Priesterschaften ihre Jahreschroniken auf Leinen schrieben (sog. *libri lintei*, z. B. *Ab urbe condita* 4, 7, 12; 20, 8). Auf ähnlichem Wege lassen sich die Inhalte der übrigen längeren Inschriften wenigstens grob als Kalender und Ritualvorschriften, außerdem als Pacht- und Kaufverträge sowie Stiftungsurkunden bestimmen.

Das bisher Gesagte mag genügen, um die methodische Grundlage zu illustrieren, auf der mittlerweile ein weitgehendes Verständnis der kurzen etruskischen Texte und ein wenigstens näherungsweises Verständnis der längeren Texte möglich sind. Vor allem sollte klar geworden sein, dass die linguistische Forschung heute keineswegs völlig im Dunkeln tappt, wenn es um das Etruskische geht, sondern über ein zumindest grobes Gerüst an gesichertem Wissen verfügt. Lassen sich also wichtige Merkmale der Sprache klar bestimmen – etwa ihr sicher nichtindoeuropäischer Charakter und ihre grundsätzlich agglutinierende Struktur –, so heißt das leider aber keineswegs, dass ihre Geschichte völlig durchleuchtet wäre. Besonders wichtig ist diesbezüglich die Frage nach der Verwandtschaft mit zwei anderen, noch weitaus weniger gut bezeugten antiken Sprachen, dem Rätischen und dem Lemnischen.

Die rätische Sprache ist in historischer Zeit durch Inschriften des 5. bis 1. Jh.s v. Chr. aus dem Alpen- und nordostitalienischen Voralpenraum bezeugt. Nur wenige dieser Inschriften bestehen aus längeren Buchstabenfolgen und mehreren Wörtern. Dennoch lässt sich erkennen, dass die Sprache morphologisch und grammatisch mit dem Etruskischen verwandt ist, d. h., die Wortbildung und die Regeln der Wortverkettung und Satzbildung sind zumindest ähnlich. Hingegen unterscheiden sich Wortschatz und Personennamen deutlich. Auch ist das Alphabet nicht mit dem etruskischen identisch, sondern nur indirekt, über die Zwischenstufe des venetischen Alphabets, von jenem hergleitet. Manche Linguisten sehen das Rätische daher als Weiterentwicklung einer »urtyrsenischen« Sprache, aus der parallel das Etruskische hervorgegangen sei. Dazu scheint auf den ersten Blick zu passen, was Livius über eine etruskische Herkunft von Alpenvölkern, besonders der Räter berichtet. Diese seien quasi abgekapselt worden, als die etruskischen Siedlungsgebiete, die einst bis zu den Alpen gereicht hätten, durch keltische Invasionen ab ca. 600 v. Chr. eingeengt worden seien (*Ab urbe condita* 5, 33). Die erwähnten, tiefgehenden Unterschiede der Sprachen sind jedoch wahrscheinlich als Indiz für eine zeitlich weitaus früher anzusetzende Trennung bzw. Verzweigung zu werten.

Nicht weniger kompliziert und historisch noch interessanter sind die Beziehungen zwischen dem Etruskischen und der Sprache, die auf der nordägäischen Insel Lemnos vor deren Eroberung durch die Athener im ausgehenden 5. Jh. v. Chr. verwendet worden ist. Lemnos spielt in einigen antiken Überlieferungen zur angeblichen Herkunft der Etrusker aus dem Osten eine Rolle (z. B. beim oben zitierten Autor Antikleides, s. 2.2). Der athenische Geschichtsschreiber Thukydides nennt die früheren Bewohner von Lemnos sogar ausdrücklich »Tyrsener« (*Historiae* 4, 109, 4). Die alt-lemnischen Sprachzeugnisse sind nicht sehr zahlreich. Es handelt sich nur um zwei längere »monumentale« Inschriften auf einer Grabstele und auf der steinernen Basis eines Weihgeschenks. Dazu kommen etwas mehr als ein Dutzend kurze, auf Keramikscherben eingravierte Weih- und Besitzerinschriften aus einem Heiligtums- und einem Siedlungskontext. Mit dem Etruskischen gibt es wiederum vor allem morphologische, jedoch nur vereinzelte lexikalische Übereinstimmungen. Auch gibt es Divergenzen hinsichtlich des Vokalismus: Wo im Etruskischen »u« stehen würde, erscheint im Lemnischen »o«. Die Unterschiede sprechen nach Meinung eines Teils der Linguisten dafür, auch das Lemnische vom »Urtyrsenischen« abzuleiten. Andere widersprechen vehement und sehen das Lemnische als eine Spielart des historischen Etruskisch. Demzufolge müssten etruskische Auswanderer die Sprache nach Lemnos gebracht haben. Die Insel sei von da an als Basis für Handels- und Kaperfahrten benutzt worden.

Ist die etruskische Sprache bzw. eine Vorform derselben also von Osten aus nach Westen gewandert – mit Migranten, die von Kleinasien über Lemnos nach Italien kamen? Oder ist Italien die Heimat des Etruskischen, dessen Verbreitung dort in der Folge von Einwanderungen indoeuropäischer Sprachgruppen im Wesentlichen auf Mittelitalien begrenzt wurde? Die Frage kann an dieser Stelle nicht schlüssig beantwortet werden. Einerseits ist der Nachweis einer verwandten Sprache auf Lemnos bei gleichzeitigem Fehlen anderer Indikatoren etruskischer Präsenz (z. B. etruskische Gottheiten oder auch typische Keramikformen) scheinbar gut mit der Ost-West-Verbreitung zu erklären Andererseits werden wir sehen, dass sich ein Widerspruch zwischen Sprache und materieller Kultur ebenso auftut, wenn man eine östliche Herkunft der in Etrurien gesprochenen Sprache voraussetzt. Es bliebe aber ein Drittes, wenn nämlich die Lemnier ebenso wie die Räter schon früh von einer »Urtyrsenisch« sprechenden, in Italien beheimateten Bevölkerung abgesprengt worden wären. In diesem Zusammenhang kann auf die in altägyptischen Quellen erwähnten sog. Seevölker verwiesen werden. Es handelt sich um im Mittelmeer umherstreifende Gruppen, die zwischen ca. 1210 und 1180 v. Chr. wiederholt in das Nildelta einfielen. Über Abwehrkämpfe berichten mehrere Texte aus der Zeit der Pharaonen Merenptah und Ramses III. Darin werden Angehörige einer der Gruppen – in der üblichen Umschrift der Hieroglyphen – mit »t(w)r(w)š« (Teresch oder Turusch) bezeichnet; der Name ist in der historischen Forschung häufig mit »Tyrrhenern« bzw. »Tyrsenern« in Verbindung gebracht worden. Kamen sie aus Italien? Und haben sich Teile oder Nachkommen dieser »Tyrrhener« später auf Lemnos niedergelassen? Leider kommt man diesbezüglich über Spekulationen kaum hinaus. Wichtig bleibt in jedem Fall die Feststellung, dass die etruskische Sprache mit den Sprachen der den Etruskern benachbarten Völkern (Latein, Oskisch, Umbrisch) zwar nicht verwandt ist, aber doch sehr enge Beziehungen hat, sodass Wörter entlehnt und auch sprachliche Strukturen teilweise angeglichen sind. Es ist daher davon auszugehen, dass die Völker schon lange nebeneinander existiert haben müssen, bevor es zu einer Verschriftlichung der Sprachen kam. Die Einwanderung einer etruskischen

Sprachgruppe nach Italien müsste folglich, wenn überhaupt, in prähistorischer Zeit erfolgt sein. Im selben Sinne kann man etruskische Sprachspuren in häufig uralten und dauerhaften Ortsbezeichnungen deuten.

2.4 *Die prähistorischen Anfänge der etruskischen Kultur*

Wesentliche Prozesse, die Aufschluss über die Herkunft oder die Herausbildung eines etruskischen Ethnos geben könnten, sind offensichtlich in einer Zeit vor dem Beginn schriftlicher Aufzeichnungen zu verorten. Eine solche Zeit nennt man gewöhnlich eine »prähistorische« Epoche, weil sich die europäische Geschichtswissenschaft traditionell und hauptsächlich auf Schriftquellen stützt. Doch haben durchaus auch schriftlose Gesellschaften eine »Geschichte«. Über sie kann, wenn es sich um vergangene Gesellschaften handelt, am ehesten die Archäologie Auskunft geben. Diese befasst sich als historische Wissenschaft mit der materiellen Kultur. Gemeint sind damit alle Produkte einer Gesellschaft, die eine materielle Gestalt annehmen, seien es Geräte oder Gefäße, Kleidung, Schmuck oder Kunstwerke, Bauten, Straßen oder Siedlungen. Ist in einem bestimmten, eingrenzbaren zeitlichen und geographischen Rahmen eine gewisse Einheitlichkeit dieser materiellen Kultur festzustellen – ein umfangreicheres Set von Objekten in einer charakteristischen Gestaltung, etwa Keramikgefäße mit typischen Formen und Dekors, dazu z. B. typische Formen von Häusern und Gräbern –, und lassen sich außerdem in demselben Horizont übereinstimmende Verhaltensroutinen erschließen (z. B. Bestattungsbräuche), so spricht man von einer archäologischen »Kultur«. Ob solche »Kulturen« mit ethnischen Einheiten identifiziert werden können, ist sowohl in der Archäologie wie in der Ethnologie, wo der Begriff zuerst in der skizzierten Form eingeführt wurde, äußerst umstritten. Gleichwohl ist ein Zusammenhang von materieller Kultur und Ethnos immer dann plausibel, wenn bestimmte Objekte, Arten von Kleidung oder Riten zur bewussten Selbstkennzeichnung einer Gruppe benutzt worden sind.

Eine der archäologischen Kulturen des prähistorischen Italien, die sog. Villanova-Kultur, wird allgemein als früheisenzeitliche Vorstufe der ausgeprägten etruskischen Zivilisation angesehen (etwa 10. bis 8. Jh. v. Chr.). Ihre geographische Verbreitung deckt sich auffällig und fast vollkommen mit der Präsenz von Etruskern und etruskischer Sprache in historischer Zeit. Auch lässt sich eine bemerkenswerte Siedlungskontinuität feststellen, d. h., dass viele etruskische Städte schon als Großsiedlungen während der Villanovazeit existierten (vgl. 4.1).

Abgesehen von den Siedlungen lässt sich die Villanova-Kultur am besten in ihren Gräbern fassen, die sich oft zu Nekropolen mit Hunderten, ja Tausenden von Bestattungen gruppieren. Auch der wissenschaftliche Name der vorgeschichtlichen Kultur rührt von einem Gräberfeld, das 1853 unweit von Bologna, beim Ort Villanova aufgedeckt wurde. Anhand dieser Entdeckung wurde zum ersten Mal die der Villanova-Kultur eigene Form der Bestattung beschrieben. Es handelt sich in aller Regel um Brandbestattungen. Körperbestattungen kommen in wesentlich kleinerer und regional unterschiedlicher Zahl vor. Die Brandgräber haben meistens die Form annähernd kreisrunder oder ovaler Schächte, in deren Boden ein weiterer, aus der Mitte etwas verschobener Schacht eingesenkt ist, der die eigentliche Bestattung enthält. Es sind aber auch andere Grabformen z. B. in Form steinerner Behältnisse oder länglicher, mit Stein ausgekleideter Gruben bekannt. Die Asche der Toten wurde in handgeformten Gefäßen geborgen, die aus nur grob gereinigtem und bei relativ niedriger Hitze gebranntem Ton bestanden (sog. Impastogefäße). Diese Urnen haben die Form von zwei unterschiedlich großen, gegeneinander gesetzten Kegelstümpfen (»bikonische Urnen«). Verziert sind sie mit geometrischen Ornamenten, die eingeritzt wurden, z. T. mithilfe kammartiger Instrumente. Abgedeckt waren sie meist mit flachen, einhenkligen Schüsseln, bei männlichen Verstorbenen auch mit aus Ton nachgebildeten Helmen. Später kommen daneben Helme aus Bronzeblech vor. Die Beigaben sind in der Frühzeit der Villanova-Kultur allgemein recht spärlich, im Laufe der Zeit wird ein Teil der Gräber reicher ausgestattet. Zu den typischen Beigaben der Frühphase zählen verschiedene Typen von Nadeln und Fibeln zum Verschluss von Gewändern, halbmondförmige Rasiermesser, spiralförmige Haarspangen und Spinnwirtel; in späteren Phasen können weitere Gefäße aus Ton (Impasto, aber auch feinere, auf der Töpferscheibe hergestellte) oder Bronzeblech, verschiedenartige Schmuckstücke, Rüstungsteile, Waffen, Pferdetrensen usw. hinzutreten.

Bestattungen der beschriebenen Art finden sich in verschiedenen Regionen Italiens. Außer dem späteren etruskischen Kernland zwischen Tiber und Arno ist ein Teil der Poebene um Bologna zu nennen, östlich davon ein Gebiet mit dem Zentrum bei Verucchio (unweit Rimini), weiter südlich an der Adriaküste eine Enklave bei Fermo (in der heutigen Region Marche); außerdem in Kampanien das Gebiet der späteren Stadt Capua sowie ein Landstrich beim heutigen Salerno (mit den Zentren Pontecagnano und Sala Consilina). In all diesen Gebieten tritt die Villanova-Kultur etwa gleichzeitig auf, sodass es schwer ist, von Kern- und Expansionsgebieten zu sprechen. Die beiden wichtigsten Pole der Entwicklung bilden jedoch das spätere Etrurien und die Poebene. Wann die Villanova-Kultur dort einsetzt, ist umstritten. Nach der traditionellen, vor allem durch Querverbindungen zu den Kulturen des östlichen Mittelmeerraums erstellten Chronologie wird der Beginn um 900 v. Chr. angesetzt. Es bestehen jedoch ebenfalls Verbindungen zu den prähistorischen Kulturen des Alpen- und mitteleuropäischen Raums. Deren chronologisches Gerüst ist in jüngerer Zeit revidiert worden, und so gerät auch der zeitliche Ansatz der Villanova-Kultur in Bewegung. Einige Forscher sehen deren Beginn

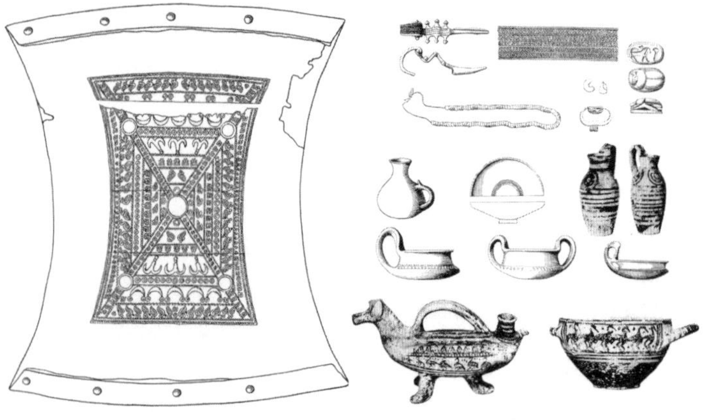

Abb. 3: Tarquinia, Funde aus der ›Tomba del Guerriero‹ (nach: Hencken, Tarquinia, Cambridge 1968, Abb. 187, 189, 190)

heute im frühen oder mittleren 10. Jh. v. Chr. Das Ende wird hingegen übereinstimmend, und hierin den traditionellen Daten folgend, um 700 v. Chr. angesetzt. Im etruskischen Kernland zeichnet sich um diese Zeit durch die starke Präsenz ostmediterranen Kulturguts ein kultureller Wandel ab, allerdings nicht in Form eines echten Bruchs. Vielmehr finden sich Gegenstände orientalischer Herkunft oder mit orientalisierender Formgebung seit dem ausgehenden 8. Jh. v. Chr. in Gräbern, die deutlich in der Villanova-Tradition stehen. Als Beispiel lässt sich die 1869 bei Tarquinia entdeckte »Tomba del Guerriero« (»Grab des Kriegers«) nennen. Zum reichen Inventar gehören beispielsweise aus Bronzeblech gefertigte Vorratsgefäße, ein halbmondförmiges Rasiermesser und Fibeln vom sog. Drago-Typus, alles typische Objekte der Villanova-Kultur. Dazu kommt aber eine ganze Reihe von Metall- und Tongefäßen, die in Form und Dekor unmittelbar durch östliche, griechische und levantinische Modelle inspiriert sind. Orientalische Ornamentformen zieren auch ein Goldblech, das auf einem Teil der kriegerischen Rüstung des Toten, einem Brustschutz befestigt war. Sogar ein importierter Siegelstein in Form eines Skarabäus war unter den Beigaben, der in einer phönizischen Werkstatt hergestellt worden sein dürfte. Aus dem Osten, wohl mit den griechischen Niederlassungen in Italien, kam natürlich auch die Schrift, und so lassen sich die ersten Zeugnisse der etruskischen Sprache nicht zufällig dem gleichen zeitlichen und räumlichen Horizont wie das Kriegergrab zuordnen. In der Gegend von Bologna, wo die orientalisierenden Tendenzen weit weniger stark durchschlagen und die Villanova-Traditionen länger Bestand haben, trägt ein für diese Kultur typisches Impasto-Gefäß aus der Zeit um 600 v. Chr. eine längere etruskische Inschrift. So bestätigt sich auch hier die schon zu Eingang dieses Abschnitts referierte These, dass die Villanova-Kultur eine unmittelbare Vorstufe der etruskischen Zivilisation bildete.

Die ökonomische und soziale Dynamik, die die Villanova-Kultur entfaltete, steht sicherlich im Zusammenhang mit der Metallgewinnung und -verarbeitung. Wie noch an anderer Stelle zu erläutern sein wird (4.3), fanden sich einst die wichtigsten Erzlagerstätten der italienischen Halbinsel in der heutigen Toskana, im nördlichen Latium sowie auf der vorgelagerten Insel Elba – also sämtlich im Bereich des Kernlandes der etruskischen und der Villanova-Kultur. Obwohl die systematische Ausbeutung der Lagerstätten oft erst für spätere Zeiten nachgewiesen ist, weisen Funde entsprechender Werkzeuge auf Bergbau in frühgeschichtlicher Zeit hin, schon seit dem 3. Jahrtausend v. Chr. Wahrscheinlich intensivierten sich die Montanaktivitäten zu Beginn des 1. Jahrtausends v. Chr., als das ebenfalls vorhandene Eisenerz als Werkstoff erschlossen und genutzt wurde. Diese Umstellung war sicher verbunden mit einem intensivierten, regionalen wie überregionalen Austausch und Technologietransfer, doch ist eine massive Einwanderung als Folge oder gar Motor dieser Entwicklung auszuschließen. Dagegen sprechen die Kontinuitäten, die die Villanova-Kultur ihrerseits als Weiterentwicklung einer älteren, endbronzezeitlichen Kultur erscheinen lassen. Letztere hat man deswegen sogar als »protovillanovianische« bezeichnet, doch ist das etwas irreführend. Sie ist nämlich keineswegs auf die Gebiete der späteren Villanova- und etruskischen Kultur beschränkt, sondern dehnt sich in verschiedenen Erscheinungsformen über mehrere andere Regionen Italiens aus. Brandbestattungen in bikonischen Urnen etwas gedrungenerer Form sind ein hervorstechendes Merkmal bereits dieser endbronzezeitlichen Kultur und markieren mit ihrem Aufkommen im 12. Jh. v. Chr. aus heutiger Sicht deren Beginn. Nun haben die Form der Bestattung und bestimmte, wohl religiös zu deutende Symboliken, z. B. das Motiv der Sonnenbarke mit Vogelköpfen, enge Parallelen in der gleichzeitigen Urnenfelderkultur Mitteleuropas. Kontakte über die Alpen hinweg sind somit evident, doch wiederum kaum auf Wanderungsbewegungen zurückzuführen. Hätten solche stattgefunden, würde man, einhergehend mit der neuen Grabsitte, deutliche oder gar dramatische Einschnitte in der Siedlungsgeschichte erwarten, die bisher jedoch nicht beobachtet wurden. Eine Herkunft der Etrusker aus dem Norden, gemäß einer seit dem 18. Jahrhundert wiederholt vertretenen These, ist somit unwahrscheinlich – schon deshalb, weil die relevanten Kulturphänomene ja keineswegs auf das später etruskische Gebiet beschränkt waren. Hingegen sind die Anfänge vieler für die Villanova-Kultur prägender Entwicklungen durchaus in der Endbronzezeit anzusetzen, besonders in einer Phase ab dem 11. Jh. v. Chr. So bereiten Verdichtung und Binnendifferenzierung von Siedlungen auf der tyrrhenischen Seite der Halbinsel die Entstehung von Großsiedlungen in gewissen Aspekten vor. Auch beginnt das zunächst weitgehend einheitliche Erscheinungsbild der materiellen Kultur sich in Richtung unterschiedlicher Regionalkulturen aufzugliedern. Zudem werden engere Kontakte zum östlichen Mittelmeerraum greifbar, nicht zuletzt unter technologischen Aspekten. In diesem Zusammenhang hat sich durch Forschungen der letzten Jahrzehnte besonders ein Ort an der nordöstlichen Grenze der Poebene als eine Art Laboratorium herausgestellt, Frattesina (bei Fratta Polesine). Ohne dass sich über die physische Präsenz von »Fremden« Konkretes sagen ließe, deutet die Verarbeitung exotischer Materialien wie Bernstein und Elfenbein sowie die in dieser Zeit in Italien einzigartige Glasproduktion auf einen äußerst fruchtbaren Austausch hin, der die Entwicklung des nördlichen der beiden Pole der Villanova-Kultur in mancherlei Hinsicht vorwegnimmt und wohl tatsächlich stimuliert hat.

Im Überblick betrachtet ist, trotz der zu jeder Zeit bestehenden Kontakte in den Mittelmeerraum und ins kontinentale Europa, eine bronze- oder früheisenzeitliche Einwanderung eines mit den Etruskern zu identifizierenden Volksstammes nach Italien aus archäologischer Perspektive auszuschließen. Gehen wir nicht von Dimensionen eines Volksstamms aus, sondern von Individuen und kleineren Gruppen, sieht es anders aus. Nicht zuletzt die erwähnten Erzlagerstätten übten eine Attraktion auf komplexere Gesellschaften mit hohem Bedarf an Rohstoffen und weiter gespanntem Aktionsradius aus. So hatten schon im 14. und 13. Jh. v. Chr. die Griechen der mykenischen Palastgesellschaften auf der Suche nach Erzvorkommen Italien angesteuert und zumindest vereinzelt auch das Gebiet des südlichen Etrurien erreicht. Später scheinen Zyprer und Levantiner ähnliche Routen verfolgt zu haben. Dass sich solche Prospektoren und metallurgische Spezialisten dauerhaft niederließen und sogar Einfluss auf die Aufnahmegesellschaft ausübten, ist nicht unplausibel, doch bleiben sie archäologisch unsichtbar.

2.5 *Der Beitrag der Humangenetik*

Im Laufe der letzten anderthalb Jahrzehnte ist die Debatte um die Herkunft der Etrusker durch Studien menschlichen Erbgutes wiederbelebt worden. Die neuen Anstöße kamen aus der Humangenetik, besonders aus dem Teilbereich der Paläogenetik. Diese versucht mittels Analyse mitochondrialer DNA (mtDNA), die nur in mütterlicher Linie weitergegeben wird, nicht nur Verwandtschaften im Erbgut verschiedener Menschengruppen nachzuweisen, sondern auch den Zeitpunkt von Trennung oder Vermischung von Populationen zu bestimmen. Die Verlockung war natürlich groß, mithilfe solcher Analysen das seit der Antike ungelöste »Rätsel« der Etrusker zu entschlüsseln.

Die Ergebnisse einer Reihe genetischer Studien zum Thema erregten Aufsehen. Wie belastbar die Ergebnisse tatsächlich sind, ist allerdings für Außenstehende mitunter schwer zu beurteilen. Das liegt auch daran, dass sich die verschiedenen Studien widersprechen. Eine von ihnen, 2007 veröffentlicht, versuchte den Nachweis durch den Abgleich von Haplogruppen zu führen, also von Varianten der Erbinformation auf einem Chromosom; verglichen wurden die Genome von heutigen Bewohnern dreier Orte im Gebiet des antiken Etrurien mit solchen von Bevölkerungsgruppen aus 55 anderen eurasischen Regionen. Dabei wurde eine besonders hohe Präsenz von nahöstlichen Erbinformationen bei den Bewohnern der toskanischen Kleinstadt Murlo (südlich von Siena) festgestellt. Dieser Grad von »Verwandtschaft« fand sich nicht bei Bewohnern anderer Teile Italiens, schien also auf eine direkte Verbindung rückführbar. Diese schätzten die Forscher als »rezent« ein, womit sie die Zeitspanne nach der Jungsteinzeit meinten. Sie sahen daher die von Herodot und anderen antiken Autoren entworfenen Einwanderungsszenarien durch ihre Forschungen bestätigt. Allerdings fragt man sich, inwieweit der Abgleich von Erbgut heute in den entsprechenden Regionen lebender Menschen nach über drei Jahrtausenden fortschreitender geschichtlicher Entwicklung etwas über die Herkunft der Etrusker aus Anatolien sagen kann. Diese Frage stellt sich insofern besonders scharf, weil schon im Jahr 2004 veröffentlichte Forschungen versucht hatten, eine genetische Verwandtschaft zwischen den aktuellen Bewohnern der Toskana und den Etruskern nachzuweisen, indes vergeblich. Zwischen der antiken DNA (aDNA, »ancient DNA«), die aus Knochenresten von 28 Individuen aus etruskischen Gräbern stammte, und der DNA moderner Toskaner gab es keine signifikanten Übereinstimmungen. Hinzu kommt, dass eine weitere Studie, 2013 erschienen, zwar die genetischen Verbindungen zwischen der Toskana und Anatolien bestätigt, aber sie in einem recht weit in der Menschheitsgeschichte zurückliegenden Zeitalter verortet und vermutungsweise mit der Wanderung von Ackerbauern im Neolithikum in Zusammenhang bringt.

Angesichts solcher Divergenzen kommen Zweifel auf, ob überhaupt mithilfe von Genomanalysen ein letztlich kulturgeschichtliches Problem gelöst werden kann. Dass die Genetik ihre Fragestellung mehr oder weniger unmittelbar aus der vielzitierten Aussage Herodots entwickelte, stellt der Kommunikation zwischen Natur- und historischen Wissenschaften ein eher ungünstiges Zeugnis aus. Schon die Ausgangshypothese – dass das etruskische Ethnos eine physische Grundlage oder Dimension habe – ist aus kulturgeschichtlicher Sicht äußerst problematisch. Zudem werden in den genetischen Studien selbst und in Stellungnahmen etwa aus der biologischen Anthropologie grundlegende Fragen aufgeworfen, etwa nach Veränderungen von aDNA-Sequenzen, die nach dem Tod eintreten (postmortale Mutationen), nach Verunreinigungen von Skeletten aus archäologischen Grabungen durch moderne menschliche DNA, auch nach der Reproduzierbarkeit und Kontrollierbarkeit der Ergebnisse. Es bleibt wohl der weiteren Entwicklung der noch recht jungen Paläogenetik vorbehalten, eine Bewertung und Lösung der methodischen Probleme zu erreichen. Ein verlässliches Fundament für Theorien zur Herkunft der Etrusker bieten die vorliegenden Ergebnisse bislang jedenfalls nicht.

2.6 Das Problem des Ethnos und der Ethnogenese

In den verschiedenen Abschnitten dieses Kapitels ist wiederholt deutlich geworden, dass ein Ethnos eigentlich immer ein Konstrukt ist, keineswegs aber eine vom Bewusstsein der jeweiligen (antiken und modernen) Akteure oder Interpreten unabhängige Einheit. Identität entsteht grundsätzlich durch Abgrenzung, doch gegen wen und aufgrund welcher Kriterien, ist variabel. Es existiert folglich nicht *das* entscheidende Kriterium zur Definition eines »Volkes«, ob Erbgut, Sprache oder Sachkultur, noch lassen sich alle Kriterien zur Deckung bringen, etwa derart, dass man von gleicher Sprache auf biologische Verwandtschaft schließen könnte. Ethnische Identität ist historisch in erster Linie Teil des Selbstverständnisses einer menschlichen Gesellschaft. Der gemeinsame Name, bestimmte, als eigen betrachtete kulturelle Elemente (auch der materiellen Kultur), eine Sprache und bestimmte Sprechweisen sind Manifestationen dieses Selbstverständnisses und zugleich Instrumente, um ein solches Selbstverständnis zu erzeugen oder zu bewahren. Dazu gehören auch die gemeinsame Geschichte und Geschichten über eine gemeinsame Herkunft, also über die Ethnogenese. Unter dem letzteren Aspekt sind vor allem die antiken Überlieferungen zur Herkunft der Etrusker zu verstehen.

Aus heutiger Sicht scheint es sinnvoll, sich von allen biologistischen Ansätzen zu lösen. Vielmehr ist ein Prozess zu rekonstruieren, im Laufe dessen sich innerhalb eines definierbaren zeitlichen und räumlichen Rahmens, in Mittelitalien von der Endbronzezeit bis zur Schwelle zum 7. Jh. v. Chr., von offenbar recht homogenen Grundlagen aus mehrere ethnisch differenzierte und sozial hierarchisierte Gesellschaften herausgebildet haben, darunter die etruskische. Ähnlich wurde das Problem bereits von dem prägenden Repräsentanten der Etruskologie des 20. Jahrhunderts, Massimo Pallottino, formuliert. Für ihn war die Ethnizität der Etrusker keine »vorherbestimmte Realität«, sondern »Zielpunkt einer komplexen Entwicklung« bzw. »Formation«. Die Fragen nach »Herkunft« und »Ableitung«, auch der Sprache, lehnte er als ahistorisch ab bzw. als irrelevant, da sie in nicht fassbare vorgeschichtliche Horizonte führe. Trotzdem: es wäre verfehlt, wollte man leugnen, dass äußere Einflüsse bei der Formation der etruskischen Gesellschaft eine Rolle gespielt haben. Nur hatten diese wohl nicht die Form und den Umfang massenhafter Einwanderung samt Verdrängung einer Urbevölkerung. Vielleicht muss man eher an kleine Gruppen denken, die nicht das Gesamtbild der ortsansässigen Bevölkerung veränderten und keine komplette kulturelle Überformung herbeiführten. Sie wären aber aufgrund eines kulturellen, technologischen oder militärischen Vorsprungs in der Lage gewesen, eine privilegierte oder gar hegemoniale Stellung innerhalb der Aufnahmegesellschaft einzunehmen. Die Diskussion hierüber wird weitergehen.

3. Der geographische und historische Rahmen

3.1 *Das Kernland und die weiteren Siedlungsgebiete der Etrusker*

Die Villanova-Kultur, aus der die etruskische sich entwickeln sollte, hatte mehrere regionale Schwerpunkte, die mit den Gebieten späterer etruskischer Präsenz in frappierender Weise übereinstimmen (vgl. 2.4). Auch wenn aus forschungsgeschichtlichen Erwägungen die südöstliche Poebene um Bologna an erster Stelle zu nennen wäre, kommt dem von den Flussläufen des Tiber (im Süden und Osten) und des Arno (im Norden, antiker Name *Arnus*) umrahmten Teil Mittelitaliens historisch die größere Bedeutung als eigentliches Kernland der Etrusker zu. An dritter Stelle ist Kampanien zu nennen, wo typische Villanova-Bestattungen vor allem in Pontecagnano (bei Salerno) und, allerdings weniger deutlich ausgeprägt, für Capua bezeugt sind (siehe Karte im Vorsatz). Die drei Regionen sollen hier nun kurz und mit Blick auf die naturräumlichen Voraussetzungen charakterisiert werden, die sie für die wirtschaftliche und kulturelle Entwicklung boten.

Das etruskische Kernland ist dem Apenninmassiv quasi vorgelagert, das im Norden wie im Osten eine natürliche Barriere bildet. Innerhalb dieser Region gibt es dennoch einige höhere Erhebungen, die z. T. vulkanischen Ursprungs sind, so etwa die Zone des Monte Amiata (heutige Toskana, Provinzen Grosseto und Siena), mit Gipfeln bis über 1700 m über dem Meeresspiegel. In der Nordhälfte Etruriens überwiegen hügelige Landschaftsprofile, wo nur wenige Erhebungen 1000 m erreichen, darunter die Colline Metallifere (»erzhaltigen Hügel«) im Westen, die wegen der Rohstofflagerstätten eine große Bedeutung für die ökonomische Entwicklung der etruskischen Zivilisation hatten. Im Landesinnern, entlang von Flussläufen (Tiber und Chiana, antiker Name *Clanis*) sowie im Umfeld der Mündungen des Arno bei Pisa bzw. des Ombrone (antiker Name *Umbro*) bei Grosseto gibt es Schwemmebenen von einer gewissen Ausdehnung. Außerdem fanden sich in den Mündungsbereichen der größeren und kleineren Flüsse während der Antike häufiger Lagunen, die trockenzulegen sich schon die Etrusker bemühten. Die Küste der Toskana wird ansonsten durch eine Abfolge von Buchten, Landzungen und Vorgebirgen charakterisiert, sodass sich an nicht wenigen Stellen geschützte Ankerplätze oder natürliche Häfen bieten.

Erdgeschichtlich jünger als die vulkanischen Formationen im Norden ist die aus erstarrter Asche, Schlamm und Eruptivgestein gebildete Tufflandschaft des südlichen Etrurien mit den Monti Cimini als höchster, bis knapp über 1000 m reichender Bergkette (Latium, Provinz Viterbo). Diese setzt sich fort in den Monti della Tolfa, wo frühe Bergbauaktivitäten bedeutendere Vorkommen von Mineralsalzen erschlossen. Über die gesamte südetruskische Tuffzone erstreckt sich eine Kette von Seen, die aus ehemaligen Kratern entstanden sind (Lago di Bolsena, Lago di Vico, Lago di Bracciano u. a.). Eine Vielzahl kleinerer Wasserläufe hat recht steile und tiefe Schluchten in den Tuff geschnitten. Einige kleinere, von solchen Schluchten umrahmte Plateaus wurden seit frühgeschichtlicher Zeit für leicht zu verteidigende Siedlungen genutzt; auf ausgedehnteren Plateaus in einem gewissen Abstand vom Meer entstanden seit der frühen Eisenzeit die großen Siedlungszentren und späterhin beherrschenden Städte des südlichen Etrurien. Zu diesen gehörte eine Reihe von Hafenvororten an günstigen Buchten.

Klimatisch ist Etrurien ein Teil der subtropischen Zone des Mittelmeerraums mit trockenen und heißen Sommern. Der Winter fällt in Küstennähe recht mild aus, ohne Nachtfrost, auf den höheren Bergen des Hinterlands ist Schneefall jedoch nicht selten. Die Niederschläge sind ansonsten im Frühjahr und Herbst am ergiebigsten. Ungeklärt ist, ob und in welchem Ausmaß ein Klimawandel in der Vorgeschichte der etruskischen Zivilisation zu einem Wandel von Hydrographie und Vegetation geführt hatte. Der Wasserspiegel der Seen scheint jedenfalls gesunken zu sein, was sich auch am Rückzug von bestimmten Molluskenarten nachweisen lässt. Mithilfe von Kernbohrungen gewonnenes Material für Pollenanalysen lässt zudem darauf schließen, dass Baumbestände ab dem 2. Jahrtausend v. Chr. abnahmen und ein niedriger, dichter, gebüschartiger Bewuchs sich ausbreitete, die sog. Macchia. Dabei kann jedoch durchaus schon das Beweiden und Roden von Wäldern ausschlaggebend gewesen sein. In etruskischer und römischer Zeit galten weite Landstriche als außerordentlich fruchtbar und wurden intensiv landwirtschaftlich genutzt. (Für die ökonomischen Aspekte, auch die Ausbeutung der Bodenschätze, sei hier allgemein auf Kap. 4.3 verwiesen).

Die wichtigsten Städte des etruskischen Kerngebiets waren in der südetruskischen Küstenzone Vulci, Tarquinia *(Tarquinii)*, Cerveteri *(Caere)* und Veji. Weiter nördlich stellt Vetulonia quasi eine Verbindung zwischen der Küste und der Bergbauregion der Colline Metallifere her, später verliert es an Bedeutung zugunsten des benachbarten Roselle *(Rusellae)* und des unmittelbar am Meer gelegenen Populonia. Noch weiter im Norden liegt Volterra *(Volaterrae)*, das über das Tal des Cecina mit dem Meer verbunden ist. Die Städte am Arno, Pisa *(Pisae)* und Fiesole *(Faesulae)*, haben erst in den späteren Phasen der etruskischen Geschichte größere Bedeutung erlangt. Im Innern Etruriens bildete Chiusi *(Clusium)*, im Chianatal westlich des Lago Trasimeno, schon früh ein Siedlungszentrum, doch setzt die eigentliche Blütezeit im 6. Jh. v. Chr. ein, ebenso in Orvieto *(Volsinii)*, weiter südlich, oberhalb des Tiber gelegen. Perugia *(Perusia)*, Cortona und Arezzo *(Arretium)* treten wiederum vor allem in der Zeit ab dem 4. Jh. v. Chr. deutlicher in Erscheinung.

Die nördlichen Gebiete der Etrusker liegen jenseits des Apennins und waren vom Kerngebiet aus über Pässe zu erreichen, von denen die wichtigsten das Tal des Flusses Sieve (im Süden, Richtung Florenz) mit dem des Santerno (im Norden, Richtung Bologna) verbanden. Die weite, vom Po und kleineren Wasserläufen durchzogene, weitgehend ebene Landschaft bot sich für den Ackerbau an, war aber auch für die Anlage von Häfen im Mündungsdelta des Po prädestiniert, zumal die italienische Adriaküste wenige geschützte Buchten aufweist. Letzteres war vor allem für eine zweite Phase intensiver etruskischer Besiedlung und Erschließung der Region, mit der Gründung der Hafen- und Handelsstadt Spina im 6. Jh. v. Chr., entscheidend. Der Aspekt könnte aber schon am Übergang von der Bronze- zur Eisenzeit eine Rolle gespielt haben, als am nördlichen Rand der Poebene mit Frattesina (westlich von Adria, Venetien) ein Knotenpunkt des Austauschs mit Kontinentaleuropa einerseits, der Ägäis andererseits bestand.

Die wichtigste Stadt der etruskischen Poebene war Bologna (*Felsina*; vgl. Plinius Maior, *Naturalis historia* 3, 115). Die Hafenstadt Spina wird in der antiken Literatur meist als griechische Gründung angesehen, doch spiegeln die erhaltenen Inschriften ein sehr klares Überwiegen des etruskischen Elements. Größere Bedeutung besaßen außerdem Marzabotto *(Kainua?)*, am Ausgang der Passstraßen im Tal des Reno, Mantua, die Heimatstadt Vergils, am Mincio sowie das etruskisch-venetische Handelszentrum von Adria *(Atria)*, im Podelta.

In Kampanien waren Etrusker in der vom Fluss Volturno *(Volturnus)* durchflossenen, fruchtbaren Ebene nördlich des Vesuvs präsent, mit der Stadt Capua als Hauptort. Die Gründung von Capua wurde von manchen römischen Historikern schon in der Zeit um 800 v. Chr. verortet (Velleius Paterculus, *Historiae* 1, 7, 2). Archäologische Funde legen sogar ein älteres Datum für etruskische Präsenz nahe, doch fällt die Siedlungskonzentration in Capua tatsächlich ungefähr in die angegebene Zeit. Davon anscheinend unabhängig bildete sich zwischen dem 9. und 8. Jh. v. Chr. das etruskische Siedlungszentrum von Pontecagnano südlich von Salerno heraus. Sein antiker Name ist unbekannt. Wie Capua liegt Pontecagnano inmitten einer von Wasserläufen durchzogenen Ebene. Zum Meer haben beide jeweils einen gewissen Abstand, doch ist es nicht zuletzt über die Flüsse recht leicht zu erreichen. Von Pontecagnano aus erfolgte später eine Ausweitung der etruskischen Hegemonie über das Tal des Sarno nach Nordwesten, nach Nocera (antik *Nuceria*) und Pompeji. Im Laufe der Zeit verlor jedoch der südkampanische Pol tendenziell an Bedeutung gegenüber Capua, das im 6. Jh. v. Chr. das unbestrittene wirtschaftliche Zentrum des etruskischen Kampanien wurde und den Handel mit dem Süden Italiens, insbesondere mit der Griechenstadt Sybaris kontrollierte. Für diese Phase zeichnet sich in Capua eine städtebauliche Reorganisation mit einem durch ein regelmäßiges Straßennetz erzeugtes Raster von Bebauungsblöcken ab. Ob dieser Wandel mit Neuansiedlungen von Etruskern aus dem Kerngebiet oder der Poebene einherging, ist unklar.

3.2 Die Etrusker und ihre Nachbarn

Grundlegende Daten zur etruskischen Geschichte haben uns Nachbarn der Etrusker überliefert, die oft zugleich deren Konkurrenten oder Feinde waren. Diese einseitige Tradition erklärt sich mit dem Verschwinden der etruskischen Sprache an der Schwelle zur römischen Kaiserzeit (vgl. 2.3 und 3.3). Bedingt dadurch wurden keinerlei etruskische Bücher historischen oder literarischen Inhalts mehr abgeschrieben, sodass die Tradition schon lange vor dem Mittelalter abriss. Dass es solche Schriften gegeben hat, steht gleichwohl fest. Marcus Terentius Varro, der zur Zeit Caesars antiquarische und literaturgeschichtliche Studien betrieb, hatte noch Kenntnis von etruskischen Tragödien, als deren Autor er einen gewissen Volnius nennt (*De lingua Latina* 5, 55), sowie von *Tuscae historiae*, also etruskischen Geschichtswerken (bei Censorinus, *De die natali* 17, 6). Dass er diese im Original hätte lesen können, darf bezweifelt werden. Jedenfalls zitieren antike Historiker, wenn sie Quellen für Kenntnisse der etruskischen Geschichte angeben, fast ausschließlich ältere griechische und lateinische Autoren. Eine Ausnahme bildet der gelehrte römische Kaiser Claudius, der zugleich Verfasser einer leider nicht erhaltenen, in zwanzig Bücher gegliederten Geschichte der Etrusker in griechischer Sprache war (Sueton, *Divus Claudius* 42, 2). Vielleicht hatte er durch seine erste Frau Urgulania, die aus einer etruskischen Familie stammte, Interesse an dem Thema gefunden. Generell ist festzustellen, dass Claudius wie die meisten anderen Autoren zu einer Zeit schrieb, als die etruskische Zivilisation schon weitgehend in der römischen aufgegangen war. Das gilt auch für die hier häufiger zitierten Diodor, Livius, Dionysios von Halikarnassos und Strabon. Gegenstand ihrer Werke war, anders als im Fall des Claudius, aber nicht speziell die etruskische, sondern die griechische, römische oder »Universalgeschichte«. Es wird somit fast ausschließlich über Ereignisse berichtet, bei denen Griechen und Römer in Kontakt und nicht selten in Konflikt mit Etruskern gerieten. Alles andere muss heute aus archäologischen und inschriftlichen Quellen erschlossen werden.

Vorauszuschicken ist noch, dass wir über die meisten Nachbarn der Etrusker im altitalischen Umfeld noch weit weniger in der antiken Geschichtsschreibung erfahren. Auch sind von Völkern wie Venetern, Picenern, Umbrern, Faliskern oder Samniten eigene Schriftzeugnisse jeweils nur in verhältnismäßig kleiner Zahl erhalten. Immerhin sind sie, wegen der sprachlichen Verwandtschaft mit dem Lateinischen, oft leichter erschließbar als die etruskischen.

Die frühesten Äußerungen griechischer Autoren zu den Etruskern schildern diese als gefährliche Seeräuber. Exemplarisch sei hierfür der »Homerische Hymnos« für Dionysos zitiert, eine anonyme Dichtung im epischen Versmaß der Hexameter, wohl aus dem 6. Jh. v. Chr. Geschildert wird die Macht des Gottes, wie sie sich Piraten offenbart, die Dionysos für einen Königssohn halten und auf ihr Schiff entführen, um ein Lösegeld zu erpressen. Der gefangene Dionysos wehrt sich, indem er den Hauptmast in einen großen Rebstock verwandelt, während der Gott selbst die Gestalt eines Löwen annimmt, der über den Anführer der Piraten herfällt. Seine Kumpane springen entsetzt über Bord und werden dabei zu Delphinen. Die Piraten werden hier als *Tyrsenoi* bezeichnet (*Hymnus Homericus* 7, 8), also mit einem in Griechenland üblichen Namen für Etrusker. Allerdings gibt es im gesamten Text nicht einen Hinweis auf den Schauplatz der Handlung. Somit könnten auch in der Ägäis, auf Lemnos beheimatete Tyrsener gemeint sein (vgl. 2.3), zumal der römische Dichter Ovid dieselbe Episode zwischen den Inseln Chios und Naxos lokalisieren wird (*Metamorphoses* 3, 595. 647). Andererseits haftete wohl bereits zur Entstehungszeit des Hymnos den Etruskern ein zweifelhafter Ruf an. Strabon zitiert dafür den kleinasiatischen Geschichtsschreiber Ephoros (4. Jh. v. Chr.), demzufolge die Griechen es wegen der etruskischen Piraterie erst zehn Generationen, also etwa dreihundert Jahre nach dem Trojanischen Krieg, gewagt hätten, sich in Sizilien niederzulassen (*Geographica* 6, 2, 2). Mit Einsetzen der sogenannten griechischen Kolonisation sind die Etrusker ins historische Bewusstsein der Griechen und damit auch der gesamten Nachwelt eingetreten – als Widersacher im Kampf um Seewege und Ressourcen.

Es ist hier nicht möglich, auf die Hintergründe der griechischen Koloniegründungen im westlichen Mittelmeerraum einzugehen. Handelsinteressen waren jedenfalls nur eines der vielfältigen Motive. Bevölkerungszuwachs, wirtschaftliche Notlagen sowie innere soziale und politische Konflikte in den Mutterstädten, all dies spielte eine Rolle. Die frühesten griechischen Ansiedlungen auf italischem Boden finden sich am Golf von Neapel und gehen auf Siedler der Insel Euboia zurück. Diese ließen sich zunächst im zweiten Viertel des 8. Jh.s v. Chr. auf Ischia nieder, wo sie einen maßgeblichen Teil der Bevölkerung von Pithekoussai ausmachten, einem pluriethnischen Handelsposten mit vielfältigen Beziehungen. Eine Generation später wurde die Stadt Kyme auf dem benachbarten Festland gegründet. Aus ihr stammte einer der Anführer der überwiegend euböischen Kolonisten, ein Mann namens Hippokles (Strabon, *Geographica* 5, 4, 4). Weitere Gründungen folgten nun in recht kurzen zeitlichen Abständen und auf Initiative verschiedener Poleis des griechischen Mutterlandes. Für die Etrusker sollten sich im Verlauf der Geschichte das von Korinth aus 734/33 v. Chr. gegründete Syrakus, ferner Sybaris, eine Gründung von Achaiern im ionischen Golf (um 720 v. Chr.), das von Sybaris um 600 v. Chr. aus gegründete Poseidonia, das später Paestum hieß, sowie die spartanische Kolonie von Tarent (706 v. Chr) als hauptsächliche Partner bzw. Kontrahenten erweisen.

Mit einigen der Griechenstädte bestand fast durchgängig Einvernehmen, so vor allem mit Sybaris, über das auch engere Kontakte in den ostgriechischen Raum, namentlich nach Milet, angeknüpft wurden. Zu anderen war das Verhältnis stärkeren Wechselfällen ausgesetzt und nicht selten angespannt, vor allem im südlichen Tyrrhenischen Meer, wo man um Schifffahrtsrouten stritt (vgl. Dionysios von Halikarnassos, *Antiquitates Romanae* 1, 11, 4). So versuchten Etrusker über ein Jahrhundert hinweg, ca. 580 bis 480 v. Chr., letztlich erfolglos die Gründung einer knidischen Kolonie auf Lipari zu verhindern (erwähnt bei Pausanias, *Graeciae descriptio* 10, 11, 3 und 16, 7). Zudem wirkten sich Entwicklungen in weit entfernten Weltgegenden auf das Verhältnis zwischen Griechen und Etruskern aus. Als die Perser die ionischen Griechenstädte an der kleinasiatischen Küste zu unterwerfen begannen, wanderten die Bewohner der Stadt Phokaia (heute Foça, nahe İzmir) geschlossen aus (546/45 v. Chr.). Sie zogen nach Westen, wo sie zuvor Kolonien gegründet hatten: im heutigen Südfrankreich Marseille (*Massalia,* um 600 v. Chr.) und Aléria auf Korsika (*Alalia,* um 565 v. Chr.). Diese Kolonien waren sofort in einen lebhaften Austausch mit etruskischen Handelspartnern eingetreten. Als nun jedoch die große Masse der Phokaier nach Aléria übersiedelte, sah die etruskische Metropole Caere sich bedroht. Im Bündnis mit Phöniziern bot sie eine Flotte auf, die die zahlenmäßig unterlegene phokäische Flotte in einer Seeschlacht vor Aléria nicht besiegen konnte, aber stark dezimierte (um 540 v. Chr.). Die Phokaier räumten daraufhin Aléria und überließen es den Etruskern. Die Schlacht hatte jedoch noch weitere Folgen: Phokäische Kriegsgefangene, Seeleute der untergegangenen Schiffe, waren in Caere gesteinigt worden. Als dort kurz daraufhin eine Seuche aufkam, die jeden traf, der am Ort der Steinigung vorbeiging, führte man das auf den Zorn der Götter zurück. Eine Delegation aus Caere reiste daher ins griechische Delphi, um das Orakel des Apollon nach Mitteln zur Sühnung zu befragen. Das Orakel ordnete die regelmäßige Abhaltung von Wettkämpfen zu Ehren der getöteten Phokaier an (Herodot, *Historiae* 1, 165–167).

Die Konsultation des delphischen Orakels und der Einsetzung von Agonen nach griechischem Muster zeigt: Trotz der Kämpfe zwischen griechischen und etruskischen Städten, bei denen es stets um konkrete Interessen ging, gab es keinen *clash of civilizations*. Außerdem veranschaulicht die Konfrontation vor Aléria die Bedeutung eines weiteren Akteurs im Bereich des Tyrrhenischen Meers, der an der Levanteküste beheimateten Phönizier. Auch sie hatten Niederlassungen im westlichen Mittelmeer gegründet, nicht zuletzt auf der Suche nach Rohstoffen, für die wegen der phönizischen Tributpflicht gegenüber den Assyrern seit dem 9. Jh. v. Chr. ein erhöhter Bedarf bestand. Phönizische Kolonien entstanden in Nordafrika mit Karthago an der Spitze, auf der iberischen Halbinsel, im Westen Siziliens und im eisenerzreichen Sardinien. Mit den Etruskern gestalteten sich die Beziehungen anscheinend überwiegend freundlich. Schon im 6. Jh. v. Chr. gab es förmliche Abkommen zur Regelung von Einflusszonen und Seewegen (Aristoteles, *Politica* 3, 9, p. 1280 a). Für Pyrgi, einen der Häfen von Cerveteri, bezeugen in etruskischer wie phönizischer Sprache beschriftete Goldtäfelchen einen kontrollierten Austausch unter dem Patronat der Göttin Astarte, die die Etrusker *Uni* nannten (vgl. 4.4).

Zwischen Griechen und Etruskern hingegen waren nicht nur Seewege, sondern auch territorialer Besitz umstritten. Das führte etwa zu einem Konflikt mit Kyme. Neu nach Kampanien strömende etruskische Siedler, angeblich aus Oberitalien durch eine Gallierinvasion verdrängt, formierten zusammen mit Angehörigen anderer italischer Völker ein starkes Heer, das im Jahr 524 v. Chr. die Griechenstadt bestürmte. Der Angriff wurde abgeschlagen, wobei sich ein Mann namens Aristodemos in einer Weise auszeichnete, die ihn zum Alleinherrscher bzw. in antiker Diktion zum Tyrannen von Kyme aufsteigen ließ. Als solcher heizte er inneretruskische Machtkämpfe an, indem er den aus Rom vertriebenen König aus einer etruskischen Dynastie, Tarquinius Superbus, und dessen Anhänger in Kyme aufnahm. Auch kämpfte Aristodemos gegen einen mächtigen etruskischen Gegenspieler des Tarquinius, den Herrscher von Chiusi, Lars Porsenna und dessen Sohn Arruns. 490 v. Chr. stürzte Aristodemos dann durch eine Verschwörung von Aristokraten aus Kyme, die zwischenzeitlich im etruskischen Capua Zuflucht gefunden hatten (Dionysios von Halikarnassos, *Antiquitates Romanae* 7, 2–12; Livius, *Ab urbe condita* 2, 14; 21, 5).

Die Geschichten um Aristodemos lassen erahnen, wie eng etruskische und griechische Politik während der archaischen Epoche miteinander verflochten waren und dass die Fronten keineswegs immer entlang ethnischer Grenzen verliefen. Gleiches lässt sich für das Verhältnis von Etruskern und Römern vermuten, das in den aus Sicht der Römer verfassten Geschichtswerken späterer Zeit sicher stark verzerrt wiedergegeben wird. Der Althistoriker Andreas Alföldi hat viele Indizien dafür gesammelt, dass Rom an der Wende vom 6. zum 5. Jh. v. Chr. gewissermaßen ein Spielball der Interessen verschiedener etruskischer Stadtstaaten war. Ihnen ging es nicht zuletzt um die Sicherung einer Landverbindung zwischen dem etruskischen Kernland und den kampanischen Besitzungen. Bereits im ausgehenden 7. Jh. n. Chr. war, so schildern es übereinstimmend mehrere Quellen, die Herrschaft über Rom Tarquinius Priscus zugefallen, einem aus Tarquinia stammenden Etrusker (knapp gefasst z. B. bei Cicero, *De re publica* 2, 34–36). Aus derselben Linie ging später Tarquinius Superbus hervor, nach der Überlieferung der letzte König von Rom, dessen Sturz vielleicht durch Lars Porsenna herbeigeführt worden sein könnte (und nicht durch die Römer selbst unter Brutus' Führung). Interessant ist jedoch vor allem die Herrschaft des Königs Servius Tullius, die jene der beiden Tarquinier voneinander trennt und nach traditioneller Chronologie in die Jahre von 578 bis 534 v. Chr. fällt. Die römischen Quellen erklären dieses Intermezzo auf unterschiedliche

Weise, zuweilen mit Verweis auf eine angeblich göttliche Abkunft des Servius Tullius. Eine davon abweichende Version zitierte Kaiser Claudius in einer Rede vor dem Senat im Jahr 48 n. Chr., die durch eine Inschriftentafel aus Lyon überliefert ist: Etruskische Gewährsleute wüssten zu berichten, dass Servius Tullius unter dem Namen Mastarna ein treuer Gefolgsmann des etruskischen Heerführers Caelius Vibenna gewesen sei und diesen durch alle Schicksalsfälle begleitet habe. Nach dem Tod des Caelius habe Mastarna den Rest von dessen Heer nach Rom geführt und sich dort auf einem der sieben Hügel niedergelassen, der dann nach dem toten Freund benannt wurde. Claudius schildert das wie eine friedlich-einvernehmliche Eingliederung. Wiederum andere Quellen lassen jedoch eher auf eine kriegerische Einnahme Roms noch unter Caelius Vibenna selbst schließen (z. B. Tacitus, *Annales* 4, 65).

Die geschilderte Episode gewinnt noch dadurch an Brisanz, dass wir Caelius Vibenna, dessen Bruder Aulus und Mastarna durch originale etruskische Zeugnisse kennen. Eine Votivinschrift auf einem Gefäß, das sich im Heiligtum auf dem Portonaccio in Veji fand und in das mittlere 6. Jh. v. Chr. zu datieren ist, nennt als Weihenden einen *Avile Vipiiennas*. Das entspricht der archaisch-etruskischen Schreibweise von Aulus Vibenna. Doch auch viel später noch erinnerte man sich in Etrurien des Bruderpaares. So sind Aulus und Caelius, zusammen mit Mastarna, in einem Fresko eines Grabes in Vulci dargestellt.

Abb. 4: Vulci, Tomba François, Fresko mit Befreiung des Caile Vipinas, *Faksimile von Carlo Ruspi, 1863*

Dort, in der »Tomba François« aus dem späteren 4. Jh. v. Chr., ist ein nächtlicher Überfall gezeigt, bei dem Caelius Vibenna (in der Beischrift zum Fresko *Caile Vipinas*) von Mastarna *(Macstrna)*, Aulus *(Avile Vipinas)* und weiteren Kampfgenossen aus den Fängen einer Gruppe von Kriegern aus verschiedenen etruskischen Städten befreit wird (Abb. 4). Weil ein anderes Fresko desselben Grabes den Tod eines *Cneve Tarchunies Rumach*, also Gnaeus Tarquinius aus Rom, schildert, hat man einen unmittelbaren Zusammenhang mit den Kämpfen um den Königsthron der Tiberstadt herstellen wollen. Beweisen lässt er sich freilich nicht. Dennoch: Mit den Fresken der »Tomba François« haben wir sicher einen bildlichen Reflex eben jener etruskischen Geschichtswerke, auf die auch Claudius sich zumindest noch indirekt stützen konnte.

Mit den Kämpfen um Rom, Kampanien und die Vorherrschaft im Tyrrhenischen Meer war die etruskische Macht am Ende des 6. Jh.s v. Chr. auf ihrem Höhepunkt angelangt. Da sie sich zudem über die Poebene ausgedehnt hatte, konnten Cato der Ältere und Livius später von einem Herrschaftsbereich sprechen, der sich fast über die gesamte italische Halbinsel erstreckt habe (Cato bei Servius, *Commentarii in Vergilii Aeneidos* 11, 567; Livius, *Ab urbe condita* 1, 2, 5). Die Wende kam schon bald darauf, wobei unterschiedliche Faktoren eine Rolle spielten. Einer davon war der Aufstieg von Syrakus zur regionalen Hegemonialmacht, der sich unter der Regierung von Tyrannen aus dem Geschlecht der Deinomeniden seit 485 v. Chr. vollzog. Diese standen an der Spitze eines Bündnisses, das den Karthagern bei Himera, an der Nordküste Siziliens, im Jahr 480 v. Chr. eine empfindliche Niederlage zugefügt hatte. 474 v. Chr. unterstützten die Syrakusaner Kyme in einer Seeschlacht vor der kampanischen Küste gegen eine etruskische Flotte. Die griechische Seite trug einen Sieg davon, der zugleich die etruskische Vorherrschaft im Tyrrhenischen Meer gebrochen haben soll (Diodoros Siculus, *Bibliotheca* 11, 51). Etruskische Helme, die bei dieser Gelegenheit erbeutet worden waren, stiftete Hieron von Syrakus mit entsprechender Beschriftung in das Heiligtum von Olympia, wo sie bei Ausgrabungen gefunden worden sind. In der Folgezeit unternahmen syrakusanische Flotten Vorstöße in Richtung des etruskischen Kernlandes und bemächtigten sich zeitweise der erzreichen Insel Elba und wohl auch Teilen Korsikas (Diodoros Siculus, *Bib-*

liotheca 11, 88, 4–5). Sicher gab es etruskische Versuche, die Syrakusaner wieder zurückzudrängen. Beispielsweise nahmen drei etruskische Kriegsschiffe an der Athener Expedition gegen Syrakus 413 v. Chr. teil, die aber bekanntlich kläglich scheiterte (Thukydides, *Bellum Peloponnesiacum* 6, 103, 2). So konnten es die Syrakusaner 384 v. Chr., nun unter der Herrschaft des berühmt-berüchtigten Dionysios, ungestraft wagen, das zu Cerveteri gehörende Heiligtum von Pyrgi zu plündern (Diodoros Siculus, *Bibliotheca* 15, 14, 3–4).

Ein zweiter Faktor, der zur Schrumpfung des etruskischen Einflusses beitrug, war der weitgehende Verlust der kampanischen Territorien im Laufe des 5. Jh.s v. Chr. Dieser ging auf das Konto von italischen Bergvölkern, an der Spitze die Samniten, die von den Hängen des Apennins aus in die fruchtbaren Ebenen um den Golf von Neapel vorstießen. Die etruskischen Herren von Capua sollen versucht haben, einem bewaffneten Kampf auszuweichen und die Neuankömmlinge friedlich zu integrieren, dann aber, 423 v. Chr., von schon in der Stadt lebenden Samniten überwältigt worden sein (Livius, *Ab urbe condita* 4, 37, 1–2).

Wohl bereits vor den Ereignissen in Kampanien waren die etruskischen Städte in der Poebene unter Druck geraten. Darauf deuten auch verschiedene antike Quellen, die ein Ausweichen von Etruskern aus nördlichen Regionen nach Kampanien schildern. Schon seit der Zeit um 600 v. Chr. hatte es offenbar eine ständige keltische Einwanderung von Norden her gegeben. Im Zuge dessen hatten verschiedene westkeltische, aus dem Süden Galliens kommende Gruppen sich nördlich des Po niedergelassen, in dem Gebiet zwischen Mailand *(Mediolanum)* und Verona. Eine zweite Welle kam um 400 v. Chr. mit den Boiern aus Zentraleuropa. Sie fanden keinen Platz mehr nördlich des Po und setzten zusammen mit diesseits der Alpen ansässigen Gruppen über den Fluss, wo sie Etrusker und Umbrer vertrieben und das Gebiet bis zum Apennin besetzten (Livius, *Ab urbe condita* 5, 33–35). Wiederum andere Gruppen stießen bis nach Mittelitalien vor, was in der spektakulären Einnahme Roms (387 v. Chr.) gipfelte. Doch blieb dies eine Episode. Nördlich und östlich des Apennins war die Landnahme dauerhaft. Unter den nicht an städtische Lebensweise gewöhnten neuen Herren verödeten einst blühende Zentren wie Marzabotto, andere wie Bologna scheinen geschrumpft zu sein, während sich ein Netz kleinerer ländlicher Siedlungen entwickelte (vgl. Livius, *Ab urbe condita* 33, 37, 3–4). Hingegen sind Spina und das Minciotal noch lange etruskische Enklaven mit urbanen Strukturen geblieben. In Siedlungen am Nordhang des Apennins koexistierten etruskische und keltische Bevölkerungsteile, wie sich an Inschriften einerseits, Grabsitten und -beigaben andererseits erkennen lässt.

Etwa gleichzeitig mit der keltischen Invasion in Oberitalien hatte sich ein anderer, schon länger schwelender Konflikt zwischen dem etruskischen Veji und der Nachbarstadt Rom zugespitzt. Er endete, zehn Jahre bevor die Kelten bis Rom vorstießen, mit der Eroberung Vejis. Das Datum (nach traditioneller Chronologie 396 v. Chr.) markiert den Beginn der militärischen Unterwerfung Etruriens durch die Römer.

3.3 *Die Unterwerfung durch Rom und das etruskische Erbe*

Die Streitigkeiten zwischen den Nachbarn Rom und Veji hatten eine lange Geschichte, die angeblich bis zu den Tagen des Romulus zurückreichte. Meist ging es um Landbesitz und die Kontrolle über Salinen, die in der Nähe der Tibermündung lagen, oft wohl nur um Viehdiebstahl und persönliche Rachefeldzüge. Ein solches Unternehmen, bei dem das römische Geschlecht der Fabier eine Art Privatarmee mobilisierte, die von den Vejentern fast komplett ausgelöscht wurde (477 v. Chr.), schildert Dionysios von Halikarnassos in geradezu epischer Breite (*Antiquitates Romanae* 9, 15–22). Der Endkampf zwischen Rom und Veji begann dann angeblich zehn Jahre vor der letztlichen Einnahme: Die Parallele zur Dauer des Trojanischen Kriegs ist unübersehbar und sicher bewusst hergestellt. Livius lässt den römischen Sieg als schicksalhafte Fügung erscheinen. Nur durch die richtige Deutung von Vorzeichen und die Ausführung bestimmter Riten und eigentlich nicht durch militärische Gewalt sei es gelungen, Veji seines göttlichen Schutzes zu berauben und einzunehmen (*Ab urbe condita*, bes. 5, 15–16 und 21–22). Vor diesem Hintergrund mag man eine völlige Zerstörung der Stadt für geradezu folgerichtig halten, doch hat sie entgegen anderslautenden Angaben offenbar nicht stattgefunden. Nicht zuletzt archäologische Befunde lassen erkennen, dass Veji wenigstens zu Teilen bewohnt blieb, einige Heiligtümer weiterlebten und auch das Umland recht intensiv bewirtschaftet wurde. Nur war es jetzt Teil des römischen Territoriums, und alte wie neu angesiedelte Bewohner wurden in zu diesem Zweck neu geschaffene Stimmbezirke der römischen Bürgerschaft eingeschrieben (Livius, *Ab urbe condita* 6, 4–5).

Bemerkenswert ist, dass Veji im Kampf gegen Rom, zumindest in dessen Schlussphase, keine Unterstützung durch andere etruskische Stadtstaaten erhielt. Livius führt dies auf Streitigkeiten zwischen dem damaligen König von Veji und den führenden Männern aus anderen Städten zurück (vgl. 6.5). Daneben mag eine Rolle gespielt haben, dass Kräfte durch den Ansturm der Kelten gebunden waren, die ja zu dieser Zeit nach Mittelitalien vorstießen. Das bekamen bald auch die Römer zu spüren, die nach einer verlorenen Schlacht ihre eigene Stadt unmittelbar bedroht sahen und daher die vestalischen Jungfrauen und die heiligsten Gegenstände nach dem etruskischen *Caere* (Cerveteri) in Sicherheit bringen ließen (387 v. Chr.). Später jagten die Caeretaner den Kelten angeblich sogar die Beute ab, die diese bei der vorübergehenden Einnahme und Plünderung Roms gemacht hatten. Daraufhin erkannten die Römer ihren Nachbarn einen Sonderstatus zu, durch den sie fortan mit römischen Bürgern quasi gleichgestellt waren, ohne allerdings politisch mitbestimmen zu dürfen (Livius, *Ab urbe condita* 5, 40, 10 und 50, 3; Strabon, *Geographica* 5, 2, 3; Gellius, *Noctes Atticae* 16, 13, 7). Allerdings war schon in der Antike umstritten, ob das eine Ehre oder nicht eher eine mildere Form der Unterwerfung war. Jedenfalls kam es zu Konflikten, deren genaue Ursachen und Verlauf nur schwer nachvollziehbar sind. Am Ende, im Jahr 273 v. Chr., baten die Caeretaner demütig und unter nochmaliger Berufung auf ihre früheren Verdienste um Frieden. Cerveteri wurde einem von den Römern eingesetzten Verwalter *(praefectus iure dicundo)* unterstellt und musste die Hälfte seines Territoriums an Rom abzutreten (Livius, *Ab urbe condita* 7, 20; Cassius Dio, *Historiae Romanae* 10, fr. 33). Damit hatte die Stadt ihre politische Autonomie eingebüßt. Interessanterweise war der erste Verwalter ein Römer mit etruskischen Wurzeln. Das ist symptomatisch dafür, dass die Eingliederung Etruriens in den römischen Machtbereich unter kräftiger Mitwirkung eines Teils der etruskischen Eliten stattfand. Mit diesen standen einige römische Adelsgeschlechter offenbar in gutem Einvernehmen und schickten sogar ihre Kinder nach Cerveteri und in andere Städte, wo sie höhere Bildung genießen sollten (Livius, *Ab urbe condita* 9, 36, 3).

Der gesamte Prozess der Unterwerfung Etruriens durch die Römer ist im Kontext der Ausdehnung des römischen Machtbereichs über die italische Halbinsel zu sehen, die sich im Wesentlichen während des 4. und 3. Jh.s v. Chr. vollzog. So gab es immer wieder längere Phasen, in denen die Römer stärker mit anderen Widersachern wie beispielsweise den Samniten beschäftigt waren und mit den etruskischen Stadtstaaten zeitlich befristete, aber meist jahrzehntelange Waffenstillstände vereinbarten. Eine solche Ruhepause herrschte etwa zwischen der Mitte des 4. Jh.s, nachdem eine Koalition unter Führung von Tarquinia den Römern erheblich zugesetzt hatte, und dem Jahr 311 v. Chr. In den folgenden dreißig Jahren jedoch ging es Schlag auf Schlag, mit nur kurzen Unterbrechungen. Die Liste der Triumphe, die römischen Feldherren vom Senat gewährt worden waren, verzeichnet für diese Zeit allein acht Siege über Etrusker. Die literarischen Quellen bestätigen die besondere Intensität der Kämpfe. Waren zuvor die südetruskischen Städte Angriffen ausgesetzt, so stießen die Römer nun bis nach Arezzo, Cortona, Perugia und Volterra vor (Livius, *Ab urbe condita* 9, 27, 12; 10, 12, 4). Mit einem Sieg über Vulci und Volsinii, den der Konsul Tiberius Coruncanius 280 v. Chr. in Form eines Triumphzugs feiern durfte, wurde dann ein vorläufiger Schlusspunkt unter die Unterwerfung der Etrusker gesetzt.

Nicht ganz klar ist, inwieweit die etruskischen Stadtstaaten ihren militärischen Widerstand koordiniert hatten. Über ein Zusammengehen mit anderen Feinden Roms erfahren wir jedenfalls nur bei einer Gelegenheit, der Schlacht von Sentinum (bei Sassoferrato, zwischen Perugia und Ancona). Hier standen sich 295 v. Chr. Römer auf der einen, Etrusker, Umbrer, Samniten und Gallier auf der anderen Seite gegenüber. Der Sieg soll den Römern laut Livius nur nach einer rituellen Selbstaufopferung ihres Feldherrn zuteil geworden sein (*Ab urbe condita* 10, 27–29).

Anders als Veji und Cerveteri blieben die anderen etruskischen Städte weiterhin nominell selbständig. Sie waren allerdings gezwungen, Bündnisverträge mit Rom abzuschließen, die sie zu militärischer Gefolgschaft und anderen Leistungen verpflichteten. Garanten dafür waren die städtischen Eliten, die in Etrurien wie anderswo bevorzugte Verhandlungspartner des römischen Senats waren. Letzterer konnte durch diese Form der indirekten Herrschaft auf den Aufbau eines großen Verwaltungsapparats zur Kontrolle der unterworfenen Territorien verzichten. Die etruskischen Aristokraten konnten ihrerseits auf römische Hilfe zählen, wann immer ihre Machtstellung durch soziale Konflikte bedroht schien. Bei solchen Gelegenheiten griffen die Römer tatsächlich in innere Angelegenheiten der etruskischen »Bundesgenossen« ein. Beispielsweise intervenierten sie im Jahr 302 v. Chr. zugunsten des Geschlechts der Cilnier in Arezzo (vgl. 6.4). Gravierende Folgen hatte der Hilferuf, den die Aristokraten von *Volsinii* (Orvieto) im Jahr 264 v. Chr. nach Rom sandten. Zwar wurde er erhört und der drohende Machtverlust abgewendet, aber auf Kosten der Zerstörung der Stadt und der Umsiedlung ihrer überlebenden Bevölkerung an einen anderen Ort, *Volsinii novi* genannt (heute Bolsena) (Zonaras, *Epitome historiarium* 8, 7; Valerius Maximus, *Memorabilia* 9, 1 ext. 2).

Gewaltsame Interventionen der Römer in Etrurien sind durchaus noch für das 2. Jh. v. Chr. bezeugt, doch zielten diese jeweils auf die Niederschlagung sozialer Unruhen. Bei militärischen Auseinandersetzungen auf etruskischem Boden hingegen waren die Etrusker fortan nicht Gegner, sondern stets Verbündete der Römer. Sie stellten Hilfstruppen, als 225 v. Chr. ein keltisches Heer einfiel, das bei Talamone geschlagen wurde (Polybios, *Historiae* 2, 27–31). Eine ernstere Probe kam dann mit dem Zweiten Punischen Krieg und Hannibals Zug nach Italien. Erneut war Etrurien Kriegsschauplatz, etwa bei der Schlacht am Trasimenischen See (217 v. Chr.). Obwohl die Römer dort und anderswo schwere Niederlagen erlitten, liefen die Etrusker nicht zu den Karthagern über, die doch in früheren Zeiten oft Bündnispartner gewesen waren. Nur ganz gelegentlich hören wir von Unruhen, so etwa für Arezzo im Jahr 209 v. Chr. (Livius, *Ab urbe condita* 27, 21, 6–7). Demgegenüber steht eine Liste von Tributen, die etruskische Städte 205 v. Chr. zur Ausrüstung von Scipios Expeditionsheer leisteten – eine wichtige Quelle übrigens auch für die etruskische Ökonomie der Zeit. So erfahren wir, dass *Caere* Getreide und Schiffsvorräte zu liefern versprach, *Populonia* Eisen, *Tarquinii* Segeltuch, *Arretium* Rüstungen, Waffen und Ausrüstungen für Kriegsschiffe, *Volaterrae, Perusia, Clusium* und *Rusellae* Schiffsholz und Getreide (ebenda 28, 45, 14–18).

Obwohl sich die Etrusker also aus römischer Sicht als verlässlich erwiesen, sicherten seit dem 3. Jh. v. Chr. verschiedene Stützpunkte strategisch wichtige Positionen im Etrurien. Diese Kolonien genannten Niederlassungen unterschieden sich durch Größe und den Rechtsstatus der Einwohner. Die Bürgerkolonien *(coloniae civium Romanorum)* nahmen gewöhnlich dreihundert Siedler mit ihren Familien auf und bildeten Enklaven römischen Territoriums innerhalb der Gebiete der Bundesgenossen. Im Gebiet von Cerveteri waren gleich vier solcher Kolonien entlang der Küste aufgereiht: *Fregenae, Alsium, Pyrgi* und *Castrum Novum*. Sie alle entstanden in den Jahrzehnten nach dem Frieden von 273 v. Chr. Nach dem Zweiten Punischen Krieg wurden Bürgerkolonien in *Graviscae*, an der Küste bei Tarquinia, und in *Saturnia*, im Hinterland von Vulci, angelegt (181 bzw. 183 v. Chr.). Diese nahmen nun größere Zahlen von Siedlern auf, auch wurde jedem Siedler ein größeres Landlos als bei früheren Gründungen zuteil. Koloniegründungen dienten nun ebenso der Versorgung von Familien ohne Landbesitz wie militärischen Zwecken. Dasselbe Konzept verfolgte man mit der Gründung von Kolonien latinischen Rechts, für die seit jeher größere Siedlerzahlen und größere Landzuteilungen vorgesehen waren. Sie waren offiziell nicht Teile der römischen *res publica*, sondern Bundesgenossen der Römer. Eine solche Kolonie war Cosa im ehemaligen Territorium von Vulci (gegründet 273 v. Chr.).

Um die Kontrolle des Landes, vor allem aber auch den schnellen Transfer von Truppen in die noch nicht unterworfenen oder bedrohten Gebiete Oberitaliens zu gewährleisten, schufen die Römer zudem ein Straßennetz, für das sie streckenweise etruskische Straßen weiternutzten und ausbauten. Die Via Aurelia entlang der tyrrhenischen Küste und die Via Cassia, von Rom über den Lago di Bolsena bis Chiusi, später bis Florenz verlängert, dazu als Querverbindung die Via Clodia, bildeten die wichtigsten Verkehrsadern im römisch beherrschten Etrurien. Sie entstanden zwischen der Mitte des 3. Jh.s und der Mitte des 2. Jh.s v. Chr.

In der Epoche der römischen Bürgerkriege erlebte Etrurien in den Achtzigerjahren des 1. Jh.s v. Chr. einige Schlachten zwischen den Parteien des Marius und des Sulla. Zwei Jahrzehnte später nutzte Gnaeus Manlius Fiesole und das nördliche Etrurien als Rekrutierungsbasis und Aufmarschgebiet für Truppen, mit denen er dem Verschwörer Catilina in Rom zur Hilfe kommen wollte (63 v. Chr.). Besonders blutig gestaltete sich schließlich, nach Caesars Tod, das *bellum Perusinum*, das mit einer vom jungen Octavian, dem späteren Augustus, als Opfer inszenierten Massenhinrichtung endete.

All diese Kämpfe hatten ihren Ausgang und ihr Ziel in Rom, Etrurien war jeweils nur Schauplatz. Hingegen betrafen Konflikte, die von Gesetzesinitiativen des Volkstribuns Marcus Livius Drusus ihren Ausgang genommen hatten, die Etrusker ganz direkt. Drusus verknüpfte das Anliegen, allen italischen Bundesgenossen das römische Bürgerrecht zukommen zu lassen, mit einer Landverteilung an Plebejer durch Gründung neuer Kolonien (91 v. Chr.). Entsprechende Gesetze wurden jedoch bald wieder aufgehoben, Livius selbst ermordet. Daraufhin erhoben sich römische Bundesgenossen, die ihre Hoffnungen enttäuscht sahen, vor allem Völker des Apennins und Süditaliens. In Etrurien hingegen blieb es überwiegend ruhig, wahrscheinlich weil die etruskischen Eliten von den Reformen mehr Schaden als Nutzen für ihre interne Vormachtstellung erwartet hatten. Ein Angebot, gegen Niederlegung der Waffen das römische Bürgerrecht zu erhalten, wurde denn auch bereitwillig akzeptiert (Appian, *Bella civilia* 1, 49). Seither (89 v. Chr.) war Etrurien im vollen Umfang ein Teil des römischen Staates, die etruskischen Städte erhielten – soweit sie ihn nicht zuvor schon erworben hatten – den Status von Gemeinwesen römischer Bürger. Sie übernahmen die römische Munizipalverfassung und führten Latein als Amtssprache ein.

Nach dieser politischen Integration schreitet die soziale und kulturelle Assimiliation schnell voran. Das Etruskische als Sprache verschwindet nicht nur aus offiziellen Dokumenten, sondern wird offenkundig immer weniger gesprochen. In Grabinschriften hält es sich in Arezzo und Volterra noch bis ins frühe 1. Jh. n. Chr., andernorts kommt das Ende schon früher. Die Reichen und Mächtigen, deren Ambitionen über den Rahmen von Provinzstädten hinausreichen, orientieren sich nach Rom. Ein Sprungbrett für solche Karrieren ist nicht selten die etruskische Religion oder bestimmte Techniken der Vorzeichendeutung, die sie vermittelte und die in Rom sehr gefragt waren (dazu 7.1). Nicht zufällig ist der Mann, der Caesar vor den Iden des März warnt, ein etruskischer Priester aus einer Familie von Tarquinia, ein *Spurinna* (Sueton, *Divus Iulius* 81, 2). Mitglieder derselben und anderer etruskischer Familien steigen am Ausgang der Republik oder zu Beginn der Kaiserzeit zu senatorischem Rang auf. Der bekannteste Etrusker am Hofe des Augustus ist Gaius Cilnius Maecenas, der aus einem vornehmen Arretiner Geschlecht stammte (Horaz, *Carmina* 1, 1, 1; Velleius Paterculus, *Historiae* 2, 88, 2).

Wie Maecenas stolz auf seine Herkunft war, so knüpften auch andere Persönlichkeiten und Familien bewusst an – echte oder behauptete – etruskische Ahnenreihen an. Beispielsweise ließ ein Publius Volumnius Violens unter der Regierung des Augustus seine Marmorurne in die zuvor über zwei Jahrhunderte nicht mehr belegte Grabstätte des Geschlechts der *Velimna* bei Perugia stellen (Abb. 5, vgl. 5.3). Ob er ein direkter Nachkomme der Grabgründer war, lässt sich kaum sagen.

Mit der Zeit des Augustus scheint überhaupt eine fast nostalgische Besinnung auf die etruskische Vergangenheit einzusetzen. Bei der vom Kaiser vorgenommenen Einteilung Italiens in elf Regionen (wahrscheinlich 7 n. Chr.) erhielt die siebte Region, deren Ausdehnung ungefähr mit der des alten etruskischen

Abb. 5: Perugia, Ipogeo dei Volumni (Grab der Volumnier), Blick ins ›Tablinum‹. Die Marmorurne des P. Volumnius Violens ist links im Vordergrund zu sehen.

Kernlandes übereinstimmte, den Namen *Etruria*. Vielleicht damit verbunden war die Wiederbelebung eines alten Städtebundes (vgl. 7.5), unter der Bezeichnung *XV populorum Etruriae*, »fünfzehn Völker Etruriens«. Ein in Cerveteri gefundenes Marmorrelief aus der Mitte des 1. Jh.s n. Chr. (heute in den vatikanischen Museen) zeigt statuarische Personifikationen von dreien der *populi* (*Vetulonenses, Volcentani, Tarquinienses*). Es dürfte zu einem größeren Monument gehört haben, das alle Mitglieder des Bundes repräsentierte und sich damit auf eine Statuengruppe bezog, die in einem gemeinsamen Bundesheiligtum aufgestellt war. Von einem solchen wissen wir durch ein Schreiben Kaiser Konstantins aus dem Zeitraum zwischen 333 und 337 n. Chr., das in einer Inschrift im umbrischen Spello erhalten blieb. Dort ist die Rede von festlichen Versammlungen, die jährlich »bei Vulsinii, der Stadt Tusciens« abgehalten wurden, begleitet von Theateraufführungen und Gladiatorenkämpfen.

Konstantin war es auch, der als letzter römischer Kaiser das Kollegium der etruskischen Eingeweideschauer und Vorzeichendeuter, die *haruspices* (vgl. 7.1), in öffentlichen Angelegenheiten heranzog, obgleich er private Konsultationen verbot (*Codex Theodosianus* 16, 10, 1; vgl. 9, 16, 1–2). Alle späteren Kaiser, mit Ausnahme des »Renegaten« Julian, suchten die traditionellen Praktiken, die das langlebigste etruskische Erbstück der römischen Antike waren, zu unterbinden. Schriften über etruskische Lehren, die *Etrusca disciplina*, müssen jedoch weiterhin existiert haben, da Autoren des 5. Jh.s n. Chr. wie Martianus Capella, Macrobius und Servius daraus schöpfen konnten. Als im Jahr 410 die Westgoten Alarichs auf Rom vorrückten, fanden sich sogar noch Leute aus Etrurien, die Papst Innozenz I. anboten, durch öffentliche Zeremonien Blitze herab zu beschwören und damit die Feinde aufzuhalten. Im umbrischen Narnia hätten sie das bereits mit Erfolg praktiziert (Sozomenos, *Historia ecclesiastica* 9, 6; Zosimos, *Historia nova* 5, 41, 1–5). Der Papst lehnte ab.

4. Städte, Siedlungsstruktur und wirtschaftliche Grundlagen

4.1 *Die Entstehung der städtischen Zentren*

Am Beginn der Eisenzeit, im frühen 1. Jahrtausend v. Chr., ist ein Umbruch in der Siedlungsstruktur der später etruskischen Gebiete zu verzeichnen. Am deutlichsten lässt sich diese Entwicklung in der südlichen Küstenregion Etruriens, zwischen Veji und Vulci, nachvollziehen. Aber auch im Innern (z. B. Orvieto), im Norden des etruskischen Kernlandes (z. B. Vetulonia und Chiusi) und sogar jenseits von dessen Grenzen, z. B. in Bologna und in Pontecagnano, ist die Entstehung sog. proto-urbaner Zentren zu beobachten. Hier soll der Prozess zunächst beispielhaft für Tarquinia und sein Territorium verfolgt werden. Dabei müssen die Veränderungen der Siedlungsstruktur stets im Zusammenhang mit solchen von Aufbau und Organisation der Gesellschaft gesehen werden. Die Siedlungen selbst liefern hierfür meist nur wenige Anhaltspunkte, etwa hinsichtlich der räumlichen Abgrenzung gemeinschaftlich, für öffentliche und sakrale Funktionen genutzter Areale. Es ist daher unerlässlich, die zu den Siedlungen gehörenden Gräber in die Interpretation sozialer Dynamiken miteinzubeziehen.

Am Ende der Bronzezeit, im 11. Jh. v. Chr., sind Siedlungen in Mittelitalien meist auf Anhöhen oberhalb von Wasserläufen gelegen, sodass eine unmittelbare Kontrolle von Ackerflächen möglich war. Ein Beispiel ist die Siedlung von Luni am Flüsschen Mignone, das heute die Provinzen Viterbo und Rom trennt, ca. 12 km südlich von Tarquinia im Gebiet der Tolfaberge. Die Siedlung bestand schon seit der mittleren Bronzezeit, erlebte ihre größte Ausdehnung und Bedeutung jedoch erst in deren Endphase. Damals erstreckte sie sich über ein Plateau von ungefähr fünf Hektar sowie einige kleinere Erhebungen und natürliche Terrassen, sodass die gesamte Fläche wohl bei acht Hektar lag. Hier lebten vielleicht sogar mehrere hundert Menschen. Behausungen lassen sich anhand in den felsigen Grund eingesenkter Hüttenböden nachweisen; sie standen recht dicht beieinander. Ein außergewöhnlich großes Gebäude (9 × 17 m), um die Jahrtausendwende errichtet, besaß sogar ein bis zu sechs Meter tief in den Fels eingelassenes Untergeschoss, das wohl der Lagerhaltung diente. Die Bewohner von Luni betrieben sesshafte Weidewirtschaft und Ackerbau, wie die bei Ausgrabungen in den 1960er-Jahren zahlreich gefundenen Reste von Feldfrüchten und der hohe Anteil von Schweinen unter den durch Knochenfunde bezeugten Tieren zeigt. Der Abstand zu den nächstgelegenen Höhensiedlungen betrug etwa 5 km. Solche Abstände sind geradezu regelmäßig eingehalten. Das deutet auf eine Zuordnung der umliegenden Ländereien zu den Siedlungen hin, die also Gemeinden mit Hoheitsbereichen von je ca. 20 bis 50 km^2 bildeten. Zu solchen Territorien gehörten mitunter auch Erzlagerstätten, doch gibt es in Luni bisher keine Hinweise auf Bergbauaktivitäten der Bewohner. Gut denkbar ist aber, dass der in der Umgebung vorkommende Alaun gewonnen wurde, ein für die Gerberei verwendetes Salz. Jedenfalls scheinen die Bewohner von Luni in der Spät- und Endbronzezeit weitgespannte Austauschbeziehungen unterhalten zu haben, wie nicht zuletzt fünf Fragmente von griechisch-mykenischen Keramikgefäßen aus dem 14. bis 11. Jh. v. Chr. belegen.

Luni und vergleichbare Orte wiesen also einen relativ hohen wirtschaftlichen und gesellschaftlichen Entwicklungsgrad auf und verfügten auch über einen gewissen Wohlstand. Dennoch verließen die Bewohner am Übergang zur früheisenzeitlichen Villanova-Epoche fast alle diese Siedlungen. Sie sammelten sich nun auf ausgedehnten, über hundert Hektar großen Plateaus aus vulkanischem Tuffstein, die sich wiederum oberhalb von Flusstälern erheben, so auch im Fall von Tarquinia. Diese Siedlungsplätze sind deutlich weiter voneinander entfernt als es die bronzezeitlichen Höhensiedlungen gewesen waren, zwischen 25 km (Tarquinia – Vulci) und 40 km (Tarquinia – Cerveteri) Luftlinie. Das von ihnen beherrschte Umland dürfte entsprechend groß gewesen sein, 1000 oder sogar 2000 km^2. Dieser Konzentrationsprozess wirkt umso radikaler, als Anzeichen einer Krise in den endbronzezeitlichen Siedlungen fehlen. Letztere sind auch nicht etwa alle gleichzeitig verlassen worden, sondern nach und nach im Laufe des 10. Jh.s v. Chr. Um die Bedeutung der Siedlungskonzentration deutlich zu machen, spricht man sogar, in Analogie zum Umbruch in der Jungsteinzeit, von einer »Villanova-Revolution«. Sie wirft mehrere, miteinander verknüpfte Fragen auf. Die eine leitet sich von der Beobachtung her, dass die großen Tuffplateaus nicht in gleichmäßiger Dichte bewohnt waren, sondern es mehrere bebaute Areale mit dazwischen liegenden Freiflächen gab. Bildeten diese Areale (zunächst) voneinander unabhängige Siedlungen oder waren sie gemeinschaftlich organisiert? Das führt zur zweiten Frage: Ist das Verlassen der älteren, kleineren Siedlungen spontan erfolgt oder lag der Bevölkerungskonzentration eine gemeinschaftliche oder »von oben« durchgesetzte Entscheidung zugrunde? Und drittens: Welche Beweggründe gaben den Ausschlag für die Siedlungskonzentration? Antworten zu finden ist schwierig, da es aus dieser Zeit ja noch keinerlei Schriftdokumente gibt. Auch sind die meisten Siedlungsplätze gar nicht in Ausgrabungen freigelegt, sondern nur durch Oberflächensurveys bekannt, also durch systematische Feldbegehungen, bei denen oberirdisch zutage liegende Strukturen und Fundobjekte gesammelt und dokumentiert werden. Es deutet jedoch Vieles darauf hin, dass die Bewohner der verschiedenen Siedlungsstellen im Bereich der Plateaus von Anfang an eine Gemeinschaft bildeten oder zumindest eng kooperierten. Zwar verfügte offenbar jede Siedlungsstelle auch über einen eigenen Bestattungsplatz, eine Nekropole. Doch liegen die Siedlungsstellen viel zu dicht beieinander, als dass eine Unabhängigkeit von- oder gar eine Konkurrenz untereinander vorstellbar wäre.

Im Fall von Tarquinia stellt sich die Entwicklung so dar, dass das Hauptsiedlungsareal schon in der ausgehenden Bronzezeit von Menschen aufgesucht und bewohnt worden war. Es existierte eine kleine Siedlung auf einem nordöstlichen Ausläufer des Plateaus, die offenbar keine Vorrangstellung gegenüber anderen Siedlungen in der Umgebung einnahm. Bereits im 10. Jh. v. Chr. existierte jedoch ein Naturmal von religiöser Bedeutung in der westlichen Hälfte des Plateaus, dem Pian di Civita. Es handelte sich um einen Hohlraum im Fels, um den herum Opferreste und Weihgaben deponiert wurden. Ab der Zeit um 900 v. Chr. entstanden auf dem Hauptplateau sowie auf einem südlich benachbarten Felssporn, den Monterozzi, eine ganze Reihe von Siedlungskernen, jeder davon mit einer eigenen Nekropole. Nur einer ist durch Ausgrabung besser bekannt. Er hatte eine Ausdehnung von mehr als zwei Hektar und bestand aus einer Ansammlung von mindestens 25 Hütten aus vergänglichem Material. Nur in den Boden eingesenkte Fundamentgräben, Pfostenlöcher und Abwasserkanäle blieben erhalten. Diese lassen auf unterschiedliche Grundrissformen und Dimensionen der Hütten schließen, die wahrscheinlich unterschiedliche Funktionen erfüllten. Im Laufe der Zeit schlossen sich die Siedlungskerne räumlich enger zusammen. Dieser Prozess beruhte wohl auf bewussten und gemeinschaftlich getroffenen Entscheidungen. Dafür spricht, dass um die Mitte des 8. Jh.s v. Chr. die Siedlungsflächen auf den Monterozzi komplett aufgegeben wurden; diesen Bereich nutzte man fortan für die Nekropolen der schon recht kompakten Großsiedlung. Zudem ist denkbar und z. B. in Veji tatsächlich nachgewiesen, dass im 8. Jh. ein erster Wall aus Erde und Bruchsteinen zur Verteidigung des Siedlungszentrums errichtet wurde, der allerdings nur besonders gefährdete Abschnitte umfasste.

Am deutlichsten zeigt sich Gemeinschaftshandeln an dem bereits erwähnten Kultort in Tarquinia. Seine andauernde Nutzung ist durch Lehmböden und bei religiösen Handlungen verwendete Objekte nachgewiesen. Gegen Ende des 9. Jh.s v. Chr. begrub man hier ein etwa sieben bis acht Jahre altes Kind, das eine Fehlbildung des Schädels aufwies und, dadurch bedingt, wahrscheinlich an epileptischen Anfällen litt. Vermutungen gehen dahin, dass die frühen Etrusker das so besondere Kind für göttlich inspiriert hielten. Aus späterer Zeit ist überliefert, dass behinderte Kinder als von Göttern gesandte Zeichen, als *prodigia* oder *monstra*, angesehen wurden. Im 8. Jh. hat man den Kultbezirk umgrenzt, zunächst wohl mit einem Holzzaun, dann mit steinernen Mauern. Eine Hütte wurde errichtet. Außer der Opfer- und Weihpraxis sind weiterhin ungewöhnliche Bestattungen von Menschen bezeugt. Einige davon dürften auf Menschenopfer zurückgehen, so die eines enthaupteten Kindes und die eines Mannes mit eingeschlagenem Schädel. Ein entscheidender Schritt zur Monumentalisierung, aber auch zur Entwicklung kommunaler Institutionen erfolgte am Beginn des 7. Jh.s v. Chr. Unmittelbar östlich des älteren Kultbezirks entstand ein aus Steinen errichtetes, rechteckiges Gebäude (Fläche 6,5 × 11 m). Es gliederte sich in zwei miteinander verbundene Räume und war von Osten, also von der dem Kultbezirk abgewandten Seite aus, zu betreten. Im hinteren Raum befand sich ein Altar für, wie es scheint, blutige Opferrituale. Eine Rinne zur Ableitung von Blut oder anderen Flüssigkeiten führte vom Altar durch die Rückwand zu der Felshöhlung, die den ursprünglichen Kern des gesamten Komplexes bildete. Vor dem Gebäude, in der Achse des Eingangs, fanden sich zwei gleichzeitig angelegte Gruben, in denen bei einer Opferhandlung verwendetes Geschirr, dazu drei sehr bemerkenswerte Bronzeobjekte deponiert waren: ein (Opfer-?) Beil, ein reich dekorierter Rundschild und ein kultisches Blasinstrument mit langem Rohr und aufwärts gebogenem Schallbecher, ein sog. *lituus*. Schild und *lituus* wurden gefaltet bzw. verbogen, um sie unbrauchbar zu machen. Wahrscheinlich hatten sie vorher wie auch die übrigen Objekte als Instrumente bei einem einmaligen Gründungsakt gedient, der zugleich sakralen und politischen Charakter besessen haben dürfte. Es ist gut denkbar, dass mit diesem Akt endgültig die Schwelle zu einem stadtstaatlich organisierten Gemeinwesen überschritten wurde. Anstöße dazu dürften die Kontakte mit der östlichen Mittelmeerwelt vermittelt haben, auf die hier noch näher einzugehen ist (vgl. 4.4). Dafür spricht auch, dass das steinerne Gebäude mit dem Altar stark an bestimmte Sakralbauten im nördlichen Syrien erinnert. In Tarquinia hat es sicherlich eine öffentliche, d. h. auf die gesamte Gemeinschaft hin orientierte Funktion besessen, es war ein ideelles und auch ein Machtzentrum der entstehenden Stadt. Eher als ein »Tempel«, der ausschließlich dem gemeinschaftlichen Götterkult dient, ist es vielleicht der Sitz eines Herrschers oder städtischen Oberbeamten gewesen, dem militärische ebenso wie priesterliche Leitungsfunktionen zukamen. Man hat in der archäologischen Forschung diesbezüglich auf die *regia* am Forum in Rom als Parallele verwiesen, angeblich Wohnstätte der legendären Könige, in historischer Zeit aber Amtslokal von Priestern wie dem *rex sacrorum* und dem *pontifex maximus*.

Die Entwicklung von Siedlungskonzentrationen über räumlich geschlossene Großsiedlungen zu städtischen Zentren in einem auch politisch-institutionellen Sinn hat sich gewiss nicht überall gleichzeitig, im gleichen Rhythmus und in gleicher Weise vollzogen. Doch gibt es in den Grundzügen erstaunliche Übereinstimmungen. So hat man in Veji auf einem großen Tuffplateau für das 9. und frühe 8. Jh. v. Chr. recht dicht gestreute, aber nicht zusammenhängend bebaute Flächen durch Surveys festgestellt. Eine engere Zusammenfassung und wenigstens teilweise Umwallung dieser Siedlungsflächen erfolgte im Lauf der ersten Hälfte des 8. Jh.s. Bereits zuvor hatte sich inmitten des kleineren, südlich an das Hauptareal angrenzenden Tuffplateaus (Piazza d'Armi) ein kultisches Zentrum entwickelt. Dessen Kern bildete das Grab eines Mannes aus der ersten Hälfte des 9. Jh.s, das auffällig ist nicht nur hinsichtlich seiner Lage in einem Siedlungsbereich, sondern auch wegen der für diese Zeit unüblichen Form der Körperbestattung. Auf kultische Verehrung des Verstorbenen weist eine Grube mit Opferresten in der Nähe des Grabes hin. Beide wurden noch im Laufe des 9. Jh.s eingefasst durch eine elliptische Pfostenstellung, die später durch ein rechteckiges Gebäude ersetzt wurde. Diese bis ins 6. Jh. reichende Kontinuität spricht dafür, dass der Verstorbene als eine Art Gründungsheros oder Stammvater der auf der Piazza d'Armi ansässigen Gemeinschaft galt.

Wenn wir uns von der Gesellschaft der proto-urbanen Zentren einen Eindruck verschaffen wollen, müssen auch die Gräber in die Betrachtung miteinbezogen werden. Allerdings darf man Gräber vor- oder frühgeschichtlicher Gesellschaften nicht als deren getreuen Spiegel missverstehen. Vielmehr erzeugen Grabsitten und Grabbeigaben bewusst ein Bild, das die tatsächlichen sozialen Verhältnisse in bedeutungsvoller Weise über- oder umformt. So könnte denn der relativ gleichförmige oder »egalitäre« Charakter der Bestattungen der frühen Phase der Villanova-Kultur über tatsächlich bestehende Hierarchien hinwegtäuschen. In den Gräbern dieser Zeit werden durch Beigaben in erster Linie Altersstufen und Geschlechterrollen differenziert, etwa indem man Männern Rasiermesser, Frauen aber Spinnwirtel mitgibt. Interessant ist, dass schon die ältesten Gräber innerhalb der Nekropolen zu Gruppen arrangiert sind, in denen zwei oder mehr Generationen einer Familie zusammenkommen. Einzelne oder ein Paar von Gräbern lassen sich zuweilen als Mittelpunkte solcher Gruppen identifizieren. Und ebenfalls schon in einer frühen Phase der Villanova-Kultur heben sich einzelne Familiengruppen gegenüber anderen heraus, z. B. dadurch, dass die Urnen aller männlichen Angehörigen, unabhängig von deren Alter, durch Helme abgedeckt sind. Der Kriegerstatus und sein Sozialprestige werden hier also nicht an ein Lebensalter geknüpft, sondern offenbar innerhalb bestimmter Familien »vererbt«. Damit sind bereits gewisse soziale Unterschiede innerhalb einer auf Basis von Familien bzw. Abstammungslinien organisierten Gesellschaft markiert. Unterschiede treten in den späteren Phasen der Villanova-Kultur, besonders ab dem zweiten Viertel des 8. Jh. v. Chr., noch deutlicher hervor. Differenzierte Grab- und Bestattungsformen sowie Anhäufungen von Beigaben in einem Teil der Gräber lassen auf eine verstärkte Hierarchiebildung schließen. Schließlich stellen einzelne Grablegen alle anderen derselben Generation in den Schatten. Ein Beispiel dafür, die »Tomba del Guerriero« von Tarquinia, ist hier schon kurz vorgestellt worden (2.4). Andernorts gibt es ähnliche Beispiele von überreichen, nicht zuletzt mit importierten Luxuswaren und besonderen Statussymbolen ausgestatteten Gräbern. Exemplarisch lässt sich ein Grab der Casale del Fosso-Nekropole von Veji nennen, das unter anderem zwei zu einer 8-Form zusammengefügte Doppelschilde enthielt, wohl Instrumente kriegerischer Zeremonien, wie wir sie auch von römischen Priesterschaften kennen. In Verucchio, einem Zentrum der Villanova-Kultur am südöstlichen Rand der Poebene (bei Rimini), ist an der Wende vom 8. zum 7. Jh. v. Chr. ein Mann in einer großen Holzkiste beigesetzt worden; diese enthielt außer der Urne die Attribute eines Kriegers – einen Helm aus Bronzeblech und Lanzen –, aber auch eine eher als Rangabzeichen oder priesterliche Insignie denn als Waffe zu deutende Axt, dazu prunkvolle Gewänder, Schmuck und edles Geschirr. Auf der Kiste, innerhalb des Grabschachtes, stand ein hölzerner, mit kunstvollen Intarsien geschmückter Thron. Mit solchen Gräbern bzw. den in ihnen Bestatteten greifen wir wohl die herausragenden Figuren der entstehenden städtischen Gesellschaften. Sie verfügten nicht nur über eine starke Gefolgschaft im Innern, als kriegerische Anführer, sondern zugleich über auswärtige Beziehungen, die ihnen die Aneignung von Prestigegütern aus dem östlichen Mittelmeerraum erlaubten (dazu 4.4). So sicherten sie sich eine Stellung als Repräsentanten der gesamten Gemeinde mit besonderer Autorität in religiös-zeremoniellen Angelegenheiten. Eine Persönlichkeit dieses Rangs müssen wir uns vorstellen, wenn wir an den oben beschriebenen »Gründungsakt« auf dem Pian di Civita in Tarquinia denken.

Das Machtstreben Einzelner oder bestimmter Gruppen innerhalb der Gesellschaft mag also durchaus eine treibende Kraft bei der Stadtwerdung und damit der vollen Entfaltung der etruskischen Zivilisation gewesen sein. Der Prozess wurde aber sicher in gleichem Maße von Faktoren gesteuert, die man im weitesten Sinne als ökonomische bezeichnen kann. Das lässt sich schon an der Lage der wichtigsten Zentren der Villanova-Kultur und späteren etruskischen Städte ablesen. Mit Cerveteri, Tarquinia und Vulci liegen drei südetruskische Zentren etwa 10 km von der Küste des tyrrhenischen Meeres entfernt an Flussläufen, in vergleichbaren Lagen finden sich Vetulonia im Nordwesten und Pontecagnano in Kampanien. Bei der Wahl der Orte für die Siedlungszentren dürfte es darum gegangen sein, Anschluss an die Seewege zu gewährleisten ohne unmittelbares Ziel von Freibeutern zu werden. So liegt denn auch nur eine der bedeutenderen etruskischen Städte, Populonia, direkt an der Küste (vgl. Strabon, *Geographica* 5, 2, 6). Die Positionierung dieser Städte war jeweils zusätzlich dazu angetan, wichtige Verkehrswege ins Landesinnere zu überwachen. Das gilt auch für solche, die etwas weiter vom Meer entfernt waren wie Veji und Verucchio, und komplementär sogar für inneretruskische Zentren wie Orvieto, Chiusi und Volterra: Sie alle liegen auf Anhöhen oberhalb von (Fluss-)Tälern. Felsina, das etruskische Bologna, findet sich auf einer ausgedehnten Hochfläche zwischen zwei Flussläufen am Endpunkt einer Passstraße über den Apennin. Handel und Verkehr waren also zweifelsohne wichtige Faktoren für die Entwicklung einer urbanen Kultur in Etrurien. Wir kommen noch ausführlicher darauf zurück (4.4).

Ein zweiter wichtiger Standortfaktor für die Siedlungskonzentrationen war die Verfügbarkeit eines großflächigen, fruchtbaren Umlandes zur landwirtschaftlichen Nutzung. Die Ebenen von Tarquinia, Pontecagnano oder Bologna beispielsweise waren von zahlreichen Wasserläufen durchzogen und boten Möglichkeiten zur Ausdehnung der beackerten Flächen bis weit ins Hinterland. Wie noch darzulegen ist (4.3), sind wohl etwa gleichzeitig neue Formen des Landbaus mit höherem Ertrag eingeführt worden. Das könnte die Erwirtschaftung höherer Überschüsse und damit eine fortschreitende Arbeitsteilung ermöglicht haben, damit auch das Aufkommen spezialisierter handwerklicher Produktionszweige in den Zentren. Weitgehend ungeklärt ist allerdings die Frage, wie die Bewirtschaftung in den weiter von den Zentren entfernten Teilen der Territorien während der frühen Villanova-Epoche organisiert war, da sich bisher nur sehr verstreute Spuren menschlicher Präsenz »auf dem Lande« diesem Zeithorizont zuordnen lassen.

4.2 *Stadtraum und Architektur*

Der folgende Abschnitt soll einen knappen Überblick über die etruskische Urbanistik und Architektur vermitteln, um die Entwicklung des etruskischen Städtewesens ab dem 7. Jh. v. Chr. anhand der monumentalen Überlieferung zu beleuchten. Die Sakral- und die Grabarchitektur sind dabei weitgehend ausgespart, weil sie in anderen Kapiteln ausführlicher zur Sprache kommen (5.2–3 und 7.5). Hier wird, ausgehend von einigen Beobachtungen zur Hausarchitektur, hauptsächlich die räumliche und funktionale Organisation der Stadtareale behandelt, wobei Aspekte wie Stadtplanung, gemeinschaftliche Nutzung bestimmter Flächen und öffentliche Bauten eine Rolle spielen.

Im Laufe des 7. Jh.s findet an verschiedenen Orten in Etrurien ein Übergang statt von ovalen oder kreisrunden Hütten, die meist aus vergänglichem Material errichtet waren, zu Häusern aus dauerhaften Baustoffen, von gewöhnlich rechteckigem Zuschnitt und mit mehreren Räumen. Auch geht man von anscheinend regelloser Verteilung der einzelnen Bauten zu koordinierter Gruppierung über. In San Giovenale, im Hinterland von Cerveteri, sind zwei Siedlungsbereiche nachgewiesen, in denen dieser Wandel in zwei Schritten erfolgte. Zunächst wichen die Hütten Rechteckbauten, von denen einer, dessen Wände aus lehmverputztem Flechtwerk bestanden und der ein reetgedecktes Dach besaß, durch eine offene Vorhalle mit hölzernen Dachstützen ausgezeichnet war. Dies, die Lage im oberen Bereich der Siedlung (»Akropolis«) und die Gestaltung des Innenraums mit an drei Seiten umlaufender Bank, könnte darauf hindeuten, dass wir es mit dem Haus eines führenden Mitglieds der Gemeinschaft zu tun haben, das Gefolgsleute zu bewirten hatte. Wir dürfen annehmen, zumal anhand der Parallelüberlieferung im archaischen Griechenland, dass gemeinsame Bankette als soziale Instrumente zur Demonstration des eigenen Status und zur Absicherung von Loyalität dienten (vgl. 6.3). Am Ende des 7. Jh.s wurde das beschriebene und auch die übrigen Häuser von San Giovenale durch wesentlich solidere Bauten ersetzt. Auf Sockeln aus großen Tuffquadern, die noch heute bis zu einem Meter hoch anstehen, wurden Mauern aus Fachwerk und Lehmziegeln errichtet, die Dächer aus gebrannten Ziegeln trugen. Bei einem Siedlungsareal in Hanglage war der abschüssige Grund vor Baubeginn durch Felsabarbeitungen und Terrassierungen präpariert worden. Außerdem sind die einzelnen Hauskomplexe durch hangabwärts verlaufende Abwasserkanäle und Straßen voneinander abgesetzt. Man kann daher ein gewisses Maß an gemeinschaftlicher Planung beim Bau dieser hauptsächlich von Handwerkern bewohnten Häuser voraussetzen. Man bezeichnet sie als »Langhäuser«, da sie den Eingang gewöhnlich an einer Schmalseite haben, sodass man zwei bis drei Räume nacheinander erreichen konnte. Auch die Häuser auf der »Akropolis« sind so zugeschnitten und parallel angeordnet. Eines davon ist jedoch seitlich von einem Hof aus zu erreichen, an dessen anderer Seite ein offenbar dem Haupthaus nachgeordnetes Gebäude stand. Das Haupthaus ist in Vorraum und Raum mit umlaufender Bank unterteilt, folgt also einem schon aus der früheren Phase bekannten Muster.

In kleinere Gruppen, mit dazwischen liegenden Freiflächen zur landwirtschaftlichen Nutzung, verteilen sich vergleichbare Häuser auf dem etwa 30 Hektar großen Felsplateau der Siedlung von Acquarossa. Sie liegt etwa 40 km nördlich von San Giovenale bei Viterbo und wurde 1966 bis 1978 archäologisch erforscht. Hier haben sich besonders viele Schmuckelemente der Ziegeldächer erhalten. Sie bestehen ebenfalls aus gebranntem Ton, sind oft prachtvoll mit aufgemalten weißen Ornamenten und zuweilen auch figürlich gestaltet. So gibt es Deckziegel, die sich mit silhouettenhaften und oft ornamental verfremdeten Darstellungen von Pflanzen, Tieren, Fabelwesen und menschengestaltigen Wesen verbinden. Solche Elemente dürften meist auf dem First gesessen haben, während am Dachrand matrizengeformte menschliche Gesichter prangten. Im Grundriss zeigen sich die meisten Häuser langrechteckig, wobei sich der Zugang aber auf einer Langseite befand. Man spricht daher auch vom Typus des Breithauses. An der Eingangsseite war bei einigen Häusern ein Korridor bzw. eine Eingangshalle vorgeschaltet. In manchen Fällen lässt sich eine funktionale Unterscheidung zwischen Vorratsraum, Herdraum und Aufenthalts- bzw. Schlafraum wahrscheinlich machen. Dieser Haustyp findet sein Echo in der zeitgenössischen Grabarchitektur (vgl. 5.3) und ist auch in anderen archaischen Siedlungen gut bezeugt, z.B. bei Massa Marittima, im Bergbaurevier von Vetulonia.

Innerhalb des Siedlungsareals von Acquarossa ist ein Komplex besonders hervorgehoben. Um einen Hof von 35 × 35 m Fläche sind an zwei Seiten L-förmig zwei Gebäude gelegt, die jeweils über offene Vorhallen mit hölzernen Säulen verfügten, von denen sich die steinernen Basen und Kapitelle erhalten haben. Der eine Bau, an der Rückseite des Hofes, war in drei Räume unterteilt wie die meisten anderen Häuser von Acquarossa auch, aber bedeutend größer. Der zweite Bau an der rechten Hofseite ist länger gestreckt und in mindestens vier Räume unterteilt. Einer davon ist als Bankettraum zu identifizieren. Beide Gebäude besaßen ganz außergewöhnlich reich geschmückte Dächer. Besonders auffällig sind einst am Dachrand oder am oberen Mauerabschluss angebrachte Friesplatten aus Terrakotta. Sie zeigen farbig gefasste Reliefdarstellungen von feierlichen Umzügen, an denen auch Fabelwesen und der mythische Held Herakles teilnehmen, sowie von Festbankett und ausgelassenen Tänzen. Diese Art der Dekoration dürfte auf griechische Vorbilder zurückgehen, ist aber im archaischen Etrurien und im benachbarten Latium durchaus verbreitet. Da sich solche Friesplatten oft an Gebäuden finden, die nachweislich kultische Funktionen erfüllten, ist für den Komplex in Acquarossa zu vermuten, dass er zumindest teilweise einem solchen Zweck diente. Vermutlich handelt es sich um den Stammsitz oder den »Palazzo« einer be-

Abb. 6: Murlo, ›Palazzo‹, zweite Phase, Rekonstruktionszeichnung (nach: Lulof/Akkerman, Etruscans, Amsterdam 2012, S. 79)

sonders einflussreichen Familie, wo auch deren Ahnen verehrt wurden. Auf in diesem Zusammenhang gebrachte Opfer mag eine Grube hindeuten, die verkohltes Material enthielt. Außerhalb des »Palastkomplexes«, auf der anderen Seite einer vorüberführenden Straße, existierte noch ein kleines, wahrscheinlich als Tempel zu deutendes Gebäude.

Einen ähnlichen, noch größeren, aber nicht in eine Siedlung integrierten »Palastkomplex« kennt man in Murlo, 20 km südöstlich von Siena nahe dem Oberlauf des Ombrone gelegen. Er war in der Mitte des 7. Jh.s v. Chr. isoliert auf einer Anhöhe errichtet worden und bestand zunächst, wie der in Acquarossa, aus mehreren Gebäuden um einen Hof. Nach einem Brand wurde er gegen 600 v. Chr. erneuert, nun als vierflügelige Anlage mit einem annähernd quadratischen Innenhof von rund 40 m Seitenlänge, der von Portiken umrahmt ist (Abb. 6). Eine kleine Einfriedung im Innenhof könnte kultische Funktionen erfüllt haben. Die Dekoration des Daches übertrifft an Pracht noch die des »Palazzo« von Acquarossa. Auch in Murlo gibt es Terrakottafriese, die Prozessionen, Gelage, Festversammlungen und Pferderennen zeigen – den Formen der Selbstdarstellung eines aristokratischen Geschlechts entsprechend, die auch anhand der zahlreichen Funde von Bankettgeschirr erkennbar ist. Dazu kommen jedoch auf den Firstziegeln der Dächer aufgestellte rundplastische Menschenbilder aus Terrakotta, die wahrscheinlich die Ahnen der Familie darstellen. Manche tragen breitkrempige Hüte und wurden von den amerikanischen Ausgräbern daher auch als »Cowboys« bezeichnet. Die Hüte und (heute verlorene) stabartige Instrumente, die die Figuren in Händen hielten, sind als besondere Würdezeichen aufzufassen (vgl. 6.3). Um 530 v. Chr. ist der Komplex in Murlo zerstört und sogar in ritueller Weise »begraben« worden. Wahrscheinlich wurde die über Jahrzehnte hinweg unabhängige Herrschaft gewaltsam in das Territorium eines der großen etruskischen Stadtstaaten (vielleicht Chiusi) integriert.

Hat es auch in den größeren Städten »Palazzi« wie die von Murlo und Acquarossa gegeben? Ein Komplex mit etwas kleinerem Innenhof ist für das spätere 6. Jh. v. Chr. im Bereich des Piazza d'Armi-Hügels von Veji bekannt, doch scheint er sich vergleichsweise schmucklos dargeboten zu haben. Im selben Bereich ist jedoch bereits im ausgehenden 7. Jh. eine koordinierte Neuordnung der Bebauung festzustellen, die auf das Wirken politischer Institutionen zurückzuführen sein dürfte. Eine breite Straße quert das Plateau in der Achse seiner größten Ausdehnung, kleinere Straßen kreuzen im rechten Winkel. Im Zentrum befindet sich ein großer, freier Platz mit einer wohl gemeinschaftlich genutzten Zisterne. Es ist dies ein besonders frühes Beispiel einer Platzanlage mit öffentlichem Charakter. Weiter nördlich ist ein 8 × 15 m großer Rechteckbau, ein sog. Oikos ausgegraben worden, der wahrscheinlich ein Satteldach hatte und einen ähnlichen Terrakottaschmuck besaß wie der »Palazzo« von Acquarossa. Weil er jedoch nur einen einzigen, ungegliederten Innenraum besaß, dürfte es sich kaum um ein Wohnhaus, eher um das frühe Beispiel eines Tempels für einen gemeinschaftlich praktizierten Kult handeln.

Kehren wir zunächst jedoch noch einmal zur Hausarchitektur zurück. Dem verschiedentlich variierten Muster des in mehrere nebeneinander geordnete Räume unterteilten Breithauses tritt seit dem 6. Jh. v. Chr. der Typus des Hof- oder Atriumhauses zur Seite. Allerdings unterscheiden sich gerade die frühen Beispiele stark von der insbesondere aus den Vesuvstädten bekannten Ausprägung des Atriumhauses aus dem 3./2. Jh. v. Chr. Ein Beispiel für eine Vorform ist das »Haus des Impluviums« in Roselle, das auf das 7. Jh. zurückgeht. Zunächst bestand es aus zwei miteinander verbundenen Räumen. Diesem Gebäude wird um die Mitte des 6. Jh.s ein Vorraum vorgelegt, in dessen Mitte sich ein Becken zum Sammeln und Ableiten des Regenwassers (in eine Zisterne) befindet, mit dem lateinischen Fachbegriff *impluvium* genannt. Man hat wegen der Verteilung von Pfostenlöchern rings um das *impluvium* vermutet, dass letzterem eine Dachöffnung entsprach, ein sog. *compluvium*, wie es für Atrien späterer Häuser bezeugt ist. Sicher ist das allerdings keineswegs. Hingegen steht fest, dass ein großer Empfangsraum und kleinere Serviceräume sich an die Ostseite des Vorraums anschlossen und der Front des Hauses im Norden eine offene Säulenhalle vorgelegt war. Das Haus mit einer Grundfläche von nun 330 m^2 hat demnach eine durchaus repräsentative Außenwirkung entfaltet und war auch für Zwecke des mehr oder minder zeremoniellen Gästeempfangs bestens geeignet.

Während sich der Umriss des Hauses in Roselle noch ganz unregelmäßig zeigt, sind die späteren Beispiele in eine rechteckige Parzelle eingeschrieben und stärker symmetrisch angelegt. Ein solches Haus der Siedlung von Gonfienti, am Stadtrand von Prato im Arnotal, hatte eine Grundfläche von ca. 1250 m² (Abb. 7). Die Innenräume waren recht gleichmäßig um einen Hof von 19 × 20 m gruppiert. Ob dieser Hof überdacht war, ist umstritten. An Atriumhäuser späterer Zeit bzw. an deren *impluvia* erinnert immerhin ein im Zentrum des Hofes gelegenes, großes Becken zum Sammeln und Ableiten des Regenwassers. Auch die nahezu axiale Lage des Eingangs auf einer der Schmalseiten des

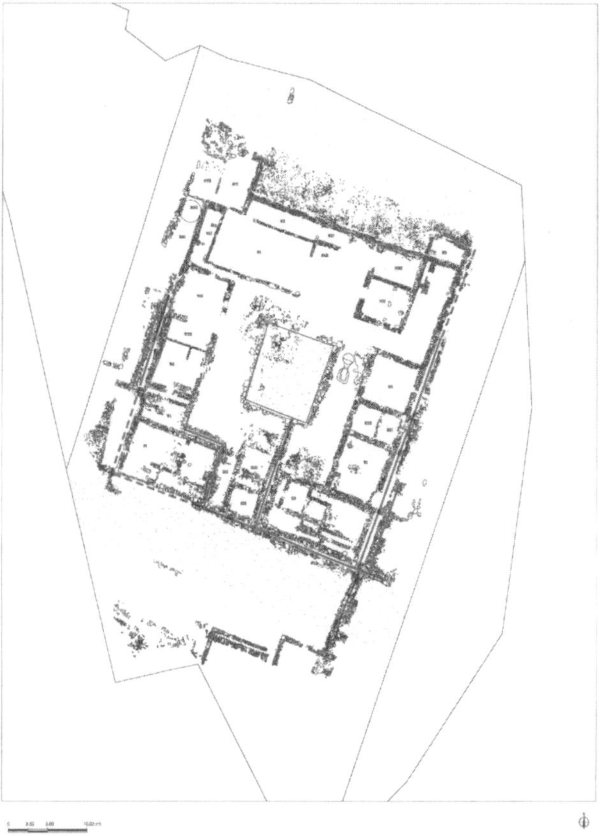

Abb. 7: Gonfienti, ›Lotto 14‹, Grundriss eines Wohnhauses (nach: Reusser/Benz, Etruskisch-italische und römisch-republikanische Häuser, Wiesbaden 2010, S. 128)

Hauses und eines Empfangsraumes auf der entgegengesetzten Hofseite stellt eine Parallele zu Atriumhäusern dar. Andererseits lässt die enorme Größe des Gebäudes und die Weite des Hofes an die oben behandelten »Palazzi« denken.

Häuser dieser Art fügen sich gut in orthogonal organisierte Straßenraster bzw. in dadurch abgeteilte Bebauungsblöcke, die sog. *insulae*. Ein nach solchen Prinzipien organisiertes Stadtviertel haben wir bereits im Fall der Piazza d'Armi von Veji kennengelernt. Die Hafensiedlungen von Cerveteri, Tarquinia und Vulci – Pyrgi, Gravisca und Regisvilla – folgen ebensolchen Mustern (vgl. 4.4). Die besten Beispiele liefern jedoch etruskische Stadtanlagen des späteren 6. Jh.s v. Chr., wie eben auch Gonfi-

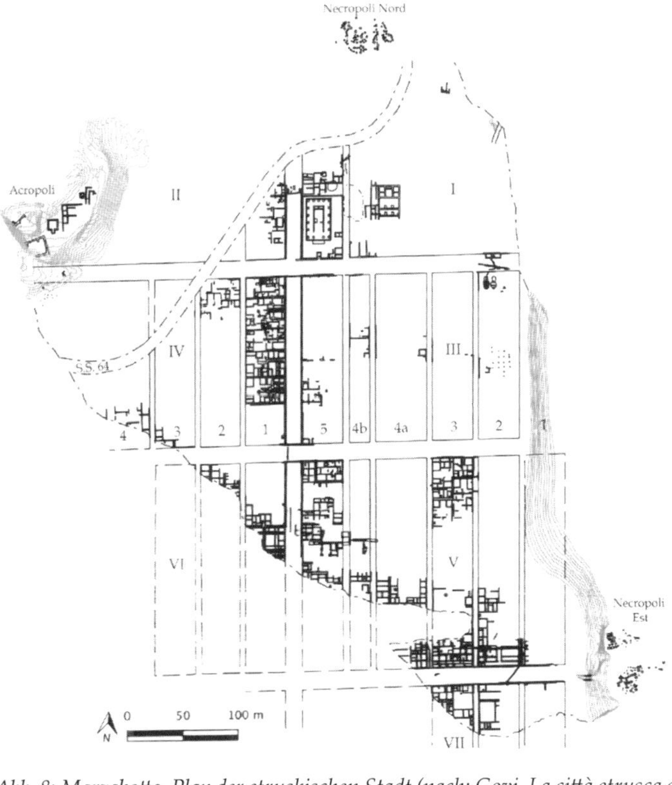

Abb. 8: Marzabotto, Plan der etruskischen Stadt (nach: Govi, La città etrusca e il sacro, Bologna 2017, S. 166)

enti eine gewesen ist, etwa Spina und Forcello di Bagnolo San Vito in der Poebene. Es handelt sich jeweils um Koloniestädte, in dem Sinne, dass sie wahrscheinlich auf Initiative bereits bestehender Stadtstaaten zur Kontrolle bestimmter Territorien und Verkehrswege gegründet und planmäßig angelegt worden sind. Weitaus am besten dokumentiert und die am großflächigsten bekannte etruskische Stadtanlage überhaupt ist Marzabotto am Fuße des Apennins und am südlichen Rand der Poebene. Die Stadt, deren etruskischer Name sehr wahrscheinlich *Kainua* lautete, ist von der Fläche her nicht sehr groß. Sie erstreckt sich über mehr als 25 Hektar, wobei die Ausdehnung nach Süden hin aufgrund der Verlagerung des Flussbettes des Reno nicht mehr genau zu bestimmen ist. Das Stadtgebiet ist durch ein nach den Kardinalpunkten ausgerichtetes System von parallel verlaufenden bzw. in rechten Winkeln sich kreuzenden Straßen gegliedert (Abb. 8). Mindestens drei Hauptstraßen von je 15 m Breite verlaufen in unterschiedlichen Abständen von Ost nach West; eine ebenso breite Nord-Süd-Straße kreuzt sie. Parallel zur letzteren sind in regelmäßigen Abständen deutlich schmalere, nur 5 m breite Straßen angelegt. Auf diese Weise entsteht ein Raster aus *insulae* von ca. 36 m Breite und deutlich größerer variierender Länge (ca. 140 bzw. 176 m). Die *insulae* waren dann nochmals in einzelne Parzellen untergliedert. Vergleichbare urbane Muster begegnen in Koloniestädten der Griechen in Unteritalien wie z. B. Metapont oder Poseidonia (Paestum). Von diesen unterscheidet sich Marzabotto dadurch, dass die mittlere Ost-West-Straße zusammen mit der nord-südlichen Hauptstraße ein für die gesamte Anlage grundlegendes Achsenkreuz bildet. Unter Verwendung römischer Terminologie können wir die Nord-Süd-Achse *cardo maximus*, die Ost-West-Achse *decumanus maximus* nennen. Um ein solches Achsenkreuz zu konstruieren, hat man von einem bestimmten Ausgangspunkt aus über die rechtwinklig zueinander stehenden Arme eines speziellen Vermessungsinstruments *(groma)* hinweg Punkte im Gelände anvisiert und Verbindungslinien gezogen. In Marzabotto lag dieser Ausgangspunkt an der Hauptkreuzung im Zentrum des Stadtgebiets. Er ist markiert durch einen großen, mit einer Bronzeabdeckung geschützten Flusskiesel, der auf der Oberseite ein Kreuzzeichen trägt (die *decussis*, vgl. Plinius Maior, *Naturalis historia* 18, 331). Wahrscheinlich ist dieser Punkt wiederum von einer Stelle auf dem im Nordwesten des Stadtgebiets von Marzabotto gelegenen, mehrere Tempel und Altäre tragenden Hügel aus festgelegt worden (sog. Akropolis). Dahinter stehen religiös formulierte Raumauffassungen, die an anderer Stelle noch zur Sprache kommen (7.2) und die wenigstens zu wichtigen Teilen als ursprünglich etruskisch gelten dürfen.

Die einzelnen *insulae* von Marzabotto sind in mehrere Hausstellen unterteilt. Diese sind, anders als in griechischen Koloniestädten, von Beginn an nicht einheitlich groß. Einige erstrecken sich auf die gesamte Breite einer *insula*, also knapp 36 m. Andere *insulae* sind der Länge nach geteilt, sodass sich nur halb so große Grundstücke ergeben. Weil aber auch die Nord-Süd-Erstreckung variiert, ist die Bandbreite der Grundstückszuschnitte nochmals größer. Allgemein gilt, dass in einer ersten Phase systematischer Bebauung, in der zweiten Hälfte des 6. Jh.s v. Chr., die einzelnen Grundstücke noch Freiflächen einschließen und nur zum Teil von Hausbauten, unter anderen des Breithaustypus', eingenommen werden. Um die Wende vom 6. zum 5. Jh. kommt es zu einer Reorganisation des Stadtraums. Die Hausbauten ordnen sich nun der Geometrie der *insulae* unter und füllen die Parzellen komplett. Sie sind aber nicht nur je nach Parzelle unterschiedlich groß, sondern durchaus variabel gestaltet. Betrachten wir zunächst die großen, über die gesamte Insulabreite ausgedehnten Häuser (zwischen 600 und 900 m^2 Grundfläche), die fast ausschließlich am *cardo maximus* liegen. Unter ihnen ist tatsächlich ein dem Atriumhaus zumindest sehr ähnliches Schema vertreten: Ein Korridor *(fauces)* führt von der Straße in einen Hof bzw. ein Atrium, das von zwei seitlichen Erweiterungen *(alae)* flankiert ist, während sich in der Achse des Eingangs auf der Rückseite des Hofes ein Empfangsraum *(tablinum)* öffnet. Allerdings ist nicht geklärt, ob der Hofbereich nach Art eines Atriums mit einwärts geneigten Dachflächen und einer eher kleinen Dachöffnung überdeckt war. Andere Häuser sind gänzlich anders organisiert. Der Innenhof weist oft einen extrem unregelmäßigen Umriss auf, weil sich um ihn herum nicht im Verband errichtete Einzelgebäude gruppieren. Dieses Muster erinnert entfernt an locker um eine Freifläche arrangierte Hausbauten in Acquarossa, und tatsächlich kann man kaum sicher sein, dass solche Komplexe nur von einer einzigen Familie bewohnt wurden.

Alle Häuser von Marzabotto standen auf Mauersockeln aus großen Flusskieseln. Die aufgehenden Mauern bestanden aus Fachwerk mit Lehmfüllungen. Zahlreich sind die Spuren von handwerklicher Produktion. Einige Häuser oder Baukomplexe sind wegen der Präsenz von Öfen und anderen Einrichtungen als Werkstätten zu identifizieren. In anderen, hauptsächlich für Wohnzwecke genutzten Häusern, weisen Werkzeuge und Produktionsabfälle auf eine partiell gewerbliche Nutzung hin.

Neben den Wohnbauten sind in Marzabotto auch öffentliche Tempel bekannt, die in zwei verschiedenen Zonen des Stadtgebiets angesiedelt sind (vgl. 7.4). Eines dieser Areale ist die »Akropolis« im Nordwesten. In vergleichbarer erhöhter Randlage findet man Tempel auch in verschiedenen anderen etruskischen Städten wie Orvieto. Damit scheinen sie vom politischen und administrativen Zentrum der Stadt räumlich distanziert. Etwas anders verhält es sich in Volterra. Dort ist knapp unterhalb des Hauptheiligtums der Stadt auf dem »Pian di Castello«, das spätestens seit dem 7. Jh. v. Chr. bestand, zumindest in der späteren, römischen Epoche das Forum zu lokalisieren. Insofern ist nicht auszuschließen, dass in Marzabotto das bisher nicht nachgewiesene politische und administrative Zentrum der Stadt ebenfalls am Fuße der »Akropolis« lag. Eher noch kommt dafür die Umgebung des zweiten Stadtheiligtums infrage, das erst in jüngerer Zeit entdeckt worden ist. Es liegt im Nordosten, zwischen *cardo maximus* und nördlicher Ost-West-Straße. Bisher sind zwei Tempel bekannt: Direkt an der Kreuzung liegt, von einer Umfassungsmauer abgeschirmt, ein dem Gott *Tinia* geweihter Bau. Jenseits der diesen östlich passierenden Straße folgt ein zweiter Tempel, für die Göttin *Uni*. Er lag wahrscheinlich innerhalb eines noch ausgedehnteren Tempelbezirks, jedenfalls gibt es in diesem Bereich bedeutende Abweichungen vom regelmäßigen Planraster. Zwei Inschriftenfunde aus dem betreffenden Areal beinhalten den Wortstamm *śpur-*, der für »Gemeinschaft« im politischen Sinne (vergleichbar lat. *civitas*) steht. Obwohl der archäologische Beweis bisher nicht erbracht ist, könnte sich also östlich des Uni-Tempels durchaus eine römischen Fora vergleichbare Platzanlage befunden haben.

In vergleichbaren Positionen wie das Stadtheiligtum von Marzabotto finden sich die auf das 6. Jh. v. Chr. zurückgehenden Haupttempel der Städte Vulci (»Grande Tempio«, am *decumanus maximus*) und Tarquinia (Tempel von »Ara della Regina«). Auch in diesen Fällen drängt sich jeweils die Vermutung auf, dass ein »Forum« in unmittelbarer Nähe lag. Doch fehlen auch hier die Beweise. In Cerveteri wurde, recht zentral innerhalb des die antike Stadtfläche bildenden Tuffplateaus, im frühen 5. Jh. ein großer Tempel errichtet. Etwa gleichzeitig erbaute man in dessen unmittelbarer Nachbarschaft eine annähernd hufeisenförmige Einfassung aus Tuffquadern (ca. 32 × 22 m). Man hat sie vermutungsweise als Ratsgebäude angesprochen. Andere Deutungen sind aber ebenso möglich, etwa als Schauplatz für theatralische Vorführungen im kultischen Zusammenhang. Aus deutlich späterer Zeit ist für Musarna, einer Kleinstadt bei Viterbo, ein Forum in Form einer Verbreiterung der zentralen Straßenachse bekannt. Doch lassen sich keine öffentlichen Bauten der etruskischen Gründungsphase dieser Stadt, dem 4. oder früheren 3. Jh. v. Chr., zuordnen.

Bislang kennen wir somit aus keiner etruskischen Stadt Räume und bauliche Strukturen, die unmittelbar und unzweifelhaft mit dem Wirken politischer Gremien oder Institutionen zu verbinden wären. Dennoch lässt sich seit dem späteren 7. Jh. v. Chr. in Etrurien eine Koordinierung von Bautätigkeiten und eine je nach Ort unterschiedlich strenge Regulierung der Stadtbilder konstatieren. Auch das Aufkommen von monumentalen, für gemeinschaftliche Kultpraxis bestimmten Tempelbauten fällt unter diese Tendenz. Letztere weist auf eine zunehmend straffe Organisation und institutionelle Ausgestaltung der Stadtstaaten hin. In diese Formen hatten sich wohl auch Machtgebaren und Selbstdarstellung der führenden Geschlechter zu fügen. Dafür spricht z. B. die erwähnte Zerstörung des »Palazzo« von Murlo, Folge einer stärkeren Kontrolle des Territoriums durch städtische Zentren (vgl. 4.3). Symptomatisch scheint auch die Geschichte eines Gebäudekomplexes des mittleren 7. Jh.s v. Chr. in Roselle. Es handelt sich um einen aus Lehmziegeln errichteten Komplex, der aus zwei ummauerten Höfen besteht, die zu beiden Seiten an ein recht kleines quadratisches Bauwerk anschließen. Dieses fasste seinerseits einen im Grundriss runden, nach oben sich verjüngenden, wohl kuppelförmig gestalteten Raum ein, der gewisse Entsprechungen in der zeitgenössischen Grabarchitektur findet. Das und die archäologischen Funde aus den Höfen machen wahrscheinlich, dass der Komplex ebenso kultischen wie Wohnzwecken diente. Hatte in ihm das religiöse wie politische Oberhaupt der Gemeinschaft seinen Sitz? Andere Lehmziegelbauten umgaben ihn, und auch die topographische Position ist zentral, im Sattel zwischen den beiden Hügeln, auf die die Stadt sich erstreckt. Doch bestand der Hofkomplex nicht lange, er wurde schon nach wenigen Jahrzehnten eingeebnet. An seine Stelle trat ein Gebäude mit zwei unverbundenen Räumen, die Umgebung wurde zum zentralen Platz der etruskischen, später zum Forum der römischen Stadt. Auch hier meint man, anhand der Baugeschichte den oben angedeuteten sozialen und politischen Strukturwandel an der Wende vom 7. zum 6. Jh. v. Chr. zu fassen.

Bemerkenswert ist im selben Zusammenhang schließlich noch der Ausbau der Stadtbefestigungen. Die frühesten gemeinschaftlich geschaffenen Wehranlagen sind noch in das 8. Jh. v. Chr. zu datieren. Sie fassten aber nicht die kompletten Stadtareale ein und wirkten wenig monumental. Ganz anders die Stadtmauern des 6. Jh.s: In Roselle beispielsweise ist in der Jahrhundertmitte eine etwa zwei Meter starke und noch heute stellenweise bis sieben Meter Höhe anstehende Mauer aus polygonalen Steinblöcken errichtet worden. Sie ersetzte eine ältere Befestigung, die vorwiegend aus Lehmziegeln bestanden hatte. Der jüngere Mauerring erreicht einen Umfang von über drei Kilometern und weist sieben monumentale Stadttore auf. Ähnliche Mauern erhielten während der gleichen Zeit oder etwas früher Veji und Tarquinia, andere Städte wie Cerveteri folgten gegen Ende des 6. Jh.s. Diese Konjunktur spiegelt nicht nur die politische Konsolidierung der etruskischen Stadtstaaten, sondern auch die Konkurrenz zwischen ihnen. Sie ist Indiz vielleicht auch für inneretruskische Kriege, über die wir aus der antiken Geschichtsschreibung nichts erfahren. Die Schriftquellen erwähnen, allerdings vermehrt erst für das 4. und 3. Jh. v. Chr., nur die Auseinandersetzungen mit Griechen und Römern (vgl. 3.2–3). In ihrer Folge wurde der weitere Ausbau bestehender und die Anlage neuer Befestigungen nötig. Es galt nun, die Stadtmauern an verbesserte Belagerungstechniken mit Rammböcken, Katapulten und beweglichen Geschützplattformen anzupassen. Man baute also Türme und neue Formen von Stadttoren (sog. Kammertore mit Zwinger), zuweilen auch Vorfeldbastionen. Beispiele dafür haben sich in Tarquinia, Vulci, Volterra und

Perugia erhalten. Sie sind heute noch eindrucksvolle Zeugen der Macht und des Reichtums etruskischer Städte.

4.3 *Agrarwirtschaft, territoriale Herrschaft und Bodenschätze*

Der Reichtum der etruskischen Städte beruhte nicht zum wenigsten auf den von ihnen beherrschten und bewirtschafteten Territorien. In seinem Werk über die Landwirtschaft führt der römische Schriftsteller Marcus Terentius Varro um die Mitte des 1. Jh.s v. Chr. Etrurien beispielhaft als eine Region von fetten Böden an, wo Saaten reiche Frucht trügen, das Land kontinuierlich bearbeitet werden könne, die Bäume sich üppig entwickelten und kein Moos wachse (*De re rustica* 1, 9, 6). Auch die Geschichtsschreiber Diodor (*Bibliotheca* 5, 40, 5, basierend wohl auf Poseidonios von Apameia) und Titus Livius (*De urbe condita* 9, 36, 11) berichten über die fruchtbaren, ausreichend bewässerten und »reichen Ackerfluren Etruriens«. Etruskisches Getreide half Livius zufolge mehrfach, Hungersnöte in Rom abzuwenden, und sicherte die Verpflegung der römischen Soldaten auf dem Höhepunkt des Zweiten Punischen Kriegs (ebenda 2, 34, 5; 4, 52, 5; 28, 45, 15–18). Obgleich solche und andere Nachrichten durchaus auf günstige Bedingungen für Landwirtschaft schließen lassen, sind sie doch zu selektiv und durch römische Interessen gefiltert, um uns ein ausgewogenes Bild zu vermitteln. Glücklicherweise aber hat die Archäologie in den letzten Jahrzehnten den wirtschaftlichen und ökologischen Rahmenbedingungen antiker Kulturen mehr Aufmerksamkeit gewidmet und ist durch Zusammenarbeit mit Fachdisziplinen wie Paläobotanik und Paläozoologie zu vielen neuen Erkenntnissen gelangt. So werden heutzutage bei vielen Ausgrabungen auch organische Reste wie Pflanzensamen, Pollen und Tierknochen systematisch gesammelt und mit naturwissenschaftlichen Methoden ausgewertet, um Rückschlüsse auf Wirtschaftsweisen und Ernährung zu ziehen. Pionierarbeit leisteten in dieser Hinsicht seit den späteren 1950er-Jahren die Ausgräber der spätbronzezeitlichen Siedlung von Luni sul Mignone. Dort fanden sich vor allem Gerstenkörner, in geringerem Umfang wurde Weizen angebaut, dazu kam eine Auswahl von Hülsenfrüchten (Wicken, Erbsen, Kichererbsen). Für die archaische Epoche Etruriens seit dem 7. Jh. v. Chr. kann durch Funde an verschiedenen Orten eine größere Vielfalt von angebauten Getreidesorten erschlossen werden, darunter Emmer, Hafer und Dinkel, und auch ein höherer Anteil von Weizen an der Gesamternte. Vor allem aber treten ab nun die typisch mediterranen Baumkulturen wie Feigen und Oliven hinzu. Ein ganzer Bronzekessel voll von Olivenkernen wurde beispielsweise als Beigabe in einem Grab des zweiten Viertels des 6. Jh.s in Cerveteri gefunden. Die Pflanze selbst ist in Mittelitalien bereits viel früher heimisch gewesen, dasselbe gilt für die Weintraube. Letztere ist wohl schon in der mittleren Bronzezeit kultiviert worden, Traubenkerne finden sich auch in diversen archäologischen Kontexten der frühetruskischen (Villanova-)Epoche. Fraglich bleibt aber, seit wann die Früchte in größerem Umfang angebaut und seit wann sie zu Öl und Wein verarbeitet worden sind. Am wahrscheinlichsten ist dies erst geschehen, als die Etrusker in engere Beziehungen zur östlichen Mittelmeerwelt eintraten. So ist der etruskische Wortstamm **eleiva-* für »Öl« von griechisch *elainon* herzuleiten (bezeugt durch die Inschrift eines Salbgefäßes aus dem 7. Jh. v. Chr.: *aśka eleivana*). Das etruskische Wort für »Wein«, *vinum*, ist hingegen wohl nicht direkt aus dem Griechischen entlehnt. Doch ist der Weinkonsum in Etrurien mit gewissen Formen des Festbanketts verbunden gewesen, die sich an Mustern aus Griechenland und dem Nahen Osten orientierten (vgl. 6.3). Bezeichnenderweise sind für verschiedene, zum Ausschenken und Trinken von Wein verwendete Gefäßformen griechische Lehnwörter überliefert (z. B. etrusk. *quthum* von griech. *kothon*, ›Krug‹; etrusk. *culichna* von griech. *kylix*, ›Schale‹).

Außer der größeren Vielfalt der angebauten Pflanzen und der Produkte zeichnet die etruskische Landwirtschaft des späteren 7. und 6. Jh.s v. Chr. ein gesteigerter Ertrag aus, der sich in Vorratshaltung niederschlägt, die wiederum durch große bis riesige Vorratsgefäße in Siedlungen und Gräbern belegt ist. Ein solches Gefäß (*pithos* bzw. *dolium*), eingesenkt in den Boden eines Raums in einem etruskischen Gehöft der südlichen Toskana (»Podere Tartuchino«), konnte 350 Liter Flüssigkeit fassen und stand wahrscheinlich in Zusammenhang mit einer Weinkelter. In einem anderen Landgut bei Marsiliana d'Albegna (auf dem »Poggio Alto«) gelegen, fanden sich sehr viele *pithoi*, aber auch Amphoren, also Gefäße nicht nur zur Bevorratung, sondern besonders für den Transport von Lebensmitteln. Typische Handelsamphoren mit spitz zulaufendem unterem Ende haben etruskische Töpferwerkstätten spätestens seit dem 7. Jh. für den Export von Agrarüberschüssen gefertigt; man kennt sie aus Überresten von Schiffen, die vor der toskanischen oder südfranzösischen Küste gesunken waren (vgl. 4.4).

Neben den Nutzpflanzen spielte Viehhaltung für die etruskische Landwirtschaft eine Rolle. Funde von Tierknochen sind ganz überwiegend Ziegen und Schafen, Schweinen sowie Rindern zuzuordnen. Gerätschaften und Gefäße lassen auf Käseherstellung und andere Molkereiprodukte schließen. Die Verarbeitung von Wolle ist durch Spinnwirtel und andere Objekte belegt.

Sehr wenig ist indes über die Art und Weise bekannt, in der die Etrusker das Land bewirtschafteten. Bauernhöfe wie die oben erwähnten sind bisher nur ganz vereinzelt ausgegraben worden, dasselbe gilt für kleinere Siedlungen. Das Siedlungsbild ist am ehesten anhand großflächiger Surveys zu rekonstruieren, ansonsten stützt man sich auf die weitaus häufiger beobachteten und untersuchten Nekropolen. Aus all dem ergibt sich, dass das Hinterland der proto-urbanen Zentren seit dem späteren 8. Jh. v. Chr. sich mit menschlichen Ansiedlungen wieder zu füllen beginnt. Einige der zu Beginn jener Epoche verlassenen Orte wie Luni sul Mignone leben wieder auf. Andere kommen neu hinzu, sodass bis zum 6. Jh. eine deutlich größere Siedlungsdichte erreicht wird als in prähistorischen Zeiten. Die Erschließung der Territorien lässt sich außerdem an in den Fels gehauenen Bewässerungsgräben (sog. *cunicoli*) und Straßen aus etruskischer Zeit ablesen. Was die Nekropolen betrifft, so sind sie nicht nur oft der einzige heute noch greifbare Hinweis auf ländliche Siedlungen, sondern wegen ihrer Struktur auch sozialgeschichtlich interessant. Bei Marsiliana d'Albegna beispielsweise fanden sich sehr zahlreiche Gräber, die eben wegen ihrer Zahl, ihrer Lage und des zeitlichen Rahmens eher nicht mit dem erwähnten Gehöft vom Poggio Alto zu verbinden sind. Sie müssen zu einer bisher nicht lokalisierten Siedlung gehört haben. Die Gräber gruppieren sich hier um einzelne, außerordentlich reich ausgestattete, von Erdhügeln überwölbte Gräber der Mitte und zweiten Hälfte des 7. Jh.s v. Chr. Die Vermutung liegt nahe, dass es sich um Gräber von führenden Persönlichkeiten der etruskischen Siedlung handelte. Die Grabbeigaben lassen engere Übereinstimmungen mit solchen von aristokratischen Gräbern der städtischen Zentren wie Vulci und Vetulonia erkennen. Auch der Fund eines schmuckvollen Elfenbeintäfelchens mit eingeritztem Musteralphabet in einem jener Gräber spricht für einen »urbanen« Lebensstil der Besitzerin. Aus solchen Befunden leitet sich die Hypothese her, dass die kleineren Siedlungen im Umfeld der Städte von den diese beherrschenden Geschlechterverbänden gegründet und kontrolliert worden sind. In diesem Sinne hätten die kleineren Siedlungen als Außenposten zur Bewirtschaftung der Territorien im Interesse der städtischen Eliten fungiert. Eventuell lässt sich diese Entwicklung auch im Zusammenhang sehen mit der wachsenden Bedeutung arbeitsintensiver Kulturen wie dem Weinbau.

Die beschriebene Form der Territorialherrschaft scheint am Ende des 6. Jh.s und besonders im 5. Jh. v. Chr. in eine Krise einzutreten, als viele der sekundären Zentren entvölkert werden. Vielleicht haben damals politische Veränderungen innerhalb der Stadtstaaten eine straffere Kontrolle des Umlandes herbeigeführt. In späterer Zeit, vor allem ab dem 3. Jh. v. Chr., kehrt sich die Tendenz aber erneut um und Gräber wie Siedlungsspuren auf dem Land nehmen wieder zu. Immer wieder muss es auch um die Territorien zwischen den etruskischen Städten untereinander oder mit ihren sonstigen Nachbarn zu Konflikten gekommen sein, die zuweilen militärisch ausgetragen wurden. Die griechischen und römischen Geschichtsschreiber berichten zwar über inneretruskische Streitigkeiten aus offenkundigem Desinteresse heraus so gut wie nichts. Wandgemälde aus einem Kammergrab der Zeit um 330 v. Chr. in Vulci, der sog. »Tomba François«, zeigen jedoch Kämpfe zwischen einer Vulcenter Partei unter Führung der Gebrüder Vibenna auf der einen, Kriegern aus anderen etruskischen Städten sowie aus Rom auf der anderen Seite; die dargestellten Ereignisse lassen sich grob in die erste Hälfte des 6. Jh.s v. Chr. einordnen (vgl. 3.2 und Abb. 4). Auch die gewaltsame Zerstörung des etruskischen »Palazzo« oder Fürstensitzes bei Murlo (vgl. 4.2) lässt sich wahrscheinlich mit der Ausdehnung der territorialen Herrschaft von Städten wie Chiusi in Zusammenhang bringen.

Bei der Kontrolle über die Territorien von den städtischen Zentren aus ging es keineswegs nur um die Gewinnung und Nutzung landwirtschaftlicher Ressourcen, sondern ebenso um Verkehrswege und Häfen (dazu auch 4.4). Wichtig war nicht zuletzt der Zugang zu Rohstoffen wie Mineralien und Erzen. Das tyrrhenische Italien war in der Antike vergleichsweise reich an Bodenschätzen. Innerhalb der etruskischen Siedlungsgebiete gab es vor allem Vorkommen an Kupfer, Eisen und Blei. Die Erze kamen in der Regel nicht rein vor, sondern als Oxyde oder Sulfide, aus denen sie gelöst werden mussten. Die Hauptlagerstätten fanden sich im Norden bei Populonia und Vetulonia, in den »Monti di Campiglia« und den »Colline Metallifere«, weiter südlich, nahe Tarquinia, in der Zone der »Monti della Tolfa«, wo außer den genannten Metallen auch Zink und Alaun gewonnen wurden. Von größter Bedeutung waren jedoch die Hämatitlager auf Elba. Das Eisenoxyd wurde dort in großen Mengen abgebaut, schätzungsweise 10 000 bis 12 000 Tonnen pro Jahr. Eisen hat man daraus jedoch größtenteils auf dem Festland extrahiert, vor allem in Populonia. Vielleicht fehlte es auf der Insel selbst an Brennholz für die Verhüttung.

Unklar ist, seit wann die verschiedenen Erzlager systematisch ausgebeutet wurden. Aufschluss geben Abfallprodukte der Erzgewinnung sowie die benutzten Werkstätten und Werkzeuge, z. B. Reste von Rennöfen, spezielle Düsen zur Luftzufuhr in diesen Öfen, Schmelztiegel oder Gussformen. Regelrechte »Industrieviertel« mit Gebäuden, die zur Vorbereitung des Erzes dienten, hat man in Populonia und etwa 40 km landeinwärts beim Lago d'Accesa gefunden. Ihre Nutzungsdauer reicht etwa vom 6. Jh. bis zum 3. Jh. v. Chr. Doch gibt es hinreichend Indizien dafür, dass in Etrurien schon zuvor Rohstoffe im größeren Stil abgebaut und weiterverarbeitet worden waren. So hat man unterhalb des Bodens einer Hütte der späten Villanova-Epoche bei Bologna ein Depot mit knapp 15 000 Bronzeobjekten aus der Zeit des frühen 7. Jh.s v. Chr. gefunden. Der Austausch von Rohstoffen, speziellem Know-How zu deren Verarbeitung und Handwerksprodukten war dann auch eine entscheidende Triebkraft für den Aufbau von Kontakten zwischen den Etruskern und Bewohnern anderer Regionen des Mittelmeerraums.

4.4 *Austausch und Handel*

Schon seit dem Beginn des 1. Jahrtausends v. Chr. hatte es intensivere Beziehungen zwischen Etrurien und der prähistorischen

Nuraghenkultur Sardiniens gegeben, wie unter anderen kleinformatige Bronzeskulpturen von der Insel in Gräbern von Vetulonia, Populonia und Vulci zeigen. Sardinien war seinerseits von der Bronzezeit an eng mit Zypern verbunden gewesen, sodass auf diesem Wege ein Transfer von hochentwickelten metallurgischen Techniken aus dem östlichen Mittelmeerraum stattfand. Aufgrund dieser Vorgeschichte dürften Griechen und Phönizier, die im 8. Jh. v. Chr. mit ihren Schiffen bis nach Etrurien vorstießen, bereits Kenntnis von mittelitalischen Erzlagerstätten gehabt haben. Es ist sogar sehr wahrscheinlich, dass sie gerade deswegen die tyrrhenische Küste hinauffuhren. Basen für Handels- und Kaperfahrten bildeten sodann die Niederlassungen, die griechische und phönizische Städte zu eben dieser Zeit in Unteritalien und Sizilien gründeten (vgl. 3.2). Dabei spielte auch die Suche nach Absatzmärkten für die eigene Überschussproduktion eine Rolle. Das zeigt sich exemplarisch an der ältesten Niederlassung in Unteritalien, Pithekoussai (Ischia) im Golf von Neapel. Diese, noch vor der Mitte des 8. Jh.s v. Chr. gegründet, war keine von einer einzelnen Mutterstadt aus gegründete Kolonie, sondern ein Handelsposten, der Menschen unterschiedlicher Herkunft und Waren aus Griechenland, Phönizien und anderen Regionen des östlichen Mittelmeers mit den Einheimischen und Etruskern zusammenführte.

Die Verbindung zum östlichen Mittelmeerraum war auf vielen Gebieten folgenreich, für Religion und Kunst ebenso wie für die wirtschaftliche und gesellschaftliche Entwicklung der etruskischen Städte. Man kann sogar sagen, dass die etruskische Zivilisation in ihrer spezifischen Ausprägung erst mit den Orientkontakten aus ihrer frühgeschichtlichen Villanova-Vorstufe heraustritt. Die schon während dieser Epoche sich formierende Elite war es wohl, die den stetigen Austausch mit Griechen und Phöniziern etablierte und kontrollierte. Dabei eignete sie sich kostbare Prestigegüter, Kulturtechniken wie die Schriftlichkeit und nicht zuletzt einen »urbanen« Lebensstil an, was innerhalb der eigenen Gesellschaft eine Vorrangstellung als »Aristokratie« und zugleich eine kulturelle Hegemonie gegenüber anderen Gesellschaften Altitaliens begründete. Diese Stellung der etruskischen *principes* (»Fürsten«) und die Bedeutung des Kulturimports für Etrurien kommen an verschiedenen Stellen dieses Buches zur Sprache. Hier bleibt darauf hinzuweisen, dass die

Handelsbeziehungen zwischen Etruskern und ihren Nachbarn sicher häufig auf Basis persönlicher Kontakte und eines personalisierten Gabentauschs angeknüpft worden sind. Das lässt sich beispielsweise aus zwei kleinen geschnitzten Elfenbeintäfelchen aus dem 6. Jh. v. Chr. schließen. Beide tragen Namen phönizischer Gastfreunde etruskischer Familien, die ebenfalls genannt sind. Die Täfelchen müssen als Erkennungsmarken gedient haben (sog. *tesserae hospitales*). Die eine ist in Rom, in der Nähe des Tiberhafens, die andere in einem Grab von Karthago gefunden worden. Fragmente von weiteren solcher Täfelchen kommen aus dem bereits erwähnten »Palazzo« von Murlo. Ausgehend von persönlichen Kontakten sind dann auch offizielle Handelsabkommen zwischen etruskischen Städten und den Karthagern angebahnt worden (Aristoteles, *Politica* 3, 9, p. 1280 a).

Zweifelsohne hat das etruskische Handwerk stark von den Verbindungen nach Griechenland und in den Vorderen Orient profitiert. So sind die etruskische Toreutik und die etruskische Goldschmiedekunst deutlich von aus Phönizien, Syrien und Zypern übernommenen Methoden und Modellen geprägt. Hoch spezialisierte Techniken tauchen im Etrurien des 7. Jh.s v. Chr. quasi ohne erkennbare Vorstufen auf (8.1). Dabei müssen levantinische Handwerker als Lehrmeister gewirkt haben – sei es, dass sie nach Etrurien gekommen sind, sei es, dass Etrusker selbst sich zeitweise im östlichen Mittelmeer aufgehalten haben. Neben Herstellungstechniken wurden auch Formen und Ornamente auf diesem Wege rezipiert. Unter anderem dadurch erhält die früharchaische Kultur Etruriens einen stark »orientalisierenden« Charakter (vgl. 5.3 und 6.2). Nicht weniger wichtig waren die Anregungen, die das griechische Handwerk vermittelte. Besonders deutlich lassen sie sich an der Keramik und deren malerischer Verzierung aufzeigen, aber auch an anderen Arten von Malerei sowie in der Skulptur (vgl. 8.1–3). Dazu haben wir sehr konkrete Hinweise auf Einwanderer aus Griechenland. So soll der Vater des römischen Königs Tarquinius Priscus, Demaratos, ein Kaufmann aus Korinth gewesen sein und über lange Zeit enge Kontakte zu Etruskern unterhalten haben. Als in seiner Heimatstadt kurz vor der Mitte des 7. Jh.s v. Chr. ein Tyrann die Macht übernahm, habe sich Demaratos zur Auswanderung entschlossen und in Tarquinia niedergelassen, wo er eine Etruskerin heiratete. Aus Korinth seien in seinem Gefolge mehrere

Handwerker mit nach Tarquinia gekommen, ein Maler und drei *fictores*, d. h. Handwerker, die Bildwerke aus Ton schufen (Dionysios von Halikarnassos, *Antiquitates Romanae* 3, 46; Plinius Maior, *Naturalis historia* 35, 16 und 152). Für denselben zeitlichen Horizont, in den uns diese Legende führt, lassen sich deutliche archäologische Anzeichen der Anwesenheit griechischer Handwerker in Etrurien anführen. Exemplarisch sei ein wahrscheinlich in einer Töpferwerkstatt von Cerveteri produziertes Weinmischgefäß aus Ton genannt, dessen Aufschrift einen Griechen namens Aristonothos als Hersteller nennt. Das Gefäß ist unter anderem mit der Darstellung eines Schiffskampfes (zwischen Griechen und Etruskern?) dekoriert.

Mögen diese Präsenzen noch an die Initiativen Einzelner gekoppelt sein, wird der Austausch um 600 v. Chr. oder kurz darauf auf eine andere Grundlage gestellt. Nun werden Hafenorte zu Zonen des Austauschs, an denen etruskische und auswärtige Händler zusammenkommen, aber auch »fremde« Handwerker tätig werden können. Mit einem griechischen Wort nennt man solche Plätze *emporia*. Es handelt sich jeweils um direkt am Meer gelegene Siedlungen und Heiligtümer, die von in einiger Entfernung landeinwärts gelegenen städtischen Zentren kontrolliert werden, die die Niederlassung der Fremden und deren kommerzielle Aktivitäten gestatten und schützen. Am besten bekannt sind Gravisca (zu Tarquinia) und Pyrgi (Cerveteri). In beiden Fällen ist das eigentliche Siedlungsareal durch spätere römische Stadtanlagen überbaut. Jeweils neben diesen finden sich jedoch substanzielle Überreste der Heiligtümer aus etruskischer Zeit. Am Rande desjenigen von Gravisca lagen Öfen, Werkstätten und Behausungen von Handwerkern. Letztere waren vorwiegend Griechen, viele von ihnen Ionier von den östlichen Inseln der Ägäis und von der kleinasiatischen Küste. Das beweisen zahlreiche Votivgaben aus dem Heiligtum, deren griechische Inschriften von Personen mit griechischen Namen an Gottheiten wie Hera oder Aphrodite adressiert worden sind. Einen großen Steinanker hat ein Mann namens Sostratos aus Aigina geweiht, der mit einem von Herodot erwähnten, sagenhaft reichen Kaufmann identisch sein könnte (*Historiae* 1, 152). Aus Pyrgi, stammt eine der wichtigsten Schriftquellen zur etruskischen Geschichte, eine in etruskischer und phönizischer Sprache auf dünne Goldbleche aufgezeichnete Urkunde aus dem Anfang des 5. Jh.s

v. Chr. Sie dokumentiert die Stiftung eines Gebäudes oder einer Struktur innerhalb des Heiligtums der Göttin *Uni* – in der phönizischen Fassung Astarte genannt – durch einen gewissen Thefarie Velianas, der als Herrscher über Cerveteri bezeichnet wird (vgl. 6.5). Die Zweisprachigkeit bestätigt auch in diesem Fall, dass das Heiligtum als Treffpunkt im »internationalen« Verkehr gedient hat.

Etrurien war jedoch spätestens seit dem 7. Jh. v. Chr. nicht nur Zielpunkt für phönizische und griechische Kaufleute, Etrusker befuhren selbst die Meere und kontrollierten zeitweise die Seewege bis zu einem Maße, das antike griechische Geschichtsschreiber von einer »Seeherrschaft« (Thalassokratie) sprechen lässt (Diodoros Siculus, *Bibliotheca* 5, 20, 4; Dionysios von Halikarnassos, *Antiquitates Romanae* 1, 11, 4). Auf die militärische Macht der Etrusker zur See deutet auch hin, dass ihnen – wenngleich wohl zu Unrecht – Erfindungen wie der am Schiffsbug befestigte Rammsporn zugeschrieben werden (Plinius Maior, *Naturalis historia* 7, 209). Dieses Element ist in einigen der bildlichen Darstellungen von Schiffen wiederzuerkennen, die wir seit dem 7. Jh. häufiger auf etruskischen Keramikgefäßen und vereinzelt in Wandgemälden finden. Andere etruskische Bilder zeigen einen charakteristischen Schiffstypus mit gerundetem Kiel, einem Bug mit zum Kiel hin herabgezogener Spitze und stark einwärts gebogenem Achtersteven. Ein Mast mit großem Rahsegel, manchmal mit darüber gesetztem Toppsegel, sorgt für den Antrieb. Es scheint sich um einen besonderen Typus des Frachtschiffs zu handeln, der auch zur Abwehr räuberischer Angriffe geeignet war. Allerdings konnten unter den gefundenen antiken Wracks bisher noch keine entsprechenden Schiffe identifiziert werden.

Der Außenhandel der Etrusker lässt sich folglich vor allem durch die Verbreitung etruskischer Waren nachvollziehen. Rohstoffe wie Metalle fallen aber aus dieser Betrachtung fast komplett heraus, weil deren Herkunft nach der Verarbeitung nur durch aufwendige und kostenintensive Analysen zu ermitteln ist. Handwerksprodukte sind hingegen schon durch Klassifikation aufgrund typischer formaler Merkmale und gestützt auf die Lokalisierung von Werkstätten wesentlich leichter zuordenbar. Zu den am weitesten verbreiteten etruskischen Erzeugnissen gehören zum einen Bronzegefäße und -gerätschaften, zum anderen eine spezielle Art der Keramik, Bucchero genannt (vgl. 8.1–2). Unter ersteren sind unter anderen Schalen mit gerieftem Körper (»Rippenschalen«) zu nennen, dazu flache Becken, zumal solche mit einer besonderen Dekoration des auswärts gebogenen Randes (»Perlrandbecken«), Weinkannen, ab dem späteren 6. Jh. v. Chr. besonders ein Typus mit weit ausgezogenem Ausguss (»Schnabelkannen«), und Siebe zum Filtern des Weins *(infundibula)*. Beim Bucchero handelt es sich um Keramik, die durch reduzierenden Brand schwarz gefärbt wurde und durch Politur einen metallischen Glanz erhielt. Diese Keramik wurde in der zweiten Hälfte des 7. Jh.s vor allem in Cerveteri in einer dünnwandigen Variante hergestellt. Später wurden die Stückzahlen größer und die Gefäße dickwandiger. Andere Produktionszentren wie Vulci und Orvieto gewinnen an Gewicht.

Etruskische Objekte der genannten Art finden sich in überschaubaren Stückzahlen im östlichen Mittelmeerraum, z. B. in Heiligtümern des griechischen Mutterlandes. In den meisten Fällen dürfte es sich um Mitbringsel handeln, die Reisende – seien es Griechen oder Etrusker – als Weihgeschenke gestiftet hatten. Dass es Kontakte von Etrurien zumindest zu den bedeutenderen Heiligtümern der Griechen gab, wissen wir auch durch verstreute literarische Überlieferungen. Städte wie Cerveteri und Spina unterhielten sogar eigene Schatzhäuser zur Aufbewahrung kostbarer Votivgaben in Delphi (Diodoros Siculus, *Biblioteca* 5, 2, 3; Strabon, *Geographica* 5, 1, 7). Hingegen sind etruskische Helme und Rüstungsteile in aller Regel wohl als von Griechen erbeutete Trophäen in Heiligtümer wie das von Olympia gelangt (vgl. 3.2). Nur »Paradewaffen« aus dünnem Bronzeblech, darunter einige schon aus der Villanova-Epoche, dürften von Etruskern selbst geweiht worden sein.

Ganz andere Ausmaße und tatsächlich Handelscharakter nimmt die Ausfuhr etruskischer Waren in den Westen des Mittelmeerraums an. Über Jahrhunderte hinweg beständig, aber im Umfang wohl begrenzt waren die Exporte nach Karthago. Etruskisches Fundmaterial kommt hier vereinzelt schon in Kontexten des 8. Jh.s v. Chr. vor. In späterer Zeit sind etruskische Buccherogefäße recht häufig, besonders aber etruskische Nachahmungen korinthischer Salbgefäße; das lässt auf eine Einfuhr von Ölen und Duftstoffen nach Karthago schließen. Auch die karthagischen Niederlassungen im Südteil Sardiniens importierten Bucchero und bis zum Ausgang des 5. Jh.s v. Chr. auch Bronzegefäße aus Etrurien. Nirgendwo sonst sind jedoch mehr etruskische Importwaren nachweisbar als im heutigen Südfrankreich und für die Zeit vom 7. bis zum 5. Jh. Für diese Handelsbeziehungen sind neben der Feinkeramik und den Bronzegefäßen und -geräten nun auch große Transportbehältnisse wichtige Indikatoren. Es handelt sich um Amphoren aus etruskischer Produktion mit einem Fassungsvermögen von je mindestens 30 Litern; die meisten davon dürften Wein enthalten haben, der aus Etrurien, vor allem aus Cerveteri und Vulci kommend, die gallischen Küstenregionen und in kleineren Mengen auch das Hinterland erreichte.

Allerdings hat man über die historische Interpretation der etruskischen Funde in Südfrankreich noch keine vollständige Einigkeit erzielen können. So ist etwa strittig, wer die etruskischen Waren transportiert hat. Einige Forscher sind der Ansicht, es seien Etrusker selbst gewesen, die, anknüpfend an schon aus der Villanova-Zeit herrührende Kontakte, noch im 7. Jh. v. Chr. ein Handelsnetz aufgebaut hätten. Andere hingegen sehen die Gründung von *Massalia*, dem heutigen Marseille, als Initialzündung. Diese Stadt war um 600 v. Chr. von Griechen aus Phokaia, einer Stadt in der Nähe des heutigen İzmir, gegründet worden. Von nun an kreuzten sich die Wege von Etruskern und Phokäern im Tyrrhenischen Meer geradezu zwangsläufig (dazu 3.2). Es ist daher gut möglich, dass wenigstens ein Teil der etruskischen Waren, die man in der Provence und im Languedoc findet, als Beiladung phokäischer Schiffe auf ihrem Weg nach Massalia dorthin gekommen ist, war doch das Abfahren der Küsten mit vielen Zwischenstationen, ein übliches Muster für Handelsfahrten. Nicht von ungefähr trugen einige der Schiffe, die im Tyrrhenischen Meer und vor der südfranzösischen Küste sanken, eine gemischte Fracht mit mehr oder weniger hohen Anteilen von Weinamphoren, Gefäßen und Geräten aus Etrurien, aber ebenso Waren griechischer oder anderer Herkunft. Dennoch lässt sich die starke Präsenz etruskischer Güter in Südfrankreich wohl nicht allein mit entsprechenden Praktiken der Phokäer erklären. Dagegen spricht beispielsweise die Zusammensetzung der Ladung eines der größten bisher bekannten Schiffswracks der archaischen Zeit. Es wurde gefunden beim »Ilôt du Grand Ribaud«, ca. 15 km westlich von Toulon, war ca. 30 m lang, konnte um die 40 Tonnen Ladung aufnehmen und ist wohl bald nach der Wende vom 6. zum 5. Jh. v. Chr. untergegangen. Es enthielt eine große Anzahl von etruskischen Amphoren, ca. 850 bis 1000 Stück, und zwar fast alle vom gleichen, in Cerveteri hergestellten Typus. Dieser Umstand deutet auf einen im großen Stil direkt betriebenen Handel hin. Ob sich etruskische Produzenten dafür (auch) griechischer Schiffe und Seeleute bedienten, lässt sich im Einzelfall natürlich schwer sagen.

Von unmittelbarer etruskischer Beteiligung an Handelsunternehmungen zeugen nicht zuletzt Umfang und Art des etruskischen Fundmaterials an verschiedenen Punkten der südfranzösischen Küste. In Marseille selbst ist in bestimmten Sektoren der antiken Stadt bei Ausgrabungen mehr etruskische als griechische Keramik zutage gekommen. Bemerkenswert ist, dass es sich dabei nicht nur um die häufig exportierte Feinkeramik, also das Tafelgeschirr, sondern ebenso um einfache Gebrauchs- und sogar Kochkeramik handelt. An anderen Orten, weiter westlich gelegen, ist das Übergewicht etruskischen Fundmaterials zumindest für das 6. und teilweise das 5. Jh. v. Chr. noch deutlicher, etwa in Saint-Blaise und Lattes. Lattes könnte ein etruskisches *emporium* gewesen sein, also ein von verschiedenen Städten Etruriens in Übereinkunft mit einheimischen Fürsten gegründeter Handelsposten – vergleichbar dem, den Griechen im etruskischen Gravisca unterhielten. Das Siedlungsbild von Lattes in der Zeit um 500 v. Chr., mit einem recht regelmäßigen System von Straßen und Hausstellen, passt jedenfalls zu dieser Annahme ebenso wie die fast ausschließliche etruskische Herkunft der Hausinventare. Dass an anderen Orten ebenfalls nicht nur Waren, sondern auch Menschen aus Etrurien präsent waren, demonstrieren vor allem etruskische Schriftdokumente aus Südfrankreich. Meist sind dies nachträglich in Keramikgefäße eingeritzte Namen oder sonstige Markierungen. Ein einmaliges Dokument kommt aus Pech Maho nahe Narbonne, einem zwischen dem 6. und 5. Jh. v. Chr. sehr vitalen Handelsknotenpunkt. Auf einer Bleitafel ist hier einer der seltenen längeren etruskischen Texte aufgezeichnet, möglicherweise eine Zahlungsvereinbarung. Das schon gebrauchte Metallstück trägt auf seiner Rückseite eine griechische Inschrift; es ist also ein Indikator für die Präsenz von Händlern unterschiedlicher Herkunft am selben Ort.

Über Südfrankreich haben Etrusker und Etruskisches noch weiter entfernte Regionen Europas erreicht. Zum einen wurden etruskischer Wein und kostbare etruskische Bronzen entlang der Flussläufe von Rhône und Saône landeinwärts verhandelt. Einzelne Objekte erreichten auf diesen Wegen sogar die frühkeltischen »Fürstensitze« Südwestdeutschlands wie die Heuneburg an der oberen Donau. Andere Handelswege führten zur östlichen und südlichen Küste der iberischen Halbinsel. Auch dort lassen sich vor allem für das 6. Jh. v. Chr. etruskische Importe nachweisen, wenngleich in deutlich kleineren Mengen als in Frankreich. Unter den Fundorten sind griechische Niederlassungen (z. B. das von Marseille aus gegründete *Emporion*, heute Ampurias) ebenso wie phönizische (z. B. Toscanos und Malaga), dazu einheimisch-iberische wie Huelva (das antike Tartessos), das jenseits der Straße von Gibraltar die äußerste westliche Reichweite etruskischer Handelskontakte markiert.

Die etruskischen Exporte nach Gallien – über die dafür im Gegenzug gelieferten Waren herrscht übrigens noch weitgehende Unklarheit – gehen schon in der zweiten Hälfte des 6. Jh.s v. Chr. tendenziell zurück. Das vollzieht sich aber keineswegs überall gleichzeitig und in gleichem Maße. Insofern ist es auch schwierig, eine allgemein gültige Erklärung für diesen Prozess zu finden. Sicher ist das Aufkommen lokaler und regionaler Konkurrenten ein wichtiger Faktor gewesen – vielerorts ablesbar an der Verdrängung etruskischer durch massaliotische und westgriechisch-sizilische Weinamphoren. Daneben spielten womöglich Störungen im Verhältnis zu den Phokäern eine Rolle, die in der Seeschlacht vor Aléria gipfelten (vgl. 3.2). Auch diese führte zwar keineswegs ein abruptes Ende der Handelsbeziehungen herbei. Dennoch, es häufen sich für das 6. und frühe 5. Jh. v. Chr. die Nachrichten über etruskisch-griechische Zusammenstöße. Auf ihnen vor allem basiert der Ruf von Piraten, der den Etruskern bei griechischen Autoren anhaftet. Mit der Schlacht bei Kyme 474 v. Chr. scheint dann tatsächlich ein deutlicher Einschnitt verbunden. Der etruskische Fernhandel erleidet um dieselbe Zeit deutliche Einbußen. Nicht nur gehen die Ausfuhren nach Nordwesten zurück. Vielmehr ist in den südetruskischen Städten ab dem zweiten Viertel des 5. Jh.s ein geradezu dramatischer Einbruch der Einfuhren von griechischer Keramik zu verzeichnen. In Gravisca gibt es keine Belege mehr für die Anwesenheit von Griechen. Allerdings könnten manche dieser Phänomene auch mit inneretruskischen Entwicklungen, etwa einem veränderten Repräsentationsgebaren der Aristokratie, zu tun haben (vgl. 3.2, 5.3 und 6.3).

Jedenfalls ist trotz gewisser Krisensymptome nicht davon auszugehen, dass die etruskischen Außenbeziehungen und der etruskische Handel im 5. Jh. vollständig zum Erliegen gekommen wären. Alternative Verkehrswege, abseits der tyrrhenischen, blieben offen und wurden nun verstärkt genutzt. Damit treten andere Akteure, vor allem die Zentren Inner- und Nordetruriens wie Orvieto und Chiusi, stärker hervor. Von ihnen nahm um die Mitte des 6. Jh.s v. Chr. eine regelrechte Kolonisation der Poebene ihren Ausgang. Es entstehen neue Städte wie Marzabotto, das jenseits des Apennins die Passrouten kontrollierte und wichtige handwerkliche Produktionsstätten besaß (vgl. 4.3). Das bereits seit Langem bestehende Bologna erhält ein neues Gesicht mit monumentalen Bauten und erfährt einen enormen Bedeutungszuwachs. Vor allem aber werden gezielt Städte als Stütz- und Knotenpunkte des externen Handels angelegt: Spina, im Mündungsbereich des Po, für die adriatischen Verbindungen, für die transalpinen Mantua am Mincio, der den Gardasee mit dem Po verbindet. In Mantua verzweigten sich die Hauptrouten gen Norden: die eine führte westlich über das Aosta-Tal und den Genfer See; die andere über die Ostalpen in Richtung Salzburg. Auf beiden gelangten in der Folgezeit, bis zum Ende des 5. Jh.s v. Chr., zahlreiche etruskische Handwerksprodukte zu den Kelten der späten Hallstatt- und frühen La Tène-Zeit. Die Fundorte streuen bis ins Mittelrhein- und Moselgebiet. Auch aus Bronze oder Ton gefertigte keltische Nachahmungen von Gefäßen wie der »Schnabelkannen« und in Anlehnung an mediterrane Motive entwickelte keltische Ornamente zeugen vom etruskischen Einfluss während dieser Epoche.

Die Gründung von Spina steht für die Interessen der Etrusker im oberen Adriaraum, auf den es viel stärker ausgerichtet ist als das ältere, villanovazeitliche Verucchio. Es scheint eine gewisse Konkurrenz zur weiter nördlich gelegenen Stadt Adria gegeben zu haben, die nach einigen Quellen eine etruskische war (Livius, *Ab urbe condita* 5, 33, 7), wahrscheinlich aber unter venetischer Kontrolle stand. Die Unterscheidung ist schwierig, zumal auch die Veneter für etruskisches Kulturgut sehr empfänglich waren und beispielsweise die etruskische Schrift übernahmen. Für Spina hingegen ist der Fall klar, obgleich einige griechische Geographen sie als griechische Stadt bezeichnen (Pseudo-Skylax, *Periplous* 17; Strabon, *Geographia* 5, 1, 7). Nicht nur zahlreiche etruskische Inschriften, sondern vor allem bei der Stadtgründung befolgte etruskische Riten (vgl. 4.2) sprechen eine eindeutige Sprache. Deswegen ist, trotz der gesicherten Anwesenheit von Griechen, Spina auch nicht als *emporion* anzusehen, sondern tatsächlich als etruskische Koloniestadt. Deren Anlage könnte durchaus von Bologna aus erfolgt sein, das eine Art Hegemonie über die gesamte etruskische Poebene ausgeübt zu haben scheint (vgl. Plinius Maior, *Naturalis historia* 3, 115: *princeps Etruriae*). Die ausgedehnten Nekropolen von Spina lassen mehr als der bislang nur partiell ausgegrabene, größtenteils von Holzbauten auf Pfählen eingenommene Siedlungsbereich die Größe und den Bevölkerungsreichtum der Stadt erschließen. In den Gräbern finden sich griechische ebenso wie etruskische Beigaben, vor allem oft prächtige Keramikgefäße aus Athen und Bronzegefäße und -utensilien aus Vulcenter und Chiusiner Werkstätten. Ganz ähnliche Zusammenstellungen kennen wir aus Bologna, was nochmals die Verbindung der beiden etruskischen Zentren unterstreicht. Über Spina und die Adria blieb also die etruskische Poebene, blieben aber auch Städte des etruskischen Kernlandes im 5. Jh. v. Chr. mit Athen im Austausch. Wahrscheinlich wurden heute nicht mehr greifbare Güter wie Getreide und Metalle in größeren Mengen über Spina exportiert.

Diese Phase der etruskischen Handelsbeziehungen findet mit den massiven keltischen Vorstößen nach Italien zu Beginn des 4. Jh.s v. Chr. und deren dauerhafter Landnahme in der Poebene ihr Ende (vgl. 3.2). Die Kelten begehrten die Reichtümer der fruchtbaren und kultivierten Poebene, übernahmen aber nicht die urbane Lebensform der etruskischen Bewohner (Polybios, *Historiae* 2, 17, 3. 8–9). Letztere hielten sich in Enklaven wie Mantua und Spina noch über einige Zeit. Auch kleinere Siedlungen wie Monte Bibele am Rande des Apennins lassen Formen friedlicher Koexistenz erkennen. Fortan aber waren es die Kelten, die den Handel über die Alpen hinweg betrieben, und Etrurien scheint mehr als je zuvor von den wichtigsten maritimen Verbindungen abgeschnitten.

5. Gräber und Nekropolen

5.1 *Zur Bedeutung der Gräber für die Erforschung der etruskischen Zivilisation*

Für unsere Kenntnis der etruskischen Zivilisation spielen Gräber eine geradezu fundamentale Rolle, der ein größeres Gewicht zukommt als bei der Erforschung manch anderer antiken Kultur. Das hat forschungsgeschichtliche Ursachen, liegt aber auch in der besonderen Aufmerksamkeit begründet, die Etrusker ihren Toten und deren Ruhestätten widmeten. Grab- und Bestattungsformen unterscheiden sich innerhalb Etruriens je nach Region, Epoche und sozialem Status. Allgemein gilt, dass die Gräber sorgfältig und nach den gegebenen Möglichkeiten prachtvoll angelegt und mit Beigaben ausgestattet worden sind, wobei nach dem Ende der Villanova-Epoche (vgl. 2.4), ab dem 7. Jh. v. Chr., über weite Strecken die Bestattung in oft über mehrere Generationen genutzten Familiengräbern vorherrschte. Solche Gräber bestehen in der Regel aus einer oder mehreren Kammern; sie sind oft in felsigen Grund eingegraben, nicht selten auch unterirdisch angelegt. Deswegen und wegen ihrer Lage außerhalb der Städte und Siedlungen sind die Gräber in weit geringerem Maße von Nachnutzung oder Zerstörung betroffen als die gebaute Architektur. Viele Grabanlagen bewahren außerdem zumindest einen Teil ihrer ursprünglichen Ausstattung, namentlich die nur schwer oder unbeweglichen Teile derselben. Diese bestätigen den Eindruck, der sich schon anhand der räumlichen Aufteilung aufdrängt, dass etruskische Gräber in mancher Hinsicht eine Vorstellung von etruskischen Häusern vermitteln (vgl. 4.2). Nicht nur Totenbetten und Sarkophage stehen in den Grabkammern, sondern auch andere, mitunter aus dem Stein gemeißelte »Möbel« und Einrichtungsgegenstände. Darüber hinaus enthalten etruskische Gräber in der Regel ein mehr oder weniger umfangreiches Inventar an kleineren und beweglichen Objekten. An ihnen ist festzustellen, dass in Etrurien solche Dinge in die Gräber gelangten, die man in Griechenland eher als Weihgaben den Göttern spendete und die altorientalische Potentaten in ihren Palästen anhäuften.

Wenigstens Teile der Grabinventare werden bei Ausgrabungen noch vorgefunden, selbst wenn die Gräber nicht mehr unversehrt, sondern bereits in der Antike geplündert worden sind. Die Grabräuber der frühen Zeit waren fast ausschließlich an kostbaren Materialien, vor allem an Edelmetall, interessiert und ließen Keramik-, Bein- oder Steinartefakte zurück. Solche sind erst in der Neuzeit zu Gegenständen von forschender Neugier und profitorientiertem Handel geworden. Nach ersten Entdeckungen in vorausgehenden Jahrhunderten setzte die hohe Konjunktur der Erkundung und zum Teil auch skrupelloser Ausplünderung etruskischer Gräber gegen 1830 ein (vgl. 1). Durch sie gelangten zahllose etruskische Fundobjekte in Museen und Sammlungen in aller Welt, dokumentierten und förderten das Interesse an der etruskischen Zivilisation.

Die Dominanz der Sepulkralarchäologie für unser Verständnis der Etrusker birgt das Risiko einer in gewissem Maße verzerrten Wahrnehmung. Denn obwohl die Gräber durchaus eine Vorstellung von den Häusern der Lebenden und vom Leben der Etrusker an sich vermitteln, so tun sie dies doch nicht in Form eines Abbilds oder eines spiegelartigen Reflexes. Die »Gesellschaft der Toten« ist strukturell mit der »Gesellschaft der Lebenden« verbunden, aber eben nicht identisch. So finden im Grab mitunter Personen zueinander, die im Leben nicht unter einem Dach gewohnt hatten. Zudem ist schon an anderer Stelle (4.1) betont worden, dass Bestattungszeremoniell und Grab bestimmte Bilder der verstorbenen Personen, ihrer sozialen Rollen und Positionen bewusst erzeugen. Solche Rollenbilder werden von den Hinterbliebenen geformt und sagen damit auch über diese selbst etwas aus. Zugleich werden am und im Grab Erwartungen für das Leben nach dem Tod formuliert, für die jenseitige Existenz der Verstorbenen ebenso wie für das Weiterleben der Angehörigen. Gräber und Grabausstattungen lassen folglich durchaus Rückschlüsse auf reale Lebensumstände zu, doch nur, wenn wir den je spezifischen »ideologischen Filter« bei der Interpretation von Funden und Befunden berücksichtigen. Dieser kann eine Einebnung oder Milderung von sozialen Unterschieden herbeiführen oder im Gegenteil sie besonders grell beleuchten.

In den folgenden Abschnitten geht es um Beides: um Bestattungsriten, Grabformen und Grabausstattung einerseits; um daraus abzuleitende Folgerungen für gesellschaftliche Zusammenhänge, Selbstdarstellung, religiöse und andere ideologische Konzepte andererseits. Weitgehend ausgespart bleiben hingegen physisch-anthropologische Aspekte. Zwar kann die systematische Untersuchung von sterblichen Überresten helfen, viele auch kulturell und historisch interessante Fragen zu beantworten – Fragen nach Ernährungsweisen, durchschnittlicher Lebenserwartung, sogar Familienstrukturen. Man kann, wie gerade Studien jüngerer Zeit zu römischen Gräbern zeigen, Vieles über den rituellen Umgang mit den Toten erfahren. Für Etrurien liegen aber bisher noch zu wenige entsprechende Daten vor. Es bedürfte neuer, schon unter den genannten Gesichtspunkten mit entsprechender Methodik durchgeführter Ausgrabungen.

5.2 *Gräber und Nekropolen der orientalisierenden und archaischen Zeit (7. Jh. bis 5. Jh. v. Chr.)*

Der Übergang von der prähistorischen Villanova-Kultur zur früharchaischen Phase der entwickelten etruskischen Zivilisation zeichnet sich wohl nirgends so deutlich ab wie an Gräbern und Nekropolen. Im beginnenden 7. Jh. v. Chr. verändert sich das Erscheinungsbild der Gräberfelder rings um die entstehenden städtischen Zentren Etruriens nämlich radikal. Das gilt besonders für Cerveteri und das südliche Etrurien, aber man kann die Entwicklung, zuweilen mit einiger zeitlicher Verzögerung, durchaus auch in anderen Regionen des etruskischen Kernlandes zwischen Tiber und Arno nachverfolgen. Vielerorts entstehen nun Grabanlagen, die aus einer oder mehreren Kammern und nicht mehr aus einfachen Schächten oder in den Boden eingesetzten Kisten bestehen. Oft werden die Gräber von großen Erdhügeln bedeckt, die über einem reich profilierten Tambour, d. h. einer kreisförmigen, aus felsigem Grund herausgearbeiteten, seltener gebauten, reich profilierten Einfassung aus Tuff sich erheben. Gerade die frühen unter diesen Hügelgräbern (»Tumuli«) erreichen z. T. enorme Dimensionen von mehr als 40 m Durchmesser und 12 bis 15 m Höhe. Auch die Ausstattung der Gräber entfaltet eine bis dahin unbekannte Pracht.

Das Aufkommen der großen Tumuli wirkt recht unvermittelt. In Cerveteri werden sie, oft paarweise, abseits oder am Rande der bis dahin für Bestattungen genutzten Areale angelegt. Das scheint einen bewussten Neuanfang zu signalisieren, ist aber sicher auch dem Mangel an Platz in den bereits bestehenden Gräberfeldern geschuldet. Gewiss kann man nicht von einem Bruch ausgehen, der auf Zuwanderung oder sozialen Umsturz zurückzuführen wäre (vgl. 2.4). Vielmehr ist auf Gräber des späteren 8. Jh.s v. Chr. zu verweisen, die bereits durch kleine Erdhügel gekennzeichnet waren. Diese Gräber haben selbst die Form länglicher Gruben (sogenannte Fossagräber), die kammerartig erweitert und mit falschen Gewölben in Kragsteintechnik abgedeckt sind. Manche werden durch einen zur Kammer hinabführenden kurzen Gang (»Dromos«) erschlossen. Hier scheint sich also eine architektonische Auffassung der Grabstätten anzubahnen. Allerdings bleiben die Dimensionen doch stets weit hinter den Tumuli der Jahrhundertwende zurück, und im Vergleich mit diesen muss das äußere Erscheinungsbild überhaupt eher schlicht gewesen sein. Eine Ausnahme bildet nur eine im nordetruskischen Populonia schon seit im 9. Jh. v. Chr. vorkommende Grabform: Kammergräber, die von kuppelartigen Bauten aus geschichteten Steinen mit Erdbewurf überwölbt sind (sog. Tholosgräber). Man fühlt sich an prähistorische, turmartige Steinbauten Sardiniens erinnert, die sog. Nuraghen, doch nahmen diese keine Bestattungen auf; eher lieferten frühe Tholosgräber in Sizilien die Vorbilder. Von der in Populonia bezeugten Form lassen sich vielleicht die Pseudokuppeln in nordetruskischen Grabanlagen des 7. und frühen 6. Jh.s v. Chr. herleiten. Diese wurden von Grabhügeln überdeckt, von denen einzelne Durchmesser von ca. 80 m erreichten, so z. B. die »Tombe della Pietrera« und »del Diavolino« in Vetulonia sowie die »Tomba Montagnola« und der »Tumulo Montefortini« in der Nähe von Florenz (Quinto Fiorentino bzw. Comeana).

Die südetruskische Entwicklung der Sepulkralbauten hat jedoch, soviel scheint sicher, entscheidende Anstöße durch den Kontakt mit dem östlichen Mittelmeerraum erhalten. Auch dort sind riesige Tumuli bekannt, so etwa beim phrygischen Gordion (Zentralanatolien) oder in der Königsnekropole von Salamis auf Zypern. Die Datierung dieser Grabanlagen ist zwar zum Teil noch umstritten; nur wenige dürften den etruskischen tatsächlich zeitlich vorausgehen. Einige grundlegende Merkmale sprechen aber für eine engere Verbindung vor allem zu den zyprischen Gräbern, z. B. die Erschließung der Grabkammer durch einen langen, abschüssigen Dromos. Auch spezifischere Analogien sind zu beobachten. So ist im Fall des Königsgrabes 79 von Salamis (um 700 v. Chr.) der Dromos vor dem Eintritt in die eigentliche Grabkammer zu einem Vorplatz für zeremonielle Handlungen geweitet; eine fast vollständig übereinstimmende Gestaltung findet sich bei zwei etwa ein halbes Jahrhundert jüngeren Grabhügeln in Tarquinia (Tumuli »del Re« bzw. »della Regina«).

Für den grundlegenden Wandel der »Bestattungskultur« sind demnach am ehesten jene Mitglieder der Eliten in den südetruskischen Zentren Etruriens verantwortlich, die in weitgespannten Austauschbeziehungen mit Aristokraten in anderen Teilen der Mittelmeerwelt standen. Solche Beziehungen lassen sich schon für die ausgehende Villanova-Epoche nachweisen (vgl. 2.4 und 4.1). Im Laufe der Zeit ermöglichten Verkehr und Handel offenbar nicht nur eine enorme Anhäufung von Reichtümern in einzelnen Familien, sondern führten auch zur Aufnahme und Weiterentwicklung von »fürstlichen« Mustern der Selbstdarstellung. Das gilt für Grundmuster der Grabarchitektur, mehr noch für die Ausstattung der Gräber und wohl auch für das Bestattungsritual. Das Beispiel eines besonders prunkvollen und vor allem unversehrt angetroffenen Tumulusgrabes mag dies zeigen.

Dieses Grab, die »Tomba Regolini Galassi«, am Rande der Sorbo-Nekropole von Cerveteri gelegen, verdankt seinen heutigen Namen den beiden Ausgräbern, die es 1836 entdeckten. Der Tumulus, der heute infolge moderner Eingriffe äußerlich als solcher nicht mehr kenntlich ist, hatte einen Durchmesser von 48 m. In seinem äußeren Bereich befanden sich fünf Grabanlagen mit jeweils mehreren Kammern. Diese wurden alle beraubt aufgefunden. Doch hatte der große Tumulus einen älteren, deutlich kleineren Hügel überwölbt. Dieser barg nur ein einzelnes Grab, das die Grabräuber nicht entdeckten. Da zudem Regolini und Galassi einen für die Verhältnisse der Zeit recht genauen Bericht verfassten und alle für wertvoll gehaltenen Funde in die Vatikanischen Museen überführten, ist es heute noch möglich, sich ein Bild vom Grab und seiner Ausstattung zu machen. Der Dromos ist knapp 10 m lang und 1,80 m breit, die eigentliche Bestattungskammer ein wenig schmaler und etwas über 7 m lang. Beide waren durch Kragsteingewölbe überdeckt und durch eine Mauer mit einer fensterartigen Öffnung voneinander getrennt. Vom

Dromos zweigen zwei im Grundriss ovale Seitenkammern ab. Die Grabkammer hatte einen auf eine dünne Kalkschicht gebetteten, aber bei der Auffindung völlig vergangenen Leichnam aufgenommen. Nur verschiedene Teile reichen Schmucks, die der Leichnam getragen hatte, waren noch an ihrem Platz. Sie sind gefertigt aus Goldblech, das mit getriebenen und aufgesetzten Ornamenten im orientalisierenden Stil verziert ist. Beson-

Abb. 9: Cerveteri, Tomba Regolini Galassi, Zeichnung des Dromos

ders bemerkenswert sind eine Fibel mit großer Schmuckscheibe, die wegen ihrer Größe von einer lebenden Person nicht hätte getragen werden können, und ein latzartiger Brustschmuck. Gefäße aus Silber und vergoldeter Bronze waren ebenfalls in der Grabkammer deponiert und im Fenster zum Dromos aufgestellt, manche wohl auch in der linken Seitenkammer. Von der Form her erinnern sie an griechische und phönizische Gefäße; bei einigen handelt es sich tatsächlich um Produkte zypro-phönizischer Werkstätten. Der Dromos diente als Vorraum und war mit verschiedenen Gerätschaften und Möbeln bestückt (Abb. 9). Dazu zählen z. B. ein Bettgestell, um das herum kleine Tonfigürchen von Trauernden verteilt gefunden wurden, Reste eines vierrädrigen Wagens, ein vielleicht als Thron zu rekonstruierendes Objekt, Bratspieße und Stabdreifüße. Ob große Rundschilde bzw. deren Beschläge aus dünnem Bronzeblech in der Vor- oder der Hauptkammer hingen, ist nicht ganz sicher. Wiederum eng an ostmediterranen Vorbildern orientiert sind große Bronzekessel mit am Rand angesetzten plastischen Löwen- und Greifenfiguren, wobei nur deren Vorderleiber dargestellt sind (sog. Protomen). In der rechten Seitenkammer des Dromos wurde eine zweite, wohl nachträgliche Bestattung gefunden, die eines Mannes, der verbrannt worden war. Zu seinen Grabbeigaben zählen Beschläge eines zweirädrigen (Streit-?) Wagens.

Recht ähnliches Grabgut wie die »Tomba Regolini Galassi«, also unter anderem Wagen, Thronsessel, Bett und Bronzekessel mit Protomen, enthielt der Dromos des erwähnten Grabes 79 von Salamis. Die Objekte dienten wohl für prunkvolle Leichenfeiern, die dort ebenso wie in Cerveteri stattfanden. In deren Rahmen wurde der Leichnam zunächst im Haus auf dem Bett aufgebahrt, dann mit dem Wagen überführt; am Grab selbst kamen die Hinterbliebenen bei einem festlichen Bankett zu Speis und Trank zusammen.

Die Hauptbestattung in der »Tomba Regolini Galassi« war die einer Frau. Auf sie beziehen sich vielleicht besitzanzeigende Inschriften, die einige der Edelmetallgefäße tragen: *mi larthia* bzw. *mi larthia velthurus*. Man ist sich uneinig, ob der erste Namensbestandteil als Genetivform eines männlichen *(larth)* oder eines weiblichen Vor- bzw. Individualnamens *(larthia[l]?)* zu lesen ist. Der zweite Namensbestandteil ist sicher der Vatersname oder ein von diesem abgeleiteter Familien- bzw. Gentilname. Dessen

Angabe muss man im Zusammenhang sehen mit der Bedeutung von Abstammungslinien für eine sich formierende Aristokratie. Diese hob sich bewusst durch den Prunk ihrer Leichenfeiern und Grabmäler von der übrigen Bevölkerung ab (vgl. 6.3). Ihr Anspruch äußert sich nicht zuletzt in der Übernahme von Bildern und Symbolen aus dem Orient, die sich auf einigen der Beigaben finden und die zumindest in ihrem ursprünglichen kulturellen Zusammenhang (z.B. des pharaonischen Ägypten) den Fortbestand einer dynastischen Herrschaft garantieren sollten.

Die Erweiterung der »Tomba Regolini Galassi« und vergleichbare Fälle zeigen, dass die frühesten Tumuli zunächst nur für ein Grab, für eine oder zwei Personen gedacht waren. Erst in der nächsten Generation, etwa ab dem zweiten Viertel des 7. Jh.s v. Chr., nehmen sie mehrere Gräber auf. Diese Abfolge betont dann die Kontinuität einer oft über viele Generationen nachzuverfolgenden Abstammungslinie. Deren weitere Verzweigungen und Erweiterungen werden vielleicht in der Gruppierung kleinerer Tumuli um die großen deutlich. Auch wesentlich einfachere Gräber verteilen sich um die Tumuli, vielleicht für einen Personenkreis, der durch persönliche Abhängigkeiten an die bedeutenden Familien gebunden war. So entstehen im Laufe der Zeit regelrechte Totenstädte, Nekropolen mit einer großen Zahl architektonisch gestalteter Gräber. Allerdings gibt es auch durchaus Gräberfelder, in denen einfache, kaum monumentalisierte Grabformen dominieren.

Aus heutiger Sicht lässt sich insbesondere an den großen Tumuli mit mehreren Gräbern die Entwicklung der etruskischen Grabarchitektur sehr gut nachvollziehen. Ein Beispiel bietet der »Tumulus II« in der Banditaccia-Nekropole von Cerveteri, der heute noch eindrucksvollsten Gräberlandschaft der etruskischen Stadt (Abb. 10). Alle vier Grabanlagen innerhalb des Tumulus sind für Körperbestattungen bestimmt, die Bestattungsform, die am Übergang zur orientalisierenden Zeit den Brandbestattungsritus der älteren Villanova-Phase (vgl. 2.4) zumindest in Südetrurien völlig verdrängt. Die älteste Grabanlage innerhalb dieses Tumulus stammt wohl noch aus dem frühen 7. Jh. v. Chr. Sie ist nach Nordwesten ausgerichtet, wie stets die ersten der Kammergräber innerhalb der Tumuli, gemäß einer etruskischen Vorstellung von den Wohnsitzen der Totengötter (vgl. 5.4 und 7.2). Im Unterschied zur größtenteils aus Tuffquadern gebauten

»Tomba Regolini Galassi« ist sie ganz aus dem anstehenden Tuff gearbeitet. Der Dromos ist nur leicht abschüssig, hat zwei kleine Seitenkammern und mündet in zwei hintereinander gelegene Kammern mit spitzgiebelförmiger Deckengestaltung. Die fast bis zum Boden reichenden »Dachflächen« gleichen denen von Hütten in den zeitgenössischen Siedlungen, ebenso ein in der hinteren, für die Bestattungen bestimmten Kammer an drei Seiten ausgelegtes Kiesbett. Man fühlt sich insbesondere an eine Hütte auf der »Akropolis« von San Giovenale im Hinterland von Cerveteri erinnert (vgl. 4.2). Die beiden nachfolgenden Grabanlagen innerhalb des Tumulus, die frühere (»Tomba dei Dolii e degli Alari«) nach Nordosten, die etwas jüngere (»Tomba dei Letti e Sarcofagi«) nach Westen ausgerichtet, ähneln der ersten in der grundlegenden Raumordnung. Der Dromos, der nun über einige Stufen deutlich nach unten führt und von dem zwei Seitenkammern abzweigen, führt in zwei aufeinander folgende Kammern. Die Giebeldecke setzt aber hier erst mehr als zwei Meter über den Kammerböden an. Der Übergang von der Hütte zum

Abb. 10: Cerveteri, Tumulus II (della Capanna), Modell

Haus scheint somit in der Grabarchitektur nachvollzogen. Außerdem sind Totenlager mit erhöhtem Kopfbereich und nicht mehr nur einfache Bänke aus dem Fels gearbeitet – und zwar auch in den Seitenkammern. Letzteres lässt auf eine wachsende Zahl von Bestattungen innerhalb eines Grabes schließen. Die differenzierte Form der Lager, als Liegen bzw. als Sarkophage mit Giebelenden, könnte auf eine Unterscheidung nach Geschlechtern hinweisen. Die beiden Gräber datieren nach den in ihnen gefundenen Beigaben wohl in die zweite Hälfte bzw. an das Ende des 7. Jh.s v. Chr. Bereits kurz vor der Mitte des 6. Jh.s ist die vierte und letzte Grabanlage im Tumulus entstanden (»Tomba dei Vasi greci«). Sie verfügt wiederum über zwei vom Dromos abzweigende Seitenkammern mit je zwei Totenbetten, eine erste Grabkammer mit vier Totenbetten und drei von jener aus erreichbaren Grabkammern mit wiederum je zwei Totenbetten. Die räumliche Gliederung, mit einem den nebeneinander angeordneten Haupträumen quer vorgelegten Raum, entspricht der des »Breithaustypus« der Wohnarchitektur (vgl. 4.2) bzw. den dreizelligen Tempelbauten der Sakralarchitektur (7.4). Dieses jüngste Grab innerhalb des Tumulus ist bis in das 5. Jh. v. Chr. hinein belegt worden.

Im Überblick lässt sich die Entwicklung der Grabarchitektur zwischen dem 7. und 6. Jh. also in Parallele zu der der Hausarchitektur als ein Prozess der Vervielfältigung und Differenzierung von Räumen lesen. Die Ausstattung mit Grabbeigaben unterstützt den Eindruck, dass Gräber als Häuser der Toten aufgefasst wurden. Zu den Funden zählen neben persönlichem Schmuck vor allem Gefäße und Gerätschaften, die sich zur Abhaltung großer Festbankette eignen: Vorratsgefäße, Feuerböcke, Bronzekessel, Weinamphoren und Trinkgefäße, darunter zahlreiche griechische Importwaren. Einen weiteren Anhaltspunkt für den Hauscharakter bietet das »Mobiliar« der Gräber, das reale Möbel ersetzte. So finden sich neben Totenbetten auch Thronsessel und an den Wänden aufgehängte Rundschilde, wie sie realiter die »Tomba Regolini Galassi« enthalten hatte, in Gräbern des 6. Jh.s v. Chr. als Steinskulpturen bzw. -reliefs gebildet. Ein eben danach benanntes Grab, die »Tomba degli Scudi e delle Sedie«, liegt innerhalb eines 40 m im Durchmesser messenden Tumulus in der Banditaccia-Nekropole. In einer anderen Grabanlage im selben Tumulus, der »Tomba dei Leoni dipinti«, sind in einer der Seitenkammern des Dromos neben Totenbetten zwei hohe zylindrische, mit vertikalen Riefen dekorierte Objekte aus dem Stein gemeißelt; vielleicht sollen sie geflochtene Körbe mit Vorräten darstellen. Derselbe Raum enthält ein frühes Beispiel für Wandmalerei in etruskischen Gräbern, aus dem dritten Viertel des 7. Jh.s v. Chr. Im Stil der gleichzeitigen bemalten Keramik aus lokaler Produktion sind in roter und weißer Farbe orientalisierende Motive ausgeführt – schreitende Löwen auf der rechten Seitenwand, auf der Rückwand ein »Herr der Tiere«, also ein heraldisch arrangiertes Bild mit einer menschlichen Gestalt im Zentrum, die zwei Raubkatzen zu beiden Seiten gepackt hat. (Die Entwicklung der Grabmalerei und die Bedeutung der Bilder werden ausführlicher an anderen Stellen besprochen: 5.4 und 8).

Einige Gräber enthalten Räume und Ausstattungselemente, die auf kultische Handlungen hindeuten. Ein frühes Beispiel ist die »Tomba delle Statue« aus dem ersten Viertel des 7. Jh.s in Ceri, unweit von Cerveteri. Der Vorraum dieses in einer steil aufragenden Felswand angelegten Grabes enthält zwei in Hochrelieftechnik aus den Seitenwänden herausgearbeitete Bilder thronender Männer. Frisur, Tracht und Attribute erinnern an Darstellungen von Würdenträgern und Gottheiten aus dem nordsyrischen Raum des frühen 1. Jahrtausends v. Chr. Gemeint sind wohl die im Grab beigesetzten Personen oder deren Vorfahren, die als Ahnherren und Gründungsväter des aristokratischen Geschlechts bei vielleicht wiederholten Zeremonien verehrt wurden. Ähnliche Steinskulpturen barg die »Tomba della Pietrera« in Vetulonia. Besonders gut erhalten ist dort eine weibliche Figur, die sich in einem rituellen Gestus die entblößte Brust schlägt. Plastische Ahnenfiguren standen zuweilen auch auf Grabhügeln, so wahrscheinlich im Fall der zentralen Grabstätte der Nekropole von Casale Marittimo bei Volterra in Nordetrurien. Den besten Einblick in den Grabkult vermittelt jedoch ein Tumulusgrab vom Ende des 7. Jh.s in Cerveteri, die »Tomba delle Cinque Sedie«. Sie ist benannt nach fünf in einem Seitenraum aus dem Stein gehauenen Sesseln, die eine gleiche Anzahl von kleinformatigen, bemalten, männlichen wie weiblichen Terrakottafiguren trugen. Letztere sind vielleicht eher als Stellvertreter der lebenden Mitglieder des Geschlechts denn als Darstellungen der Ahnen aufzufassen. Diese dürften dagegen auf zwei leeren Thronsesseln vor einer anderen Wand des Grabraums imaginiert worden sein. In diesem begegnen ferner wiederum ein korbartiges Gebilde und diesem gegenüber ein flacher Altartisch mit napfartigen Höhlungen für Gussspenden. Man kann sich vorstellen, dass der Raum bei jeder Bestattung erneut für Leichenfeiern genutzt wurde. Für regelmäßige Trankopfer, auch außerhalb solcher Zeremonien, führten Rinnen vom äußeren Rand des Tumulus ins Grabinnere.

Dass der äußere Bereich der Tumuli für den Toten- bzw. Ahnenkult genutzt wurde, lässt sich an anderen Einrichtungen demonstrieren. Hierzu zählen vor allem Rampen, die den Hügel mit dessen Umgebung verbanden und dabei einen den Tambour umziehenden Graben überbrückten. Während die meisten Rampen recht einfach gestaltet sind, wurden andere zu großen Plattformen erweitert und sogar von skulptural ausgeschmückten Treppenwangen eingefasst. Dies ist beim »Melone II di Sodo« der Fall, einem Tumulus von gut 60 m Durchmesser in Cortona, im nordöstlichen Teil Etruriens. Wohl nicht zufällig erinnert dessen äußere Plattform an ostgriechische Monumentalaltäre. Elemente von Architekturdekor aus Terrakotta sind in der Nähe gefunden worden und könnten ein Hinweis auf ein Kultgebäude auf der Spitze des Tumulus sein, das über die Rampe bzw. Plattform zu erreichen war. Dass der Grabhügel eine kultische Funktion hatte, wird auch durch die Tumulusform eines von Stufenreihen umrahmten Altars in der Nekropole von Grotta Porcina (bei Blera, zwischen Viterbo und Tarquinia) nahegelegt.

Bereits kurz erwähnt wurden Dromoi, die sich am Übergang zum inneren Grabbereich zu breiten Vorplätzen weiten. Einige dieser vor allem aus Tarquinia bekannten Beispiele sowie eine ähnliche Anlage in Vulci sind sogar mit gestuften Sitzreihen wie Theater ausgestattet, was ihre Interpretation als Schauplätze kultischer Handlungen stützt. Diese und andere Anlagen unterstreichen nochmals die repräsentative Funktion, die Zeremonien an den Gräbern und die Gräber selbst für die etruskischen Eliten insbesondere während der orientalisierenden Epoche erfüllten, der Zeit des 7. und frühen 6. Jh.s v. Chr. Wegen der besonders eindrucksvollen Prachtentfaltung nennt man sie auch das »Zeitalter der Fürsten« (ital. »l'età dei principi«; vgl. 6.3)

In Tarquinia bleiben die großen Tumuli auf vergleichsweise wenige und frühe Beispiele beschränkt. Vom späten 7. bis 5. Jh.

v. Chr. herrschen unterirdische Kammergräber vor. Sie sind von einem flachen Tumulus mit niedrigem Tambour bedeckt gewesen, von dem heute in der Regel nichts mehr zu sehen ist. Vom Rand des Tumulus führt ein Dromos hinab, der in die Grabkammer mündet; meist handelt es sich um eine einzelne Kammer, selten ist ein Vestibül ein oder zwei rückwärtigen Kammern vorgeschaltet. Ein kleiner Teil solcher Gräber war ausgemalt. Unter den Themen der Bilder herrschen Bankett, Tanz und festlicher Umzug vor. Diese Wandmalereien gehören zu den herausragenden Werken der etruskischen Kunst und verdienen deswegen und auch hinsichtlich ihres Zeugniswertes für aristokratischen Lebensstil und Jenseitserwartungen besondere Beachtung (vgl. 5.4, 6.3 und 8).

Im weiteren Verlauf der Archaik, im 6. und frühen 5. Jh. v. Chr., werden in Cerveteri die Tumuli tendenziell kleiner. Sie sind nun meist nur zur Aufnahme eines einzigen Mehrkammergrabes ausgelegt. Der immer knapper werdende Raum innerhalb der Nekropolen mag dabei eine Rolle gespielt haben. Doch verändern sich die Gräber auch strukturell. Der Tambour ist bei den kleineren Tumuli proportional gesehen bedeutend höher als bei den großen. Er ist oft zu Teilen oder komplett in Tuffquadern ausgeführt und wird gleichsam zur Grabfassade, wie vor allem die den Tambour nun durchbrechenden Grabtüren zeigen. Letztere erhalten ornamentale Rahmungen, wie sie bei Türen im Innern der Gräber bereits zuvor üblich waren. Der Dromos ist kurz und führt über nur wenige Stufen hinab ins Grab. Eine Weiterentwicklung dieses Typs sind im letzten Viertel des 6. Jh.s aufkommende würfelförmige Gräber, die komplett gebaut sind. Sie werden nur noch von kleinen Erdhügeln bekrönt, zu denen seitlich an die Würfel angefügte Treppen hinaufführen. Gleichförmig und geradlinig sind solche Grabbauten an Straßen und Plätzen innerhalb der Nekropolen aufgereiht. Das Innere besteht oft nur aus einem oder zwei Räumen; meist sind sie weitaus schlichter gehalten als in der vorhergehenden Zeit. Zuweilen werden jedoch neuartige Aufteilungen vorgenommen, z. B. indem der quergelegte Verteilerraum ersetzt wird durch eine an Atrium und Tablinum der spät- und nacharchaischen Häuser erinnernde Raumkonstellation.

Die Standardisierung der Grabbauten, die in den Würfelgräbern ihren Ausdruck findet, könnte durchaus einer gewollten

Normierung und Einschränkung aristokratischer Prachtentfaltung entspringen. Noch deutlicher kommt diese Tendenz in einer Nekropole der Stadt Orvieto im Zentrum Etruriens zum Ausdruck. Diese Totenstadt, »Crocifisso del Tufo« genannt, ist ähnlich wie planmäßig angelegte Städte der zweiten Hälfte des 6. Jh.s v. Chr. (z. B. Marzabotto oder Spina, vgl. 4.2) mit einem orthogonalen Wegesystem organisiert. An den Wegen aufgereiht liegen die wiederum grob würfelförmigen Grabbauten (Abb. 11). Ins Grabinnere, das in der Regel nur einen Vor- und einen Hauptraum umfasst, führen wenige Stufen hinab. An den Türstürzen sind die Namen der Grabinhaber angegeben, unter denen sich dem Ursprung nach etruskische Namen ebenso finden wie lateinische, umbrische und vereinzelt sogar griechische und keltische. Die »fremden« Namen bilden einen bedeutenden Anteil, etwa ein Drittel von allen. Diese Nekropole vermittelt ein egalitäres Bild einer durch Einwanderung geprägten städtischen Gesellschaft (oder eines Teils derselben). Allerdings geht dies nicht einher mit bewussten Einschränkungen im Umfang der Beigaben, wie sie beispielsweise für Rom im späten 6. und 5. Jh. v. Chr. bezeugt sind; so etwas ist in Etrurien nur ganz ausnahmsweise für eine gewisse Zeitspanne in Veji vorgekommen.

Abb. 11: Orvieto, Nekropole ›Crocifisso del Tufo‹

Die Form des Würfelgrabes herrscht in den Nekropolen der sekundären Siedlungszentren im Hinterland der Metropolen wie Cerveteri, Tarquinia und Vulci vor. Hier sind Teile der Würfel oder an Würfelgräber erinnernde Fassaden aus steilen Felswänden herausgearbeitet. Auch bei ihnen führen Treppen auf die Oberseite, die mit Altären und Malen für den Grabkult ausgestattet waren. Die Grabkammern sind innerhalb der Felswürfel angelegt und wiederholen bezüglich Raumdisposition und Ausstattung grundsätzlich schon am Beispiel von Cerveteri erörterte Muster. Neben der Würfelform, aber weitaus seltener, tritt in den Felsnekropolen ein Grabtypus mit Satteldach auf, der unmittelbar an Hausbauten erinnert. Besonders ein Grab der Nekropole »Pian di Mola« in Tuscania, aus dem zweiten Viertel des 6. Jh.s v. Chr., erinnert mit drei Türen auf der der Langseite entsprechenden Front und vorgelegter Portikus stark an die sogenannten Breithäuser (vgl. 4.2). Dem entspricht auch das Innere, das nur über die mittlere Tür (die beiden anderen sind Scheintüren) erreichbar und in ein Vestibül und zwei flankierende Grabkammern aufgeteilt ist.

Als kleine Häuser und Ädikulen erscheinen freistehende, einräumige Grabbauten der zweiten Hälfte des 6. Jh.s im nordetruskischen Populonia. Die Ädikulagräber sind in ihrem zeitlichen Horizont als die aufwendigere Grabform im Verhältnis zu sie umgebenden Gräbern in einfacher Steinkisten- oder Sarkophagform zu deuten (sogenannte Cassone-Gräber).

Wie eine Variante südetruskischer Grabformen wirken Anlagen der zweiten Hälfte des 6. Jh.s und der ersten Jahrzehnte des 5. Jh.s im inneretruskischen Chiusi. Sie liegen im Innern natürlicher Hügel, die manchmal künstlich zu Tumuli erweitert sind. Längere, zum Teil abschüssige Dromoi führen in die Gräber. Mehrere Grabkammern verteilen sich jeweils zu den Seiten eines zentralen Raums. Dieser ist architektonisch stets am aufwendigsten gestaltet, z. B. mit einer Kassettendecke. Die Wände sind in einigen Fällen mit figürlichen Malereien geschmückt, die thematisch an Beispiele aus Tarquinia anknüpfen. Sowohl von der Grundrissgestaltung wie von der unterirdischen Anlage her weisen die spät- und nacharchaischen Gräber in Tarquinia und Chiusi auf die weitere Entwicklung der etruskischen Sepulkralarchitektur ab dem 4. Jh. v. Chr. voraus.

5.3 *Gräber und Nekropolen der nacharchaisch-hellenistischen Zeit (4. Jh. bis 1. Jh. v. Chr.)*

Besonders deutlich zeichnet sich ein Wandel der Grabarchitektur an den Felsnekropolen des südetruskischen Binnenlandes ab. Die zu diesen gehörenden Siedlungen scheinen im 5. und über weite Strecken des 4. Jh.s v. Chr. eine durch starken Bevölkerungs- und Bedeutungsrückgang gezeichnete Phase durchlebt zu haben (vgl. 4.3). Erst im fortgeschrittenen 4. Jh. entstehen wieder vermehrt Felsfassadengräber, sodass die Scheidung zwischen archaischen und jüngeren Anlagen recht einfach ist. Zwar wird die traditionelle Form des Würfelgrabes wieder aufgenommen, doch weisen die Fassaden der jüngeren Vertreter stets nur eine in Relief angegebene Scheintür auf, während sich das eigentliche Grab unterhalb des Würfels befindet. Es wird über einen Dromos erschlossen, dessen Einstieg vor der Fassade liegt. Die Grabkammern sind oft sehr anspruchslos, manchmal geradezu höhlenartig gestaltet. Für die Körperbestattungen wurden typischerweise lange, durch wulstartige Stege unterteilte Bänke zu den Seiten eines Mittelgangs aus dem Felsen gearbeitet. In anderen Fällen haben große Steinsarkophage sukzessive die Grabkammern gefüllt. Eine Gliederung in mehrere, für einzelne Paare reservierte Kammern findet nicht statt, auch wird auf die geschlechtsspezifische Ausgestaltung der Totenbetten verzichtet. Ebenso fehlt es an sonstiger Einrichtung, an Kult innerhalb der Grabkammer ist meist nicht zu denken. Dafür fanden religiöse Handlungen auch bei den jüngeren Würfelgräbern auf deren Oberseite, auf über Treppen erreichbaren Plattformen statt. Einige Gräber sind zusätzlich mit unterhalb der Würfelfassade vorgeblendeten Portiken ausgestattet. Statt der hausförmigen Gräber archaischer Zeit trifft man in einigen Felsnekropolen des 3. Jh.s v. Chr., namentlich in Norchia (bei Viterbo) und Sovana (zwischen Grosseto und dem Lago di Bolsena), auf tempelartige Scheinarchitekturen mit vorgeblendeten Säulenreihen und reliefgeschmückten Giebelfeldern. Sie reflektieren architektonische Trends, die sich für die gleiche Zeit in öffentlichen Sakralbauten fassen lassen (vgl. 7.5 und 8.3). Zugleich verkündeten die weithin sichtbaren Prunkfassaden den gesellschaftlichen Anspruch der die Landstädtchen Etruriens beherrschenden Aristokratie.

Äußerlich auffällige Grabanlagen sind in den Nekropolen der bedeutenden städtischen Zentren während der späteren Zeit eher die Ausnahmen. An die Felsgräber erinnert ein Raum mit Scheintür oberhalb des Eingangs zur Grabkammer der »Tomba Torlonia« in Cerveteri, eine Anlage der Zeit um 300 v. Chr. mit langem Dromos, der in einen wesentlich älteren Tumulus führt und in eine Art Vorhof mündet. Bei einem Komplex des späten 4. Jh.s v. Chr. in Greppe di S. Angelo bei Cerveteri mit zwei nebeneinander angeordneten Grabkammern war die Fassade mit Scheintüren und weiteren Zierelementen gegliedert und mit Skulpturen ausgestattet. Damit übernimmt diese Anlage gewisse Züge von den Prunkfassaden makedonischer Gräber des Frühhellenismus. Gleiches gilt für das in Keilsteintechnik ausgeführte Tonnengewölbe einer der beiden Kammern. Diese Bauweise findet seit dem 3. Jh. eine ganze Reihe von Nachfolgern in Grabbauten des inner- bzw. nordetruskischen Raums, besonders rund um Chiusi und Perugia. Ähnlich wie in der orientalisierenden Zeit scheint etruskische Grabarchitektur erneut von höfisch-aristokratischen Repräsentationsformen des östlichen Mittelmeerraums inspiriert. Die Impulse wurden über Unteritalien vermittelt, wie Gräber des ausgehenden 4. Jh.s im apulischen Hinterland von Tarent und in Neapel beweisen. Auch in der Grabmalerei sind solche Einflusslinien spürbar, beispielsweise in den recht häufig zur Dekoration der oberen Wandzonen verwendeten Girlandenmotiven (vgl. 8.3).

Die meisten etruskischen Gräber des 4. bis 1. Jh.s v. Chr. präsentieren sich nach außen eher schmucklos. Zur Markierung dienen Steinmale, sog. Cippi, die in Säulen-, Haus- oder Würfelgrabform gestaltet sein können. Die Cippi sind auf oder vor dem Grab platziert bzw. am Einstieg in den Dromos, der zur Grabkammer hinabführt. Einige Dromoi sind nun, gerade im Vergleich zu den Verhältnissen früherer Epochen, sehr lang, bis über 30 m, und manchmal auch recht steil.

Das Innere der in der Regel aus dem anstehenden Gestein herausgearbeiteten jüngeren Gräber besteht meist aus nur einem Raum von quadratischem, rechteckigem oder trapezförmigem Grundriss. Die Decke der Grabkammer kann wie ein Satteldach oder flach gestaltet sein, Dach- bzw. Deckenbalken werden in Relief oder durch Bemalung wiedergegeben. Oft ist die Decke aber auch nur sanft gewölbt und nicht weiter ausgearbeitet. Als

Deckenstützen kommen häufiger ein oder mehrere stehengelassene Felspfeiler vor, selten gebaute Pfeiler. Vor den Wänden der Grabkammern sind Totenbetten oder Bänke platziert. Letztere laufen nicht selten an drei Seiten oder allseitig um, dienen als Totenlager oder zur Aufstellung von Sarkophagen bzw. Urnen. Der Platz in der Hauptachse des Grabes, vor der Rückwand, ist oft in unterschiedlicher Weise hervorgehoben und gebührte dem Gründer(paar) der Grabstätte. Zuweilen werden die Bänke ausgehöhlt und mit Deckeln versehen und somit selbst zu sarkophagartigen Leichenbehältnissen. Nicht wenige Kammergräber haben keine Bänke oder sonstige architektonische Ausstattung und scheinen nicht mehr zu sein als Abstellräume für Sarkophage.

Die Dimensionen der Einkammergräber sind ebenso unterschiedlich wie die Zahl der von ihnen aufgenommenen Bestattungen. In Südetrurien gibt es recht viele kleine, für nur zwei bis fünf Personen ausgelegte Kammergräber, aber auch solche von der Größe der »Tomba del Tifone« in Tarquinia mit etwa 125 m^2 Grundfläche und dreistufiger Bank für Sarkophagbestattungen. Die »Tomba del Cardinale« am selben Ort ist sogar 300 m^2 groß, allerdings durch die Zusammenlegung zweier Gräber entstanden.

Abb. 12: Cerveteri, Tomba dei Rilievi

In Nordetrurien sind die meisten Einkammergräber recht klein, einige sogar nur für einzelne, viele für bis zu einem Dutzend Bestattungen vorgesehen. Anlagen mit gut hundert Bestattungen wie das Grab der Familie *Calisna Śepu* bei Monteriggioni (bei Siena) sind Ausnahmen. Die flächenmäßig größten nordetruskischen Einkammergräber sind in Volterra zu finden. Sie haben einen kreisrunden Grundriss mit Mittelpfeiler und umlaufender Bank und erinnern an die »Tholoi« der orientalisierenden Zeit. Ein Beispiel ist das schon 1739 entdeckte Grab des Geschlechts der Caecina, rund 200 m^2 groß, das mindestens 40 Bestattungen in skulptierten Ascheurnen fasste.

Eine Variante der Einkammergräber in Cerveteri verfügt über in die Wände der Grabkammer eingebrachte Nischen für Totenlager. Das berühmteste Grab dieses Typus, die »Tomba dei Rilievi«, ist nach den an Wänden, Pfeilern und Totenbetten angebrachten, farbig gefassten Stuckreliefs benannt, die exemplarisch das Inventar eines vornehmen Haushalts illustrieren – von Werkzeugen und Waffen über Opfergerätschaften und Musikinstrumente bis hin zu speziellen Amtsinsignien. Dieses Grab konnte 13 Bestattungen in den Wandnischen und 33 auf den Wänden vorgelegten Bänken aufnehmen (Abb. 12). Ein anderes Grab desselben Typs (»Tomba delle Iscrizioni«) wurde um eine tiefer gelegene Kammer erweitert, als die ursprünglich Einzige (obere) voll belegt war. Anhand von Inschriften lässt sich hier nachweisen, dass insgesamt acht Generationen einer Familie, der *Tarchna*, über einen Zeitraum von rund zweihundert Jahren in der Anlage bestattet worden sind. Ähnliche Anlagen mit offenbar von Anfang an zumindest projektierten, wenngleich nicht sofort ausgeführten, tiefer gelegenen zusätzlichen Kammern gibt es in Tarquinia. Gräber werden demnach in der jüngeren Phase der etruskischen Zivilisation zur Darstellung von weitreichenden familiären Zusammenhängen genutzt, und zwar in der synchronen und in der diachronen Dimension, sodass die Breite der Verflechtungen ebenso aufgezeigt wird wie deren chronologische Tiefe. Das Grab wird somit zur Repräsentation des aristokratischen »Hauses« auch im sozialen Sinn des Wortes (vgl. 6.3).

Die Vorstellung des Hauses als Gebäude wird stärker durch bestimmte Gräber mit komplexerem Grundriss hervorgerufen. Sieht man ab von Gräbern, bei denen die Nebenräume sich als

Annexe eines Zentralraums beschreiben lassen oder bei denen nachträglich Kammern am Dromos hinzugefügt wurden, so sind die »echten« Mehrkammergräber seit dem 5. Jh. v. Chr. proportional schwächer vertreten als während der archaischen Zeit. Eine kreuzförmige Verteilung von drei Kammern zu den Seiten eines vom Dromos erschlossenen Zentralraums liegt bei der »Tomba degli Scudi« in Tarquinia aus der Zeit um 340 v. Chr. vor. Der Zentralraum selbst ist mit Bildern von Angehörigen der Familie *Velcha* ausgemalt, die diese bei Prozession und Bankett zeigen. Ähnliche Grundrissmuster kennt man aus Nekropolen von Perugia und Chiusi, wo sie schon in spätarchaischer Zeit vorgebildet scheinen. Wiederum in Tarquinia gibt es mit der wohl nur wenig jüngeren »Tomba Mercareccia« ein Beispiel für ein Zweikammergrab, bei dem die erste Kammer ebenerdig, die zweite dahinter und tiefer angelegt ist. Während die Decke der letzteren ganz gewöhnlich nach Art eines Satteldachs mit reliefierten Balken und Sparren gestaltet ist, weist die der oberen Kammer vier zu den Außenseiten hin geneigte Dachschrägen und eine zentrale, kaminartige Öffnung auf. Damit ist hier eine als *atrium displuviatum* bekannte Sonderform des zentralen Verteilerraums des Atriumhauses nachgeahmt (vgl. Vitruv, *De architectura* 6, 3, 2 und hier 4.2). Die heute verlorenen Malereien gaben eine Prozession von Personen mit Amtsinsignien wieder.

Deutlichere Anleihen bei der Form des Atriumhauses machen Gräber in Vulci, die damit auch für die Entwicklung der Wohnarchitektur höchst aufschlussreich sind. Sie stammen aus dem späteren 4. und 3. Jh. und haben einen nicht für Bestattungen vorgesehenen Zentralraum in Form eines umgekehrten T. Davon wird der breitgelagerte vordere Teil als (um Flügelräume erweitertes) »Atrium«, der hintere, schmalere Teil als »Tablinum« bezeichnet. Beim berühmtesten Vulcenter Grab überhaupt, der »Tomba François«, war der Zentralraum mit prächtigen, zum Teil mythologischen, zum Teil historischen Malereien ausgeschmückt, darunter auch Darstellungen des Grabherrn und seiner Ahnen (vgl. 3.2 und 6.3). Um den Zentralraum herum sind symmetrisch die für Bestattungen ausgelegten, recht einfach gestalteten Kammern verteilt, ähnlich den Wohn- und Schlafräumen (»Cubicula«) in den Häusern der Lebenden.

Ein verwandtes Raumkonzept unterliegt auch der Grabkammer der »Tomba Torlonia« in Cerveteri, vor allem jedoch dem

»Hypogäum der Volumnier«, einem Grab des 3. Jh.s v. Chr. in Perugia (vgl. 3.3, Abb. 5). Hier ist das »Atrium« ein lang gestreckter Raum mit seitlichen Flügelräumen (»Alae«) im hinteren Teil. Die Decke ist wie ein Satteldach geformt, die Giebelfelder über der Eingangswand und dem Durchgang zum »Tablinum« reliefgeschmückt. Letzteres ist ein separierter Raum für die wichtigsten Bestattungen. Die Urne eines der beiden Grabgründer, *Arnth Velimnas*, ist in der Achse des Raumes vor der Rückwand platziert, die Urnen seiner Tochter *Veilia*, der Brüder, des Vaters und des Großvaters zu den Seiten. All diese sind zu einem Zeitpunkt gefertigt und aufgestellt worden. Erst viel später ließ ein Nachfahre sein im Stil der Zeit des Augustus gehaltenes Aschebehältnis hinzustellen. Da die älteren Urnen, wie viele Urnen der hellenistischen Zeit, die Verstorbenen auf den Deckeln als gelagerte bzw., im Fall der *Veilia*, sitzende Figuren wiedergeben, hat man den Eindruck, einem Familienbankett beizuwohnen. Weitere Grabkammern schließen an »Atrium« und »Alae« an.

Wie das letzte Beispiel nochmals zeigt, ist an der fortdauernden Relevanz von Gräbern als Orten und Instrumenten sozialer Repräsentation in der etruskischen Gesellschaft nicht zu zweifeln. Obwohl die Beigaben nie wieder den Reichtum erreichten, der zumindest bei einem kleinen Teil der Bestattungen des 7. Jh.s v. Chr. gegeben war, bleibt der für, im und um das Grab betriebene Aufwand im Vergleich zu anderen antiken Kulturen stets hoch. Für die spätere Zeit wird die Bedeutung von aristokratischen Grabstätten außerdem durch Inschriften unterstrichen, die deren Anlage im Ton offizieller Gründungsdokumente beschreiben, so z. B. in der »Tomba del Tifone« in Tarquinia, dem Grab des Geschlechts der *Pumpu*. Es ist für solche Fälle wohl wirklich angebracht, von Geschlechtern und »gentilizischen« Gräbern zu sprechen (vgl. 6.2–3). Doch sind Grabarchitektur und Grabausstattung natürlich nicht nur unter sozialgeschichtlichen Aspekten, sondern auch für Vorstellungen von Tod und Jenseits eminent wichtig, denen wir uns nun zuwenden.

5.4 *Zwischen Diesseits und Jenseits*

Die etruskischen Gräber sind durch Architektur und Ausstattung oft analog zu Wohnhäusern konzipiert. Somit liegt nahe, dass sie als dauerhafte Aufenthaltsorte für die Verstorbenen vorgesehen waren. Doch scheinen andererseits viele Gräber eine Verbindung zu einer entfernteren, jenseitigen Welt herzustellen. Beispielsweise entspricht die Ausrichtung vieler und gerade der frühen Grabanlagen nach Nordwesten oder Westen einer durch etruskische und römische Zeugnisse bekannten Überzeugung, wonach die Toten-, Unterwelts- und Schicksalsgottheiten in eben jenen Himmelsregionen ihren Sitz hatten (Martianus Capella, *De nuptiis Philologiae et Mercurii* 1, 57–60; vgl. hier 7.2). Vermutlich ist also das Grab in der Sicht der Etrusker ein Durchgangsort gewesen.

Eine weitere grundsätzliche Frage ist, ob die Gräber ganz oder vorwiegend (vermeintlichen) Bedürfnissen der Toten oder eher den Notwendigkeiten des Lebens dienten. Interessant ist in diesem Zusammenhang eine Beobachtung an Gräbern in Cerveteri, deren Inneres reich mit aus dem Felsen gearbeiteten, architektonischen Zierelementen ausgestattet ist. Diese Elemente haben oft eine eindeutige Schauseite, sind dann auf die Grabkammer betretende Besucher, nicht auf die im Grab aufgebahrten Toten ausgerichtet. Verhält es sich mit dem sonstigen Grabschmuck und den Beigaben ähnlich? Sollten die Toten versorgt oder den Lebenden ein wirkmächtiger Erinnerungsort geschaffen werden?

Den Ausgangspunkt solcher Überlegungen muss der Umgang mit den Toten sein. Entscheidend ist dabei nicht so sehr die Frage nach Brand- oder Körperbestattung. Beides ist in Etrurien praktiziert worden. Der Verbrennungsritus betont tendenziell stärker die Entfernung des Verstorbenen, seinen Übergang in eine andere Welt. Doch scheint die Entscheidung für den einen oder anderen Ritus oft auch anderen Überlegungen zu folgen. Sie konnte ganz pragmatisch nach der Verfügbarkeit von Holz für einen Scheiterhaufen fallen oder trotz der Knappheit von Feuerholz, um den Aufwand des Leichenbegängnisses herauszustellen und es spektakulärer zu gestalten. Das Mitverbrennen von geopferten Tieren ist zuweilen durch die Vermischung entsprechender Knochen mit dem Leichenbrand nachweisbar. Hier interessiert nun mehr, wie der Leichnam oder der Leichenbrand im Grab aufbewahrt wurde und wie die einzelnen Verstorbenen dadurch repräsentiert wurden.

Wenden wir uns zunächst den Brandbestattungen zu. Schon in der Villanova-Epoche (vgl. 2.4) sind die bikonischen, also keineswegs menschengestaltigen Urnen in einer Weise gebraucht, die sie als Stellvertreter der Person kennzeichnet. Häufig sind die Urnen mit Helmen aus Bronzeblech oder tönernen Nachbildungen solcher Helme abgedeckt. Manche Urnen werden zudem nicht aufrecht in Grabschächte gestellt, sondern in Gruben gebettet, wobei den Aschebehältnissen selbst Schmuck und Gewänder aufgelegt, Gegenstände des persönlichen Gebrauchs, dazu auch Indikatoren des persönlichen Prestiges unmittelbar zu den Seiten der Urne deponiert wurden. Seltener sind die Urnen in schalenförmige Bronzehüllen eingefügt, deren Ornamentik die Formen eines menschlichen Gesichts nachzeichnet.

Diese Tradition setzt sich in stärker anthropomorphisierten Urnen fort, für die ein besonders eindrucksvolles Beispiel aus Bisenzio (am Lago di Bolsena) bekannt ist, ein auf einer Art Ses-

Abb. 13: Montescudaio, Ascheurne (Detail), Florenz / Museo Archeologico Nazionale

sel platziertes Gefäß mit kurzen Armstummeln und abgesetztem »Kopf«, der durch Ohren, Augen, Nase und Mund auch ein richtiges »Gesicht« erhält. Daneben gibt es im nördlichen Etrurien Aschegefäße, die meist auf dem Deckel kleinformatige menschliche Figuren tragen. Für die Zeit des 7. und 6. Jh.s v. Chr. verdienen die sog. Kanopen aus der Region von Chiusi besondere Beachtung. Damit sind ovoide, nach unten zu sich verjüngende Aschebehältnisse gemeint, denen Arme oder Armstümpfe, bei weiblichen Toten auch angedeutete Brüste aufgesetzt sind. Verschlossen sind solche Gefäße mit Deckeln in Kopfform, bei denen das Gesicht recht flächenhaft ausgeführt ist und dadurch maskenhaft wirkt. Zusätzlich wird Schmuck aus Metall appliziert, vor allem Ohrringe. Viele Kanopen standen auf sessel- bzw. thronartigen Untersätzen. Eine Variante sind kegelförmige Gefäße aus Bronzeblech mit schmalem Hals, auf die offenbar, wie Funde von ehemals eingesetzten Augen, Schmuckbändern sowie einer singulären Holzplastik vermuten lassen, hölzerne Masken aufgesetzt waren. Seit der zweiten Hälfte des 6. Jh.s bis ins 4. Jh. v. Chr. gibt es in Chiusi auch ausgehöhlte Kalksteinskulpturen von Thronenden mit abnehmbaren Köpfen, die den

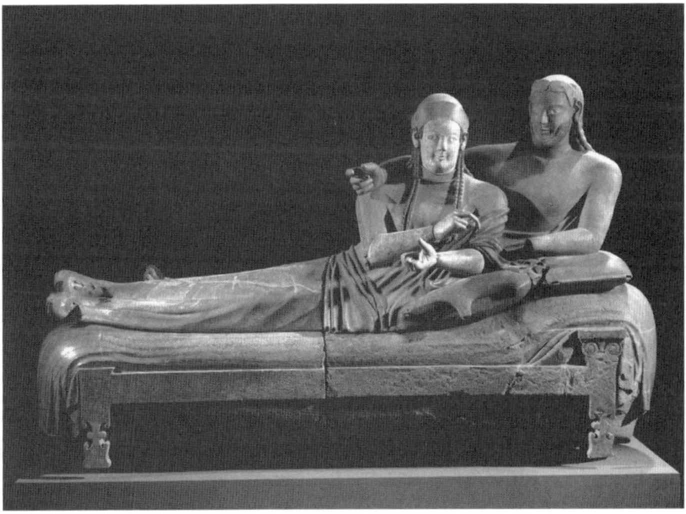

Abb. 14: Cerveteri, sog. Ehegatten-Sarkophag, Paris / Louvre

Leichenbrand aufnahmen und die Tradition der »Kanopen« fortsetzten.

Einige der nordetruskischen Aschegefäße stellen die Toten als Teilnehmer eines festlichen Mahls vor Augen. Ein frühes Beispiel ist der Deckel einer Tonurne aus Montescudaio (im Territorium von Volterra) aus dem mittleren 7. Jh. v. Chr. mit plastischen Figürchen, die zu einer entsprechenden Szene arrangiert sind (Abb. 13). Nur wenig später zu datieren sind Gräber im Umfeld von Chiusi, in denen Kanopen oder andere Urnenformen auf Thronen vor Tischen aufgestellt waren. In einem Kammergrab des ausgehenden 7. Jh.s in Chianciano Terme (»Tumulo dei Morelli«) stand die in ein Gewand gehüllte Urne aus Bronzeblech mit angefügter, mit Goldblech überzogener Maske auf einem Untersatz aus Kalkstein, davor ein mit mehreren bronzenen Trinkgefäßen gedeckter Tisch.

In Südetrurien, wo seit dem Ende der Villanova-Epoche die Körperbestattung vorherrschte, gibt es während der archaischen Zeit kaum menschengestaltige Leichenbehältnisse, dafür – wie gesehen (5.2) – Statuen oder Statuetten der Ahnen in speziellen Kulträumen innerhalb der Gräber. Aus Cerveteri ist eine Reihe von Urnen für die vergleichsweise seltenen Brandbestattungen bekannt, die wie beim Bankett verwendete Ruhebetten (Klinen), gestaltet sind und rundplastische Darstellungen der Verstorbenen tragen. Die bekanntesten zeigen ein Paar in vertrauter Umarmung unter einem gemeinsamen Mantel beim Gelage (Abb. 14). Solche Monumente sind als (wenngleich nicht direkte) Vorläufer der Sarkophage der Zeit ab dem 4. Jh. v. Chr. anzusehen, die liegende, öfter aber wie zum Bankett gelagerte Figuren tragen. Die meisten dieser Sarkophage stammen aus Südetrurien, doch gibt es auch nordetruskische Beispiele. In Chiusi, Volterra und Perugia sind außerdem zahlreiche Ascheurnen des 3. bis 1. Jh.s v. Chr. in gleicher Weise, nur in kleinerem Format gestaltet worden.

Die Toten sind folglich in etruskischen Gräbern nicht nur durch ihre dort deponierten sterblichen Überreste tatsächlich präsent, sondern werden durch Grabmonumente zeichenhaft oder bildlich repräsentiert. Dabei erscheinen sie häufiger als Teilnehmer oder Ausrichter von Festbanketten. Dem entsprechen bestimmte Zusammenstellungen von Grabbeigaben. Bereits in der Villanova-Epoche, vor allem während des 8. Jh.s v. Chr., werden Bratspieße, kleine Dreifußtischchen und Trinkgefäße deponiert. In der folgenden orientalisierenden und archaischen Zeit ist solches Inventar oft noch weit umfangreicher vorhanden, z. B. in Cerveteri (»Tomba Regolini Galassi«) und Chianciano Terme, aber auch in Pontecagnano. Vor allem Trinkgefäße aus Metall oder aus Keramik, darunter prächtige Importwaren aus Korinth und Athen, sind reich vertreten. Es ist im Einzelfall schwer zu entscheiden, welchen Anteil an den Beigaben der persönliche Besitz der Verstorbenen hat. Einige Objekte mit Gebrauchsspuren lassen sich so zuordnen, andere scheinen bei Opferbanketten verwendet worden zu sein, auf die auch Tierknochen hinweisen. Hierbei fanden sich die Lebenden in letztmaliger Vergegenwärtigung des oder der Verstorbenen zusammen. Der schiere Umfang der Beigaben sowie die häufigere Präsenz von Vorratsgefäßen, die Früchte, Eier, Fisch usw. enthielten, lassen natürlich an Vorsorge für ein Leben im Jenseits denken. Indem solche Güter demonstrativ dem Gebrauch der Lebenden entzogen werden, ist zugleich eine Aussage über Reichtum und Status der Hinterbliebenen gemacht.

Ähnliche Interpretationsspielräume gibt es für Grabgemälde und reliefierte Grabdenkmäler des späteren 6. und 5. Jh.s v. Chr. In dieser Zeit, in der auch die erwähnten Klinenurnen in Cerveteri auftreten, finden sich in ausgemalten Kammergräbern in Tarquinia die ersten Bilder von Gelagen. In einem frühen Beispiel, der »Tomba della Caccia e della Pesca« (um 520 v. Chr.), ist wie bei den Ehegattenurnen ein Paar in enger, erotisch aufgeladener Umarmung gelagert, hier auf ebenerdig ausgelegten Polstern. Zu beiden Seiten erscheinen männliche und weibliche Figuren, die musizieren, Kränze flechten und Wein aus einem großen Mischgefäß schöpfen. Darstellungen in anderen Gräbern zeigen meist eine größere Gruppe beim Gelage, überwiegend, aber keineswegs ausschließlich Männer. Es scheint sich jeweils um reine Trinkgelage zu handeln. In einer anderen Form des Banketts, bei der die Teilnehmer auf Klinen ruhen, sind ebenfalls nur selten zum Wein gereichte Speisen zu erkennen. Charakteristisch sind hingegen neben den Klinen aufgebaute Präsentiertische, auf denen Weinamphoren, Mischgefäße und Trinkgeschirr zur Schau gestellt sind. Auch in diesen Bildern warten nachschenkende Diener den Zechern auf, während andere Personen zur musikalischen Unterhaltung beitragen. Von griechischen Gelagebildern, wie sie sich z. B. auf in etruskischen

Gräbern zahlreich gefundenen Tongefäßen finden, unterscheiden sich die etruskischen trotz zahlreicher Gemeinsamkeiten in einem Punkt fundamental. Gemeint ist der familiäre Charakter des Gelages: Er erlaubt es, dass Ehepaare sich ein Polster oder eine Liege und einen Mantel teilen wie in der »Tomba della Caccia e della Pesca«. Dies beschreiben als etruskische Sitte auch griechische Autoren wie Aristoteles (überliefert bei Athenaios, *Deipnosophistae* 1, 42, p. 23 d). Einige der Nebenpersonen in den Bankettszenen mögen Kinder des Paares sein, wie ganz sicher die am Fuße der Kline eines Ehepaars sitzend Dargestellten in der etwas späteren »Tomba dei Vasi dipinti«. Dass Frauen Wein tranken, bezeugen übrigens auch Inschriften auf Mischgefäßen in etruskischen Gräbern, die Frauen als Besitzer nennen. Beim griechischen Symposion hingegen sind ausschließlich Männer zugelassen, Frauen lediglich als zu deren Unterhaltung und sexueller Befriedigung engagierte Hetären.

Sind die Gelagedarstellungen in spätarchaischen Gräbern von Tarquinia als Teile familiärer Bestattungsfeierlichkeiten zu deuten? Keinesfalls generell, sind doch in Fällen, wo nur ein Paar wiedergegeben ist, mit Sicherheit die Verstorbenen gemeint. Ein Wandgemälde in der irreführend sogenannten »Tomba del Letto funebre« gibt trotz dieses Namens auch kein »Totenbett« wieder. Zwar weisen Kleidungsstücke auf der ansonsten leeren, unter einem Baldachin aufgestellten Kline auf zwei nur symbolisch anwesende Personen hin. Die besonders auffälligen, kegelförmigen Kopfbedeckungen passen aber gerade nicht zu gewöhnlichen Verstorbenen, sondern zu den auch in Etrurien verehrten Zeussöhnen, den Dioskuren. Das dargestellte Gelage – die leere Kline steht inmitten anderer Klinen, auf denen Zecher lagern – findet demnach im Kontext eines religiösen Festes statt und nicht bei einem Leichenbegängnis. Überhaupt kommen Darstellungen spezifischer Bestattungszeremonien wie die Aufbahrung des Leichnams in Grabgemälden von Tarquinia nur ausnahmsweise vor. Etwas zahlreicher sind solche Szenen hingegen auf reliefgeschmückten Grabmalen, Urnen und Sarkophagen aus dem spätarchaischen Chiusi (ca. 520 bis 470 v. Chr.). Dass andere Reliefseiten derselben Monumente wiederum häufig Bankette zeigen, lässt eine Interpretation als Bilder von Leichenfeiern zumindest als eine von mehreren Möglichkeiten zu. Im Grunde bleiben die Darstellungen aber hier wie dort und vielleicht bewusst mehrdeutig. Man kann sie meist ebensogut auf Feste beziehen, die die Verstorbenen zu Lebzeiten ausgerichtet oder an denen sie teilgenommen hatten. In derselben Perspektive sind die zahlreichen und oft in Kombination mit Gelageszenen auftretenden Bilder von Tänzen, festlichen bis ausgelassenen Umzügen und athletischen Wettkämpfen zu betrachten, die also gewiss nicht immer und ausschließlich »Leichenspiele« meinen. Dass sie vielleicht sogar in erster Linie an das vergangene Leben anknüpfen und zur dauerhaften Manifestation eines vornehmen Lebensstils dienen sollten, zeigen in denselben Zusammenhängen auftretende Sujets wie die Jagd (vgl. 6.3). Und wenn die Malereien in Tarquinia die Gräber manchmal wie Zelte mit über ein Gestänge gebreiteten Stoffbahnen erscheinen lassen, mag das in der Regel auf Schauplätze von Toten- und anderen Feierlichkeiten anspielen, in mindestens einem Fall jedoch sicher auf einen »Jagdpavillon«. So wird man schließlich auch eine besondere, nur durch wenige etruskische Grabgemälde überlieferte Form von blutigem Spektakel nicht zwingend als eine Art von Totenopfer interpretieren. Gemeint ist ein ungleicher, ja aussichtsloser Kampf, in dem ein fast nackter, durch die vollständige Umhüllung des Kopfes quasi blinder Mann einem großen Hund gegenübersteht, wobei der Hund von einem anderen Mann angestachelt wird. Letzterer trägt eine bronzene Maske und ist wohl deswegen mit einem Rollennamen als *Phersu* (abzuleiten von griech. *prosopon*: Maske) bezeichnet. Dass *Phersu* in anderen Bildern als eine Art Possenreißer auftritt, legt nahe, dass auch der Hundekampf eher zur Unterhaltung der Zuschauer diente denn zur Ehrung oder gar zur »Blutsättigung« der Toten.

Generell changiert die Thematik der Grabgemälde also zwischen der Feier des Lebens und der Vergegenwärtigung des Todes. Dem entspricht wahrscheinlich eine Auffassung des Grabes als Durchgangsort. Der vielleicht deutlichste Hinweis auf eine Schwellensituation sind die Scheintüren, die sich ab etwa 560 v. Chr. und dann zunehmend häufig auf den Wänden der Grabkammern finden – in Tarquinia und Chiusi meist gemalt, in Cerveteri und an anderen Orten auch in Relief. Diese Türen werden immer verschlossen wiedergegeben und erzeugen die Illusion weiterer, für die Lebenden nicht betretbarer Räume. Dort, also im »Jenseits«, ist folglich der Ort der Toten.

Eine Abscheidung der Verstorbenen drückt sich zudem in Bildern von Reisenden aus, die sich in der etruskischen Grabkunst ebenfalls schon seit relativ früher Zeit finden. Neben der Reise zu Pferd oder im Wagen, die schon im 7. Jh. v. Chr. in Grabgemälden bzw. auf einer reliefierten Grabstele aus dem etruskischen Bologna begegnet, gibt es Visionen von Fahrten über das Meer. So zeigen Grabskulpturen aus Vulci in der Zeit nach der Mitte des 6. Jh.s Menschen, die auf fischschwänzigen Meerpferden reiten. Auf einem ebensolchen Reittier bewegt sich im Giebelfeld eines archaischen Grabes von Tarquinia (»Tomba dei Tori«) ein nackter Mann auf eine Felseninsel zu. Daran fühlt man sich erinnert, wenn man die fast hundert Jahre jüngeren Malereien der »Tomba della Nave«, ebenfalls in Tarquinia betrachtet. Das namensgebende Schiff steuert wiederum auf ein felsiges Eiland zu, doch ist diese Szenerie hier verknüpft mit einer recht traditionell gehaltenen Gelagedarstellung. Es entsteht so der Eindruck, dass das Gelage selbst in der Ferne, mithin im Jenseits stattfindet. Noch deutlicher wird diesbezüglich die etwa gleichzeitige »Tomba dei Demoni azzurri« in Tarquinia. Während ein Gelage auf der Rückwand, ein im Wagen fahrender, von Musikern und Tänzern begleiteter Mann auf der linken Seitenwand dargestellt ist, erscheint auf der rechten Seite eine ganz neue Art von Jenseitsreise: Neben einer Barke mit Steuermann stehend, nehmen zwei Menschen eine Verstorbene in Empfang, die Dämonen von abstoßendem Äußeren dorthin gebracht haben. Weitere Schreckensgestalten hocken auf Felsen, die die Verstorbene offenbar bereits hinter sich gelassen hat. Anregungen für solche Bilder lieferten wahrscheinlich griechische Vorstellungen der Unterwelt, die im 5. Jh. v. Chr. von Athen über die Adria und die etruskische Poebene verbreitet wurden. Auf Stelen aus Bologna finden sich in dieser Zeit zahlreiche Darstellungen von Jenseitsreisen mit dämonischen Totenbegleitern, darunter auch der an seinem Steuerruder erkennbare Charon.

Bleiben die Gelagebilder in den zitierten Beispielen noch neutral in dem Sinne, dass sie ohne Kenntnis des Gesamtzusammenhangs nicht dem Totenreich zuzuordnen wären, so ändert sich das im 4. Jh. Grabmalereien in Tarquinia und Orvieto zeigen Bankette, bei denen (zum Teil namentlich bezeichnete) Verstorbene offensichtlich im Jenseits versammelt sind. Dunkle Wolken umfangen die auf den Klinen Lagernden. Zu ihnen stoßen weitere Teilnehmer, die sich zu Fuß oder im Wagen nähern – die gerade Verstorbenen, die sich dem Kreis der vorverstorbenen Anverwandten und Ahnen eingliedern. Den Vorsitz beim Bankett führt in der Orvietaner »Tomba Golini I« ein Götterpaar, dessen etruskisierte Namen *Aita* und *Phersipnei* auf den griechischen Hades und seine Gemahlin Persephone verweisen. Eben diese sind in der späteren Erweiterung der »Tomba dell'Orco II« in Tarquinia als Herrscher über eine von griechischen Heroen bevölkerte Unterwelt gezeigt. Die Vorstellung vom Jenseits als einem unterirdischen Aufenthaltsort der Toten scheint demnach entscheidende Impulse durch griechische Mythen und Bilder erhalten zu haben. Dieselbe Vorstellung prägt auch die Grabarchitektur seit dem 4. Jh. v. Chr., in der unterirdische, über lange Dromoi zu erreichende Anlagen dominieren (vgl. 5.3).

Abb. 15: Tarquinia, Tomba degli Anina: Eingangstür des Grabes (Innenseite)

Wurde das Grab in den früheren Epochen wahrscheinlich als »Durchgangsstation« zwischen den Welten der Lebenden und der Toten konzipiert, so überwiegen ab dem 4. Jh. die jenseitigen Assoziationen. Bilder mit Unterweltsbezug schmücken sogar viele Grabbeigaben, z. B. Keramikgefäße und Spiegel. Das für die ältere Auffassung so bezeichnende Motiv der Scheintür verschwindet. Statt seiner erscheint nun in Grabmalereien sowie in Reliefs von Sarkophagen und Urnen sehr häufig das Tor zur Unterwelt. Es hat meist Bogenform, wie ein Stadttor, und wird von Todesdämonen bewacht. Häufig treten die schon früher Verstorbenen heraus, die Neuankömmlinge in Empfang zu nehmen. Der reale Eingang zum Grab wird ebenfalls von gemalten Todesdämonen flankiert, so jedenfalls beim Grab des Geschlechts der *Anina* in Tarquinia (Abb. 15). Das Motiv der Reise ist in verschiedener Form weiterhin präsent, aber nun mit stets eindeutigen Bezügen zum Übergang ins Reich der Toten. Die Verstorbenen sind im Wagen, zu Pferde oder zu Fuß unterwegs, auch in ganzen Prozessionszügen, die offensichtlich am Zeremoniell der Aufzüge etruskischer Magistrate orientiert sind (vgl. 6.3). Immer mischen sich unter die Menschen jedoch Dämonen wie *Charun*. Dieser ist wie sein griechischer Namensvetter ein Totengeleiter, doch nicht eigentlich ein Totenfährmann, wenn er auch zuweilen ein Steuerruder trägt. Vom griechischen Charon unterscheidet ihn die furchterregende Gestalt – seine oft bläuliche Hautfarbe, seine Hakennase und Tierohren –, die ihn wiederum mit den meisten anderen etruskischen Dämonen verbindet. Die weiblichen Dämonen hingegen sind äußerlich oft an die griechischen Rachegeister, die Erinyen, angeglichen. Auch wenn die Dämonen selten wirklich als Peiniger auftreten, so schmücken die Bilder die jüngeretruskischen Gräber nicht nur als einen Ort im Jenseits aus, sondern sie vermitteln auch den Eindruck, dass der Weg in dieses Jenseits ein langer und gefährlicher ist. Die im Jenseits Angekommenen scheinen hingegen keinerlei Gefahr oder Pein ausgesetzt, sondern werden, wie gesehen, als Teilnehmer eines ewigen Festbanketts imaginiert.

6. Die etruskische Gesellschaft

6.1 Quellen und methodische Grundlagen einer etruskischen Sozialgeschichte

Eine Sozialgeschichte der Etrusker lässt sich nur auf Grundlage von durch archäologische Forschungen gewonnen Quellen schreiben, worunter Siedlungs- und Grabbefunde gehören, aber auch Inschriften und Bildwerke. Literarische Quellen, die für andere antike Gesellschaften wichtige Aufschlüsse vermitteln, sind uns aus Etrurien selbst nicht überliefert. Die Schilderungen der etruskischen Verhältnisse bei griechischen und römischen Autoren erscheinen hingegen oft zweckgebunden und dadurch verzerrt. Hier werden die Etrusker und ihre vermeintlichen Gebräuche meist als Folie benutzt, um eine eigene kulturelle Identität zu konstruieren oder zu festigen (vgl. 2.2 und 3.2). Verbreitet ist etwa das Klischee der etruskischen Genusssucht und Freizügigkeit. Ein besonders eklatantes Beispiel liefert der griechische Geschichtsschreiber Theopompos von Chios im 4. Jh. v. Chr. (überliefert bei Athenaios, *Deipnosophistae* 12, 14, p. 517d–518b). Ausgangspunkt sind durchaus plausible und durch etruskische Grabmalereien bestätigte Angaben, wonach nicht nur die etruskischen Männer, sondern auch Frauen und Kinder an Festbanketten teilnahmen (vgl. 5.4). Daran knüpft Theopompos jedoch kaum glaubwurdige Aussagen uber die etruskischen Frauen, die sich unter anderem bei solchen Festgesellschaften unterschiedslos mit allen Männern eingelassen haben sollen. »Gewürzt« wird diese Darstellung mit Details zu Nacktheit und Sex in der Öffentlichkeit, unklaren Vaterschaften und anderem mehr.

Es wäre jedoch natürlich ebenso verfehlt, wollte man archäologische Befunde und Funde als objektive, für sich selbst sprechende Informationen betrachten. Vielmehr stellt sich eine sozialgeschichtliche Aussagekraft der archäologischen Quellen erst bei deren Interpretation ein. Und diese stützt sich im Falle Etruriens häufig auf vermutete Parallelen zur frühen römischen Gesellschaft. Dabei werden aus der römischen Tradition bekannte Begriffe auf gesellschaftliche Strukturen und Institutionen der

Etrusker übertragen. Solche Vergleiche können hilfreich sein, doch dürfen sie nicht bestehende Unterschiede und Unklarheiten einebnen und überdecken.

Zudem ist zu berücksichtigen, dass Grabausstattungen, bildliche Darstellungen oder Inschriften gemäß der jeweils dahinterstehenden ursprünglichen Intention kein Spiegelbild einer gesellschaftlichen Realität liefern können. Sie liefern allenfalls eine Interpretation wirklicher Zustände und dienten hauptsächlich der Selbstdarstellung. Durch diese Funktion wirkten sie aber zugleich auf die Gesellschaft zurück und sind daher dann doch wichtige Primärquellen für die etruskische Sozialstruktur.

Bewusst machen muss man sich schließlich, dass soziale Entwicklungen nicht in allen etruskischen Städten und Siedlungsgebieten gleichartig und zur gleichen Zeit abgelaufen sind. Im Rahmen einer Überblicksdarstellung wie der vorliegenden sind regionale Differenzierungen aber kaum möglich. Es ist daher nötig, die Hauptlinien der Entwicklung aufzuzeigen und ansonsten exemplarisch zu verfahren.

6.2 *Familienstrukturen und Familienverbände*

Der Übergang von der Villanova-Kultur zur orientalisierenden Epoche in Etrurien, zwischen dem ausgehenden 8. und frühen 7. Jh. v. Chr., lässt sich anhand der Nekropolen als deutlicher Einschnitt beschreiben (vgl. 5.2). Mit dem Aufkommen der großen Tumuli geht offensichtlich eine soziale Differenzierung und Hierarchisierung einher. Zugleich scheinen sich, zumindest was die nun sichtbar auftrumpfende Elite betrifft, die Familienstrukturen zu verändern. Wie bereits ausgeführt, sind die frühesten Tumuli zunächst als Einzelgräber oder Gräber für ein Paar konzipiert worden. In der Folgezeit hat man sie erweitert, und es werden große Grabhügel so angelegt, dass sie im Laufe der Zeit mehrere Grabanlagen aufnehmen, von denen jede für eine Mehrzahl von Bestattungen diente. So wird ein relativ großer Personenkreis über weite, in bestimmten Fällen gar jahrhundertelange Zeiträume in einer gemeinsamen Grabstätte zusammengeführt. Damit wird über den Tod hinaus – oder eigentlich im Tod – ein sozialer Verband sichtbar, der über eine erweiterte Kernfamilie oder auch Großfamilie deutlich hinausreicht. Wichtig ist dabei vor allem die zeitliche Dimension. Größere Gruppen von einander zugeordneten Gräbern lassen sich bereits in Villanova-Gräberfeldern erkennen, meist mit Bezug auf eine zentrale Bestattung. Diese sind aber innerhalb überschaubarer Zeiträume entstanden, verdeutlichen also ein breites Beziehungsgeflecht von Menschen, die sich auch im Leben nahegestanden haben könnten. Hingegen zeigen die Tumuli wie ein Stammbaum eine über Generationen verfolgbare Abstammungslinie mit ihren Verzweigungen auf. Diese Art der Selbstdarstellung entspricht jener der römischen *gens*, also eines größeren Familienverbandes oder Clans, der sich in seiner Gesamtheit auf eine historisch in der Regel kaum greifbare Gründerfigur zurückführt.

Diese Beobachtungen lassen sich ergänzen mit solchen zur Struktur der etruskischen Personennamen, die wiederum zum größten Teil durch Grabinschriften überliefert sind. Bereits beim Aufkommen der Schriftlichkeit, um 700 v. Chr., wird in Etrurien eine zweigliedrige Namensformel verwendet, die aus einem Individualnamen und einer Art von Familiennamen besteht. Aus heutiger Sicht mag daran nichts Besonderes sein, doch ist das Muster keineswegs ein allgemeines oder gar natürliches. Im antiken Griechenland beispielsweise wurde ein Mensch meist nur mit dem Individualnamen bezeichnet, zur sicheren Unterscheidung von anderen Individuen gleichen Namens wurde häufig der Name des Vaters (im Genitiv) angefügt, eventuell ergänzt durch weitere Angaben, in Athen seit dem mittleren 5. Jh. v. Chr. etwa durch die Angabe der Herkunftsgemeinde, das *Demotikon* (z. B. Perikles, Sohn des Xanthippos, aus dem *demos* Cholargos). In Etrurien war hingegen der entscheidende Namensbestandteil der zweite, der in den meisten Fällen von einem Männernamen hergeleitet war, aber adjektivisch, mit dem Suffix *-na* gebildet, z. B. *Spuriana* vom männlichen Individualnamen *Spurie*. Dieser Name entspricht nicht dem des Vaters, wechselt folglich auch nicht in jeder Generation, sondern weist auf einen zeitlich mitunter weit entfernten Stammvater zurück. Der einzelne Namensträger wird folglich in erster Linie nach der »Zugehörigkeit zu einer Abstammungsreihe« (H. Rix) bezeichnet, der Individualname hat hier eher die Funktion eines Vornamens, der zur Bezeichnung des Einzelnen innerhalb des Verbandes dient, z. B. *Arath* (Vorname) *Spuriana*. Damit ist die Logik der bei den Griechen üblichen Namensgebung umgekehrt. Alle mittelitalischen Völker kannten die zweigliedrige Namensformel als Grundmuster, wofür die Römer wiederum die bekannteste Parallele bilden. Bei ihnen heißt der zweite Namen *nomen gentile*, also Name der *gens*, und auch bei ihnen finden sich viele Beispiele für die Herleitung der Gentilnamen von Männernamen (z. B. *Marcius* von *Marcus*). Der durch eine angenommene gemeinsame Abstammungslinie definierte, idealerweise über viele Generationen nachzuverfolgende, mehrere Kernfamilien umfassende Clan bildete demnach eine entscheidende Grundeinheit der römischen ebenso wie der etruskischen Gesellschaft. Mit der Weitergabe des Namens war sicher auch eine Weitergabe des materiellen Erbes verbunden, nicht zuletzt des Eigentums an Grund und Boden.

Ein wichtiger Unterschied zwischen Etruskern und Römern in Bezug auf die Namensgebung muss jedoch sogleich festgehalten werden: Während die römischen Frauen zumindest in schriftlichen Dokumenten nur mit ihrem Gentilnamen (als *Iulia, Claudia* usw.) bezeichnet werden, sind für die Etruskerinnen eine ganze Reihe von sie individuell bezeichnenden Vornamen bekannt (z. B. *Fasti, Thanchvil* oder *Ramthi*). Mag dies auf eine gegenüber den römischen Frauen bessere Stellung hinweisen, so ist die Namensgebung doch ein ebenso klares Indiz für die grundsätzlich patriarchale Struktur der etruskischen Gesellschaft. Zum einen wird der Gentilname oft aus männlichen Namen gebildet; zum anderen wird er stets innerhalb der männlichen Linie weitergegeben, sodass Frauen den Gentilnamen ihres Vaters tragen. Diesen behalten sie auch nach ihrer Hochzeit. Der Name des Ehemanns wird eher selten und hauptsächlich in den späteren Phasen der etruskischen Geschichte im Genetiv und mit dem Zusatz *puia*, »Ehefrau«, angefügt (z. B. *Pumpui Larthi puia Larthal Clevsinas*: »Larthi Pumpui, Frau des Larth Clevsina«). Es ist zu bemerken, dass Heiratsverbindungen niemals innerhalb des Clans bzw. der *gens* erfolgten, was nochmals deren Charakter als grundlegende soziale Einheit bestätigt.

Erweiterungen der zweigliedrigen Namensformel werden erst im Laufe der Zeit häufiger und dienen generell dazu, innerhalb des viele Generationen und Personen umfassenden Familienverbands die einzelne Persönlichkeit und ihren Platz in der Abstammungsreihe genauer zu bestimmen. So führt die zunehmende Verzweigung der Clans dazu, dass einzelne Untergliederungen durch ein weiteres Namensglied, das meist auf den Gentilnamen folgende Cognomen (»Beiname«), bezeichnet werden können, z. B. *Vel* (Vorname) *Tutna* (Gentilname) *Tumu* (Cognomen). Dies ist aber eine vergleichsweise späte Entwicklung. Schon zuvor hat man dem zweigliedrigen Namen »echte« Vaternamen (etwa seit dem 6. Jh.), zuweilen (häufiger seit dem 4. Jh.) den Namen der Mutter im Genitiv angefügt, manchmal mit, oft aber auch ohne die zusätzliche Angabe *clan,* »Sohn«, bzw. *sech,* »Tochter«. So lässt sich etwa *Larth Chulches Arnthal Churchles Thanchvilus-c Cracial clan* etwa als »Larth Chulches, Sohn des Arnth Chulches und der Thanchvil Craci« übertragen.

Die Angabe des Mutternamens ist eine etruskische Besonderheit. Über die präzise Identifizierung der Einzelperson erlaubt sie die zuverlässige Rekonstruktion von Stammbäumen, was insbesondere im Kontext von hochgestellten Familien mit weitgespannten Heiratsverbindungen ein ausschlaggebender Gesichtspunkt gewesen sein könnte. Auch wenn man also die Erwähnung des Mutternamens nicht mit Erbfolge in der mütterlichen Linie oder gar mit matriarchalen Zügen der etruskischen Gesellschaft erklären kann, gibt sie doch einen erneuten Hinweis auf eine stärkere Stellung der Frauen im Vergleich zu griechischen oder römischen Familienstrukturen. Berücksichtigt man außerdem die bildlichen Darstellungen von Festgelagen und zeremoniellen Handlungen, in denen Frauen den Männern durchaus ebenbürtig erscheinen (vgl. 5.4 und 6.3), so versteht man Geschichten der römischen Geschichtsschreiber über die aus ihrer Sicht allzu verwöhnten und selbstbewussten Etruskerinnen (z. B. Livius, *Ab urbe condita* 1, 57, 9).

Sehr umstritten ist, und das gilt ebenso für die frühe römische Gesellschaft, ob (zumindest anfänglich) nur die soziale Elite in Clans organisiert war, sodass neben und außerhalb der gentilen Verbände zahlreiche Individuen und Kernfamilien von niederem Sozialstatus existierten. Das Problem ist nicht leicht zu lösen, denn die charakteristische Namensformel mit dem Gentilnamen scheint von Beginn an allgemein verbreitet, wobei freilich die frühen Schriftzeugnisse quasi ausschließlich aus elitären Zusammenhängen kommen. Auch sind die großen etruskischen Grabanlagen, an denen die Organisation in Clans erstmals deutlich wird, natürlich ein Elitephänomen. Im 6. Jh. v. Chr.

sind Gentilnamen jedoch zur Bezeichnung von Grabinhabern verwendet, die ohne Zweifel über einen gewissen Wohlstand verfügten, aber schon wegen ihrer z. T. nicht-etruskischen Abstammung kaum zur Führungsschicht gehört haben dürften (vgl. 5.2 und 6.4).

6.3 Die Aristokratie

Die führenden Männer der Etrusker werden in den griechischen und römischen Quellen *dynatotatoi* bzw. *principes* genannt, also »Machthaber« oder »Anführer« (z. B. Dionysios von Halikarnassos, *Antiquitates Romanae* 9, 5, 4; Livius, *Ab urbe condita* 2, 44, 8; 9, 36, 12; 10, 13, 3). Diese Begrifflichkeit ist in der modernen Archäologie insbesondere auf die durch den Prunk ihrer Gräber hervortretende Elite der Zeit des 7. bis frühen 6. Jh.s v. Chr. übertragen worden. Diese Gräber sind nicht nur außerordentlich reich ausgestattet, sondern sie enthalten auch bestimmte Symbole, die den herausgehobenen Status der Personen zu ihren Lebzeiten bezeichnet hatten. Dazu zählen nicht zuletzt prunkvolle Rüstungsteile, Pferdegeschirr und Streitwagen, die den Anführer im Krieg kenntlich machen. Hinzu kommen die Attribute eines distinguierten Lebensstils. Dieser äußerte sich nicht zuletzt in der Abhaltung von großen Festbanketten. Die Formen, in denen letztere sich vollzogen, sind in vielerlei Hinsicht durch Modelle aus Griechenland und dem Vorderen Orient geprägt, wohin seit spätestens dem 8. Jh.v. Chr. enge Beziehungen bestanden (vgl. 4.4). Mit den Formen, so ist anzunehmen, wurde zumindest auch ein Teil der Ideologie und der in ihr formulierten Machtansprüche übernommen. Als ein Beispiel kann die Tonurne aus Montescudaio bei Volterra dienen, auf deren Deckel mit Tonfigürchen eine Szene wiedergegeben ist, in welcher der Verstorbene vor einem dreibeinigen Tisch mit Wein und Speisen sitzt (5.4). Ihm zugeordnet ist eine weibliche Gestalt mit Fächer. Dieser erinnert nun stark an Dienerfiguren in Bildern von Festbanketten aus den frühen mesopotamischen Stadtkulturen (seit dem 3. Jahrtausend v. Chr.), bei denen die Bankettgäste ebenfalls sitzen. Auch Gelage, bei denen die Teilnehmer auf Ruhebetten (Klinen) liegen, haben eine nahöstliche, höfische Tradition. Bilder davon treten in Zypern und Assyrien seit dem späteren 8. Jh.

v. Chr. auf und sodann auf korinthischen, nach Etrurien importierten Tongefäßen. Die frühesten etruskischen Darstellungen folgen nach der Wende zum 6. Jh. Es handelt sich um Friesplatten aus Terrakotta, die den »Palazzo« von Murlo schmückten (vgl. 4.2). Es sind hier jeweils zwei Klinen wiedergegeben, auf denen insgesamt vier Personen lagern, darunter wohl eine Frau. Musik begleitet die Feier. Jagdhunde, die unter den Tischen liegen, weisen auf eine andere Beschäftigung der vornehmen Gesellschaft hin, die im Alten Orient als königliches Privileg galt, auf die hier aber in einer griechischen Konventionen folgenden Weise angespielt ist.

Abb. 16: Murlo, Friesplatte: Prozession (Umzeichnung P. Finnerty, nach: Haynes, Etruscan Civilization, Los Angeles – London 2000, S. 123)

Abb. 17: Murlo, Friesplatte: Versammlung (Umzeichnung P. Finnerty, nach: Haynes, Etruscan Civilization, Los Angeles – London 2000, S. 123)

Neben dem Bankett ist in den Terrakottafriesen von Murlo eine Art Prozession dargestellt, in deren Zentrum ein zweispänniger, zweirädriger Wagen steht (Abb. 16). Darauf sitzen zwei Personen, möglicherweise zwei Frauen, von denen die eine einen großen Sonnenschirm hält. Voran schreiten zwei Männer mit Utensilien, die auf Opfer und Festschmaus hinweisen, es folgen dem Wagen zwei Frauen, die auf den Köpfen ein großes Behältnis bzw. einen Hocker, in den Händen aber Ritualgefäße und Fächer halten. All dies sind ebenso wie der Sonnenschirm charakteristische Würdezeichen der höfischen Gesellschaften Vorderasiens. Wieder andere Terrakottaplatten zeigen eine feierliche Versammlung von fünf auf Stühlen (Männer) bzw. einem Thronsessel (Frau) aufgereihten, allesamt in eine Richtung blickenden Personen (Abb. 17). Die Stühle entsprechen in ihrer Form den faltbaren Amtssesseln römischer Magistrate späterer Zeit *(sellae curules)*. Die Sitzenden halten zudem Objekte in Händen, darunter Doppelaxt und *lituus* (ein gekrümmter Stab), die als Abzeichen herrscherlicher und priesterlicher Macht dienen. Besonders hervorgehoben ist das am Anfang der Reihe sitzende Paar, indem ein Bediensteter mit Schwert und Speer dem Mann, der Frau aber eine Dienerin mit Fächer und Ritualgefäß zur Seite steht. Mit solchen musterhaften, nicht als Darstellungen bestimmter Ereignisse zu verstehenden Bildern werden Ansprüche des im »Palazzo« von Murlo residierenden Clans formuliert.

Das Repertoire von Möbeln und Insignien, das uns in den Friesen von Murlo begegnet, findet recht präzise Entsprechungen in den Ausstattungen von Gräbern des 7. bis frühen 6. Jh.s v. Chr. Wenige Beispiele mögen genügen. So ist die Form des Throns, auf dem die Frau in der Versammlungsszene sitzt, mit zylindrischem Unterteil und einer charakteristischen, hohen und geschwungenen Rückenlehne, sowohl bei einem hölzernen Exemplar aus einem Grab des frühen 7. Jh.s v. Chr. in Verucchio (bei Rimini, vgl. 4.1), ab dem Übergang zum 6. Jh. in steinernen Nachbildungen in Grabanlagen von Cerveteri (vgl. 5.2) sowie als Untersätze von Chiusiner Aschegefäßen (vgl. 5.4) wiederzufinden. Faltbare Stühle aus Holz oder Elfenbein sind ebenfalls seit dem früheren 6. Jh. als Grabbeigaben bekannt. Fächer begegnen mehrfach in Grabkontexten, nach der Mitte des 7. Jh.s etwa in einem danach benannten Grab in Populonia (»Tomba dei Flabelli«) und in einer prunkvollen Grablege in Veji, in der außerdem unter anderem ein

65 cm langes hölzernes, silberbeschlagenes Szepter mit Bronzekopf zutage kam. Zwei in Ton nachgebildete Doppeläxte gehörten zu den Beigaben eines monumentalen Grabes des 7. Jh.s in Tarquinia; ein nur wenig jüngeres Exemplar aus Eisen, herausragend aus einem Bündel eiserner Stäbe, wurde in einem Grab von Vetulonia gefunden und stellt eine frühe Parallele von Rutenbündeln *(fasces)* dar, die die Amtsgewalt römischer Magistrate symbolisierten. Aus demselben Grab kommen Überreste eines zweirädrigen Wagens, der vom Typus her dem im Prozessionsfries von Murlo nahekommt. Ein gleichartiger Wagen, dazu unter anderem ein *lituus* aus Elfenbein mit Metallappliken, wurde um 700 v. Chr. in einem Steinkistengrab von Casale Marittimo deponiert.

Die archäologischen Quellen zeigen also, dass sich die führenden Clans der etruskischen Stadtstaaten während der sog. orientalisierenden Phase keineswegs nur durch den Bau großer Residenzen, die Anlage oft weithin sichtbarer Gräber und die Zurschaustellung kostbarer, exotischer Luxusgüter profilierten. Vielmehr entwickelten sie ritualisierte Formen für öffentliche Auftritte und Gästeempfang, denen sie in Bildwerken und Grabausstattungen dauerhaften Ausdruck verliehen. Die dabei verwendeten Bildchiffren und Statusabzeichen waren zu einem Teil in den monarchischen Systemen des Vorderen Orients vorgeprägt. Sie wurden aber in Etrurien nicht einfach übernommen, sondern angepasst an eine Gesellschaftsform, in der der »König«, wo und solange es einen solchen gab (vgl. 6.5), ein *primus inter pares* war, d. h. herausragender Vertreter einer durch mehrere »fürstliche« Geschlechter konstituierten Aristokratie. Die Verbindungen zwischen den aristokratischen Häusern werden im angesprochenen Zeitraum nicht zuletzt durch Inschriften auf in Gräbern deponierten, oft wertvollen oder Wertvolles enthaltenden Objekten memoriert, die eine schenkende und eine empfangende Person – untere letzteren häufig Frauen – nennen. Auch allein den Besitzer- oder Gebernamen angebende Inschriften weisen auf eine Zirkulation von Objekten hin. Der solchermaßen bezeugte Gabentausch ist in der etruskischen wie in anderen archaischen Gesellschaften eine übliche Praxis, um Kontakte innerhalb einer Gruppe von hohem Sozialprestige anzubahnen oder zu stabilisieren.

Ab dem fortgeschrittenen 6. Jh. v. Chr. scheint sich in den Repräsentationsformen der Aristokratie ein gewisser Wandel zu vollziehen. Ablesbar ist dies etwa an einem Vergleich der Terrakottafriese von Murlo mit jenen, die einige Jahrzehnte später, gegen 540 v. Chr., den »Palazzo« von Acquarossa schmückten (vgl. 4.2). Hinsichtlich der Bildthemen gibt es unübersehbare Parallelen: Bankett und feierliche Umzüge kommen hier wie dort vor. Doch werden die Themen nun teilweise anders ausgestaltet. So fungieren in den Prozessionsszenen von Acquarossa geflügelte Pferde als Zugtiere der Wagengespanne. Auch marschieren Reihen von Kriegern auf, dazu der griechische Heros Herakles mitsamt von ihm überwundener Untiere wie dem nemeischen Löwen und dem kretischen Stier. So werden die rituellen Repräsentationsformen der früheren Darstellungen quasi in eine mythologisch-metaphorische Ebene übertragen. Zuweilen ist schwer zu entscheiden, wann Götter und wann Menschen gemeint sind. Ähnliche Bildfriese finden sich in der zweiten Hälfte des 6. Jh.s an mehreren anderen Bauten im südlichen Etrurien und im angrenzenden Latium, die dem Anschein nach als öffentliche Kultbauten und nicht als aristokratische Residenzen dienten. Besonders interessant sind jedoch die Anspielungen auf heroische Kraftanstrengungen, in Gestalt des Herakles, und auf militärische Unternehmungen, in Gestalt der Krieger. Wie in einer ganzen Reihe anderer etruskischer Bildwerke des 6. und frühen 5. Jh.s v. Chr. sollen damit wohl Leistungen und Erfolge der im Wagen fahrenden Heerführer für das Gemeinwesen betont werden. Ihnen wird die herausragende Rolle zuteil, während die Fußsoldaten in der Funktion von »Gefolge« auftreten (vgl. 6.4).

Für die Versammlungsszene von Murlo gibt es in Acquarossa keine Entsprechung, andere Terrakottafriese aus Etrurien zeigen stattdessen Götterversammlungen. Diese haben im Vergleich zu Murlo einen stärker bewegten Ausdruck, zumal die Figuren durch Kopfwendungen und Gestik miteinander verbunden sind. In spätarchaischen Reliefs auf Grabmonumenten des nordetruskischen Chiusi sind ebenfalls häufiger Versammlungen wiedergegeben, mit menschlichen Teilnehmern, die angeregt gestikulieren. Meist ist wohl eine Trauergemeinde gemeint, die – nach Männern und Frauen getrennt – aus Anlass der Bestattung zusammengekommen ist. Eine Reliefbasis aus Chiusi (heute im Museum in Palermo) zeigt eine ungewöhnlich große Zahl von mehr als zehn Männern (Abb. 18). Ein Teil von ihnen sitzt auf faltbaren Stühlen und hält Würdezeichen wie

Krummstäbe und Szepter in Händen, was auf eine politische Beratung hindeutet. Auch scheint die Unterhaltung sehr lebendig, im Unterschied zur strengen Ordnung der wie eine Audienz im Thronsaal wirkenden Szene in Murlo. Dahinter könnte eine Entwicklung stecken, durch die die vormalige Allgewalt der etruskischen *principes* im Laufe des 6. Jh.s v. Chr. einen institutionellen Rahmen in Form von Ratsversammlungen erhielt. Leider lassen uns die schriftlichen Quellen diesbezüglich fast völlig im Stich (vgl. 6.5). Andererseits lässt sich die Entwicklung der Sepulkralarchitektur, die im 6. Jh. zum Auslaufen der großen Tumuli und zur Standardisierung der Grabbauten führt (vgl. 5.2), recht plausibel mit einer politischen Zügelung des aristokratischen Repräsentationswillens erklären. Nicht unerwähnt darf in diesem Zusammenhang die Zerstörung der »Palazzi« in Murlo und Acquarossa am Ende des 6. Jh.s v. Chr. bleiben, die offensichtlich im Zuge einer stärkeren Kontrolle der Territorien und Ausschaltung der Macht von Territorialfürsten durch die städtischen Zentren erfolgte (vgl. 4.2–3).

Dessen ungeachtet bleibt der aristokratische Lebensstil für die urbanen Eliten weiterhin kennzeichnend. Dass deren Krei-

Abb. 18: Chiusi, Reliefbasis, Palermo / Museo Regionale ›A. Salinas‹

se sich tendenziell erweiterten, bezeugt etwa die recht große Zahl der erwähnten Reliefmonumente aus Chiusi aus dem späteren 6. bis mittleren 5. Jh. v. Chr. Die ausgemalten Kammergräber in Tarquinia, aus etwa derselben Zeit, machen zwar nur etwa zwei Prozent aller dort für diese Periode bekannten Kammergräber aus. Dennoch handelt es sich um eine verbreitetere Grabform, als es die »fürstlichen« Tumuli der orientalisierenden Zeit gewesen waren. Sowohl die Reliefs aus Chiusi wie die Malereien von Tarquinia führen nun das Festbankett als wichtiges, ja beherrschendes Thema fort (vgl. 5.4). In den Bildern erscheinen die Klinen der Zechenden oft von Reigen fröhlicher Tänzerinnen und Tänzer umgeben. Darstellungen von Pferderennen, athletischen Wettkämpfen und Jagdgesellschaften verweisen auf Zeitvertreib, der in Etrurien wie in Griechenland jenen vorbehalten blieb, die zum Lebensunterhalt nicht auf eigene körperliche Arbeit angewiesen waren.

Zwischen dem 5. und 4. Jh. zeichnet sich ein Umbruch in der sepulkralen Bildwelt ab, wodurch viele traditionelle Sujets verschwinden und ein neues Selbstverständnis der etruskischen Aristokratie sich anbahnt. Im Hintergrund sind schwer durchschaubare soziale Veränderungen anzunehmen. Möglicherweise tendierte die Aristokratie, nach der in der spätarchaischen Zeit erfolgten Öffnung, nun eher zur Abschottung. Eine Ursache dafür war wohl, dass durch den Verlust der etruskischen Expansionsgebiete in der Poebene und in Kampanien die Verteilungsspielräume kleiner wurden (vgl. 3.2). Die mächtigen Clans aus der Zeit seit dem 4. Jh. lassen sich aber nur ausnahmsweise über längere Zeiträume zurückverfolgen. Ein Beispiel ist das Geschlecht der *Spurina* in Tarquinia. Dieses ist bereits um 530 v. Chr. als Eigentümer der »Tomba dei Tori« bezeugt, eines besonders prächtig ausgemalten Grabes, stellt aber auch im 4. und 3. Jh. Magistrate aus seinen Reihen; wenigstens indirekte Nachfahren besetzen noch in der frühen römischen Kaiserzeit öffentliche Positionen. Häufig waren es aber wohl auch »neue« Familien, die im Laufe des 5. Jh.s aufgestiegen waren und sich nun zu einer Art »Amtsadel« formierten, dessen Mitglieder sich aus Trägern öffentlicher Ämter rekrutierten. Ähnliche Vorgänge beobachtet man in Rom, wo im 4. Jh. v. Chr. aus dem Ausgleich zwischen Patriziern und Plebejern die »Nobilität« hervorging. Dort galt das Prinzip, dass die Ausübung eines der sog.

curulischen Staatsämter – Ädilität, Prätur, Quästur, Konsulat – zum Eintritt in den Senat berechtigte. Dadurch wurde man zugleich sichtbar in den höchsten Stand der römischen Gesellschaft erhoben. Das Prestige einer römischen *gens* bemaß sich seither ganz wesentlich danach, wieviele und welche Ämter und Ehren ihren Angehörigen im Laufe der Zeit zuteil geworden waren. So werden denn auch Amtskarrieren *(cursus honorum)* in Grabinschriften aufgezeichnet. Vergleichbares findet man nun in Etrurien, besonders häufig in Tarquinia, wo einige Dutzend Grabinschriften der Zeit seit dem 4. Jh. v. Chr. nach dem Namen des Verstorbenen die Titel von Ämtern nennen, die jener zu Lebzeiten innegehabt hatte. Wie bei den römischen *nobiles* sind zuweilen auch mehrere Titel für unterschiedliche, nacheinander erreichte Rangstufen genannt. In Bildern aus denselben Kontexten finden sich feierliche Umzüge dargestellt, bei denen die etruskischen Magistrate zu Fuß oder im Wagen mit einem Gefolge von Musikern und Amtsdienern erscheinen. Die Amtsdiener tragen dabei häufig Ruten oder Rutenbündel, seltener (Doppel-) Äxte, ganz ähnlich wie die römischen Liktoren. Interessanterweise wird das Thema der Beamtenprozession oft mit dem der Jenseitsreise verknüpft (vgl. 5.4). Es entsteht so der Eindruck, dass die Verstorbenen auf ihre im Leben erworbenen Ehrenzeichen und Privilegien im Jenseits nicht verzichten wollten. In einigen Grabgemälden des 4. Jh.s, namentlich in der »Tomba degli Scudi« in Tarquinia und der »Tomba Golini II« bei Orvieto, wird das für die aristokratische Selbstdarstellung traditionell bedeutsame Festbankett mit der Beamtenprozession verbunden, indem jenes, nun im Jenseits angesiedelt, als Zielpunkt des Umzugs erscheint (Abb. 19).

Die hier gezogenen Parallelen zwischen den gesellschaftlichen Entwicklungen in Etrurien und Rom können helfen, beide besser zu verstehen: Über die historischen Vorgänge in Rom sind wir durch die antike Geschichtsschreibung weit ausführlicher unterrichtet. Andererseits haben wir deutlich mehr etruskische Bildwerke, die uns mit der Konstituierung des »Amtsadels« verbundene Rituale vor Augen führen. Doch sollten wichtige Unterschiede nicht unterschlagen werden. So ist das Gewicht, das der Grabstätte als Ort der Repräsentation zukommt, in Etrurien besonders groß (vgl. 5.1 und 3). Vor allem aber scheint die etruskische Aristokratie eine recht starre und exklusive Gruppierung im Vergleich zum römischen Senatsadel zu sein, der sich immer wieder durch Amtsträger aus zuvor unbedeutenden Familien, die *homines novi*, ergänzte. Jedenfalls zeigen etruskische Grabinschriften, dass bestimmte Ämter von einzelnen Personen mehrfach ausgeübt oder innerhalb eines Clans quasi monopolisiert wurden. Auch ist in den einzelnen etruskischen Städten der Kreis der Geschlechter, die miteinander Heiratsverbindungen eingingen, jeweils recht klein. Aufschlussreich sind durch Grabinschriften dokumentierte Verbindungen zwischen Familien der großen Zentren und der diesen nachgeordneten Siedlungen. Beispielsweise begegnen bestimmte Gentilnamen gleichermaßen in Tarquinia und in den benachbarten Kleinstädten Tuscania, Norchia und Musarna. Letztere waren offenbar für die urbane Aristokratie als Standorte zur Ausbeutung der landwirtschaftlichen und sonstigen Ressourcen sowie zur militärischen Sicherung des Territoriums interessant. Für andere Siedlungen wie Blera oder San Giuliano galt das hingegen nicht, diese wurden von einem weitgehend isolierten »Landadel« kontrolliert. Jedenfalls ist das engmaschige Siedlungsnetz

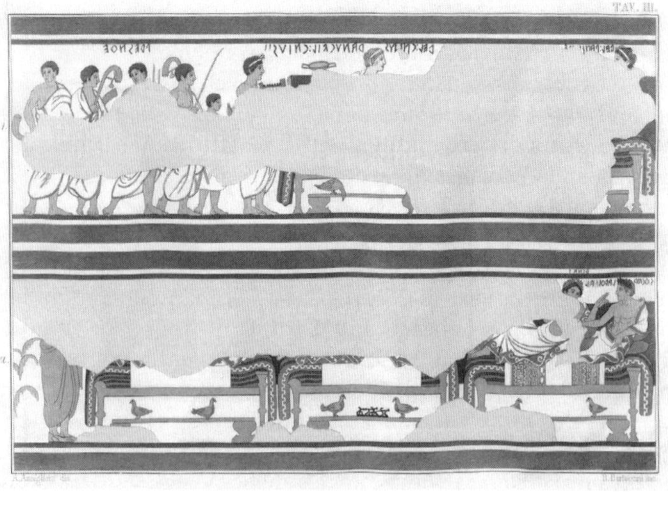

Abb. 19: Orvieto, Tomba Golini II, Wandmalereien (nach: Conestabile, Pitture murali a fresco e suppellettili etrusche scoperte in una necropoli presso Orvieto nel 1863 da Domenico Golini, Firenze 1865, Taf. 3)

im ländlichen Raum ein Charakteristikum der Zeit ab dem 4. Jh. v. Chr. Damals lebten viele kleinere Siedlungskerne erneut auf, nach einer Zwischenphase, in der die städtischen Zentren offenbar eine direkte Kontrolle über ihre recht großen Territorien an sich gezogen hatten (vgl. 4.3). Die innere »Rekolonisation« bezeichnet demgegenüber ein Wiedererstarken aristokratischer Netzwerke, die sich einen direkten Zugriff auf die agrarischen Ressourcen zu sichern suchten.

Die etruskischen Städte wurden also in der letzten Phase ihrer Autonomie, vor der Eingliederung in den römischen Staatsverband, von recht exklusiven Zirkeln beherrscht. Vielleicht erklärt sich daher auch das Image der selbstzufriedenen, »feisten« und »schwerfälligen« Etrusker, das viele griechische und römische Schrifsteller zeichnen (z. B. Diodoros Siculus, *Bibliotheca* 5, 40, 4; Catull, *Carmina* 39, 11; Vergil, *Georgica* 2, 193).

6.4 Andere gesellschaftliche Gruppen

Ist unser Bild der etruskischen Gesellschaft schon in Hinsicht auf die adlige Spitze recht bruchstückhaft, so wird es regelrecht verschwommen, wenn wir andere Bevölkerungsgruppen betrachten. Vor allem geht uns die Dichte der Informationen ab, die wir für die führenden Geschlechter aus ihren Grabstätten schöpfen können. Dabei lassen sich durchaus Gräber und Grabmonumente identifizieren, deren Besitzer kaum zur gesellschaftlichen Spitze zählten (vgl. 5.2–3). Doch kann man das nur aus den offenbar begrenzten Mitteln, anhand von Größe, Ausstattung sowie Zahl und Art der Beigaben schließen, kaum aber aus ideologischen Formen, die sich deutlich von den »aristokratischen« abgesetzt hätten.

Abgesehen von den Grabmonumenten lassen bestimmte Votivgaben »volkstümliche« Bräuche und Vorstellungen aufscheinen und drücken die alltäglichen Anliegen und Sorgen einer breiten Bevölkerung aus. Soziologisch bleiben solche Einblicke dennoch unscharf, denn sie verraten kaum etwas über reale Arbeits- und Lebensbedingungen der Menschen, ganz zu schweigen von ihrer rechtlichen Stellung. Auch fehlen Zeugnisse einer bewussten Selbstdarstellung, wie wir sie für die Aristokratie besitzen.

Dieses Manko kann leider nicht durch Ausgrabungen von Häusern etruskischer Handwerker oder Bauern kompensiert werden, zumal die Forschung im Vergleich zur Sepulkralarchäologie noch weit zurück ist. Die ländlichen Lebensverhältnisse werden uns vor allem durch Befunde aus dem Albegna-Tal, am Südrand der heutigen Toskana, vor Augen geführt. Der Hof vom »Podere Tartuchino« (vgl. 4.3), der vom späten 6. bis zum Anfang des 4. Jh.s v. Chr. bewohnt war, bestand im Wesentlichen aus einem Langhaus, in dem ohne echte räumliche Differenzierung eine Großfamilie, vielleicht gemeinsam mit einem Teil der Nutztiere, unter einem Dach lebte. Nach den erhaltenen Kapazitäten zur Lagerhaltung dürfte die vom Hof bewirtschaftete Fläche eher klein gewesen sein (ca. 10–15 ha), der Anbau ausgerichtet in erster Linie auf Selbstversorgung mit kleineren Überschüssen zur Vermarktung, vor allem von Wein. Über weitaus mehr Lagerfläche und ein ansehnliches Hauptgebäude verfügten die Besitzer der »Casa delle Anfore« in Poggio Alto (Marsiliana). Bekannt ist ein mit 400 m^2 Grundfläche respektables Haus, dessen verschiedene Räume sich um einen zentralen Innenhof gruppierten. Das am Rande einer Siedlung gelegene Gehöft dürfte über zusätzliche Wirtschaftsgebäude verfügt haben. So spärlich bisher die archäologischen Quellen zum etruskischen Landleben also sind, sie machen deutlich, dass soziale Unterschiede bestanden, sodass einige Familien in primitiven, eher ärmlichen Verhältnissen lebten, andere aber sich einem urbanen Lebensstil näherten.

Die Lebensbedingungen der nicht-aristokratischen Bevölkerung in den kleineren und größeren Städten werden ebenfalls nur durch wenige Befunde beleuchtet. Beispielhaft sei die Siedlung im »Bergwerksrevier« von Vetulonia beim Lago d'Accesa genannt (vgl. 4.3). Die Siedlung untergliedert sich in mehrere voneinander getrennte Bereiche, die unterschiedlich strukturiert sind. In einem Bereich steht ein mehrräumiges »Herrenhaus« einer Reihe von einfachen Ein- und Zweiraumhäusern gegenüber, von denen es durch einen Hügelrücken getrennt ist. Von dieser hierarchischen Ordnung unterscheiden sich andere Siedlungskerne. In ihnen gruppiert sich eine Mehrzahl von etwa gleich großen, mit der Zeit und offenbar wachsendem Wohlstand weiter ausgebauten Häusern. Diese wird man vielleicht einer Gruppe freier Handwerker mit gutem Auskommen zuweisen können, während im zuvor genannten Beispiel abhängige Arbeiter unter der Kontrolle eines »Herrn« lebten.

Beides existierte vielleicht auch in Marzabotto nebeneinander, obwohl diese »Planstadt« städtebaulich einen anderen und kompakteren Charakter hat als die Siedlung am Lago d'Accesa (vgl. 4.2). In manchen der großen, eine ganze Parzelle innerhalb eines Bebauungsblocks einnehmenden Häuser hat man Werkzeuge und Produktionsabfälle gefunden. Hier, in den der Straße nächstgelegenen Räumen, wirkten vielleicht Handwerker, die von den reichen Hauseigentümern in irgendeiner Form abhängig waren. Daneben existierten über die Stadt verteilt Parzellen mit einer andersartigen Struktur. In ihnen sind um einen offenen Bereich herum einzelne Gebäude angeordnet, die zum Teil zu Wohnzwecken, zum Teil zur Produktion von Gefäß- und Baukeramik sowie Metallgegenständen dienten. Funde von Namensinschriften sprechen dafür, dass die Bewohner bzw. Inhaber der Betriebe freie etruskische Bürger waren, denn sie tragen Gentilnamen (vgl. 6.2). Auch lässt die Qualität der in diesen Parzellen gefundenen Importwaren auf einen gewissen Wohlstand schließen. Allerdings mögen die einfachen Arbeiter innerhalb der Handwerksbetriebe durchaus unfreie Sklaven gewesen sein. Solche waren mit Gewissheit in den unter griechischer Leitung stehenden Werkstätten des Emporions von Gravisca beschäftigt (vgl. 4.4). Im benachbarten Heiligtum haben sie Weihinschriften hinterlassen, in denen sie sich jeweils als *doulos* (griech. »Sklave«) bezeichnen. Die Werkstattbesitzer standen als freie, aber landfremde Bewohner solcher Handelsniederlassungen sozusagen am Rande der städtischen Gesellschaft. Das galt wohl sogar für die dauerhaft Niedergelassenen, die ihren griechischen Namen in etruskischer Schrift und Schreibweise angeben, aber eben keinen Gentilnamen, wie es bei vollständiger Integration zu erwarten wäre. Es gibt zwar durchaus Inschriften, in denen ein etruskischer Vorname mit einem Gentilnamen kombiniert ist, der aus dem Griechischen hergeleitet ist, doch handelt es sich bei den Namensträgern in der Regel nicht um einfache Handwerker. Einfacher scheint die Aufnahme in die Bürgerschaft für fremdstämmige, nicht-aristoratische Individuen zumindest zeitweise in Orvieto zu erreichen gewesen sein. Jedenfalls finden sich unter den Inhabern der »normierten« Grabstätten der Crocifisso del Tufo-Nekropole einige Gentilnamen mit italischen, wenigstens einer sogar mit keltischen Wurzeln (vgl. 5.2).

Ebenfalls aus Orvieto, aus dem Heiligtum von »Campo della Fiera«, kommt der bislang früheste Beleg für die Integration ehemaliger Sklaven. Es handelt sich um einen kleinen Altar, den gegen Ende des 6. Jh.s v. Chr. eine Frau nicht-etruskischer, italischer Herkunft mit Namen *Kanuta* gestiftet hat. Sie nennt sich *Larecenas lautenitha,* d. h. »Freigelassene des Larecena«. Wie wir aus späteren, zweisprachigen Inschriften sicher wissen, ist etruskisch *lautni* bzw. *lautnitha* mit lateinisch *libertus* bzw. *liberta* übersetzt worden. Solche freigelassenenen Sklaven hatten keineswegs die vollen bürgerlichen und politischen Rechte, aber sie durften z. B. vor dem Gesetz gültige Ehen eingehen. So war auch *Kanuta* die Frau eines Mannes aus einer der weniger bedeutenden etruskischen Familien von Orvieto geworden. Aus späterer Zeit, seit dem 3. Jh. v. Chr., kennen wir sehr viel mehr Inschriften von Freigelassenen, dann vor allem aus Chiusi und Perugia. Unter ihnen sind nicht wenige griechische Namen. Dies ist ein Effekt der römischen Unterwerfung des östlichen Mittelmeerraums, durch die ein massenhafter Zustrom von Sklaven auch Etrurien erreichte.

Die lückenhaften Informationen aus archäologischen Befunden und Inschriften über die Lebensverhältnisse der nicht-aristokratischen Bevölkerungsmehrheit spiegeln dennoch eine gewisse Vielfalt. Das warnt davor, ein von Teilen der antiken Literatur verbreitetes Schwarzweißbild einer zweigeteilten etruskischen Gesellschaft unkritisch zu akzeptieren. Mehrere Autoren stellen nämlich den etruskischen *principes, domini, dynatotatoi* oder *despotai,* kurz: der Aristokratie, eine nicht weiter unterschiedene Masse von *servi, oiketai* oder *therapontes* gegenüber, also »Knechte« oder »Diener«. Hiermit sind nicht Sklaven im engeren Sinne des Wortes gemeint. Stattdessen vergleicht Dionysios von Halikarnassos die abhängigen etruskischen Bevölkerungsgruppen mit den Klienten in Rom. Während er für letztere das griechische Wort *pelatai* gebraucht (»Nachbarn« oder »Nächste«), nennt er das (militärische) Gefolge etruskischer Aristokraten *penestai* (*Antiquitates Romanae* 9, 5, 4; 15, 2). Dieser Begriff bezeichnet ursprünglich halbfreie Bauern in Thessalien, die öfter auch mit den Heloten in Sparta verglichen werden. Hingegen waren römische Klienten grundsätzlich freie, aber weitgehend mittel- und einflusslose Bürger, die sich in Abhängigkeit zu Personen bzw. *gentes* von höherem Stand begaben, um dafür Schutz und Beistand zu erhalten. Eben dies lobt Dionysios als besonders humanes System (vgl. *Antiquitates Romanae* 2, 9, 2). Hinsichtlich Etruriens spricht er wohl nur deswegen von »Penesten«, um die Römer stärker von der »barbarischen« Despotie ihrer Umwelt abzuheben. Es lässt sich folglich bezweifeln, ob die etruskische Landbevölkerung wirklich aus einer Art von Leibeigenen bestand.

Für die urbanen Unterschichten stellt ein anderer Autor, Diodor, eine Parallele zwischen Etrurien und Rom her. Nach seiner Schilderung versammelten sich in den Innenhöfen vornehmer etruskischer Wohnhäuser lärmende *therapeuontes* (»Dienende«), was unmittelbar an morgendliche Empfänge römischer Klienten in den Atrien ihrer Patrone erinnert. Darüber hinaus schreibt Diodor den etruskischen Häusern allerdings eine unvergleichliche Pracht zu, und solche Häuser besäßen alle, »nicht nur die Diener, sondern die meisten freien Bürger« (*Bibliotheca* 5, 40, 1. 4). Das entspricht wiederum dem Klischee der etruskischen Schwelgerei und Dekadenz. Der Wortlaut ist gleichwohl bemerkenswert. Er lässt erkennen, dass der Autor in den »Dienern« grundsätzlich freie und über eigenen Besitz verfügende Mitglieder der etruskischen Gesellschaft sieht, obwohl sie in Abhängigkeit zu den »Herrschenden« stehen.

Ähnlich erscheinen die »Diener« auch in mehreren Berichten über Vorgänge, die schließlich zur römischen Eroberung und Zerstörung von Volsinii (Orvieto) im Jahr 264 v. Chr. führten. Diese lassen sich kurz etwa so zusammenfassen (hauptsächlich nach Zonaras, *Epitome historiarium* 8, 7, und Valerius Maximus, *Memorabilia* 9, 1 ext. 2): Nach einer militärischen Niederlage gegen die Römer waren die »Herren« von Volsinii in eine Art Lethargie verfallen, hatten ihre »Diener« bzw. »Knechte« an der militärischen Führung und auch an den Staatsgeschäften beteiligt, diese sogar mehr oder weniger ganz in deren Hände gegeben. Die »Diener« wiederum sollen sich daraufhin immer mehr Rechte herausgenommen, sogar Frauen aus den Familien der »Herren« geheiratet und schließlich die »Herren« selbst vollständig entmachtet haben. Daraufhin hätten die so Gedemütigten geheime Boten nach Rom um Hilfe gesendet. Die Römer eroberten die Stadt, zerstörten sie und siedelten die überlebenden Bewohner an einen anderen Ort um (Volsinii novi, heute Bolsena). Soweit die Quellen, die mutmaßlich auf Rechtfertigungen derjenigen beruhen, die das römische Eingreifen und damit den so von ihnen wohl nicht gewollten Untergang der einst mächtigen Stadt herbeigeführt hatten.

Wie verzerrt die Darstellung sein mag – durch sie erahnen wir die Existenz von Emanzipationsbestrebungen unterprivilegierter Bevölkerungsgruppen, die auf entschiedenen bis verzweifelten Widerstand stießen. Ähnliche Konflikte könnte es im 4. und 3. Jh. v. Chr. häufiger gegeben haben, zumal die Aristokratie angesichts enger werdender Verteilungsspielräume zur Abschottung tendierte (vgl. 6.3). Dass die Ereignisse in Volsinii kein Einzelfall waren, deutet sich in einer kurzen Notiz des Livius an. Demnach sollte im Jahre 302 v. Chr. im etruskischen Arezzo das übermächtige und wegen seiner Anhäufung von Reichtümern verhasste Geschlecht der Cilnier mit Waffengewalt aus der Stadt vertrieben werden. Unruhen in weiten Teilen Etruriens waren die Folge, was die Römer auf den Plan rief. Am Ende des Feldzugs wurde der Aufstand in Arretium beigelegt »und das Geschlecht der Cilnier mit der Plebs versöhnt« (*Ab urbe condita* 10, 3, 2 und 5, 13). Die Wortwahl des Geschichtsschreibers an dieser Stelle erinnert sicher nicht zufällig an die sogenannten Ständekämpfe in Rom, den Konflikt zwischen Patriziern und Plebejern. Das mag eine auf den römischen Leser zugeschnittene, den wirklichen Verhältnissen nicht gerecht werdende Analogiebildung sein. Doch bestätigt sie, dass die nicht-aristokratischen Bevölkerungsgruppen Etruriens keineswegs alle mehr oder weniger rechtlos waren. Revoltieren wirklich Unfreie, wie im Jahr 197/96 v. Chr. wohl die Arbeiter auf den Latifundien Etruriens, spricht Livius nicht von einer »Plebs«, sondern von *servi* (*Ab urbe condita* 33, 36, 1–3).

6.5 Politische Institutionen

Wenn die antiken Geschichtsschreiber gelegentlich von der Existenz einer Plebs oder eines Senatorenstandes in etruskischen Städten berichten, so ist das oft auf verzerrende Analogiebildungen zurückzuführen. Gewisse Übereinstimmungen zwischen den römischen und etruskischen Herrschaftsstrukturen müssen gleichwohl bestanden haben. Dafür spricht, dass viele Rangabzeichen und Insignien, mit denen die Römer sozialen Status und politische Macht kenntlich machten, nach übereinstimmender Überlieferung von den Etruskern übernommen waren. Das gilt für das typische Männergewand, die Toga, mit ihren je nach Stand differenzierten Ziersäumen, für die elfenbeinernen Amtssessel und Szepter der Magistrate, für die ihnen von Liktoren vorangetragenen Rutenbündel und vieles mehr (Diodoros Siculus, *Bibliotheca* 5, 40, 1; Dionysios von Halikarnassos, *Antiquitates Romanae* 3, 61, 1–2; Livius, *Ab urbe condita* 1, 8, 2–3). Die Glaubwürdigkeit der literarischen Überlieferung wird in vielen Fällen durch archäologische Funde bestätigt (vgl. 6.3).

Nach Darstellung der Geschichtsschreibung waren die meisten der genannten Abzeichen ursprünglich Königen vorbehalten, die über die etruskischen Städte geherrscht hätten. Über einzelne Herrscher erfahren wir allerdings nur wenig, sodass die ganze Institution des etruskischen Königtums weitgehend im Dunkeln bleibt. Mehr wird natürlich über die römischen Könige etruskischer Herkunft berichtet, Tarquinius Priscus und Tarquinius Superbus, die nach antiker Tradition im 6. Jh. v. Chr. die Stadt am Tiber regiert haben (vgl. 3.2). Der erste soll, bevor er nach Rom kam, als etruskischen Vornamen *Lucumo* geführt haben, den er dann in das römische *Lucius* änderte. Dazu scheint zu passen, dass die Mehrzahl *lucumones* andernorts nicht als Name, sondern als Titel etruskischer Könige bezeugt ist (Servius, *Commentarii in Vergilii Aeneidos* 2, 278; 8, 475 u. ö.). Einmal werden *lucumones* jedoch allgemeiner als *Etruriae potentes*, als »Machthaber in Etrurien« bezeichnet (Censorinus, *De die natali* 4, 13). Dies und die fast ausschließlich bezeugte Pluralform lassen gewisse Zweifel aufkommen, ob es sich bei den etruskischen »Königen« denn in der Regel tatsächlich um Monarchen handelte oder doch eher um eine kleine Gruppe von Mächtigen. Diese könnten sich die Führung der Stadtstaaten geteilt haben, wobei jeweils einem von ihnen der Vorsitz zukam. Unbestreitbar ist, dass es gerade in der Frühzeit in den etruskischen Städten zentrale Autoritäten mit religiösen wie im weitesten Sinne politischen Kompetenzen gegeben haben muss. Ein Indiz dafür ist die Zeremonie der Stadtgründung (?), die sich zu Beginn des 7. Jh.s auf dem »Pian di Civita« von Tarquinia vollzogen hat (vgl. 4.1).

Auch ragen in der Zeit um die Wende vom 8. zum 7. Jh. v. Chr. pro Generation oft einzelne Bestattungen in den Nekropolen heraus.

Freilich müssen die politischen Verhältnisse und Herrschaftsformen nicht in allen etruskischen Städten gleich gewesen sein. Für Veji beispielsweise ist die Überlieferung zum Königtum etwas dichter und konkreter als andernorts, sodass zumindest der angeblich um 437/432 v. Chr. herrschende Lars Tolumnius mit einiger Zuversicht als historische Persönlichkeit angesehen werden darf (vgl. Livius, *Ab urbe condita* 4, 17–20). Nach dessen Tod in der Schlacht scheint in Veji ein republikanisches System mit wechselnden Oberbeamten eingeführt worden zu sein. Doch kam es dadurch zu fortwährenden inneren Machtkämpfen, sodass man 404/403 v. Chr. erneut einen König wählte, dessen Name nicht genannt wird (Livius, *Ab urbe condita* 4, 58, 2; 5, 1, 2). Nicht nur hier erscheint die Königsherrschaft an eine Wahl gebunden. Der in Veji gekürte Kandidat stieß bei deren etruskischen Verbündeten auf so starken Widerwillen, dass sie der Stadt fortan jeglichen militärischen Beistand verweigerten (vgl. 3.3). Livius begründet das mit der arroganten Persönlichkeit des neuen Herrschers und der von ihm verursachten Störung einer religiösen Feierlichkeit. Es lässt sich jedoch annehmen, dass dahinter eine allgemeine Ablehnung der Monarchie durch die Nachbarn stand, denn die Hilfe sollte solange ausbleiben »wie die Stadt einem König gehorche«.

Die Zeit des 6. bis 5. Jh.s v. Chr. muss hinsichtlich der Verfassungsentwicklung in Etrurien als Übergangsperiode gelten, in der sich aus Königtum oder strenger Oligarchie ein republikanisches System entwickelte. In dieser Phase treten einzelne charismatische Anführer hervor, die eine quasi monarchische Machtstellung nicht durch dynastische Erbfolge oder Wahl erreichen, sondern sich auf eine Schar entschlossener Gefährten stützen. Es war offenbar üblich, dass etruskische Aristokraten im Kriegsfall ein Kontingent aus ihnen persönlich verpflichteten Gefolgsleuten aufboten. Ein eindrucksvolles Zeugnis dafür ist der Fund eines Depots mit über hundert Bronzehelmen identischen Typs bei der Stadtmauer von Vetulonia, die alle Besitzerinschriften mit demselben Gentilnamen *(Hapsnaś)* tragen. Auf Grundlage dieser Praxis war es durchaus möglich, als eine Art »warlord« eine private Armee zu unterhalten, um auf Raub- und

Eroberungszüge zu gehen. Solche Unternehmungen waren wohl das Geschäft der Gebrüder Vibenna (etrusk. *Vipinas*), die aus der römischen Geschichtsschreibung bekannt sind, ebenso aber aus etruskischen Quellen, etwa den Fresken der »Tomba François« in Vulci (vgl. 3.2). Für ihre militärischen Coups, zu denen vielleicht sogar eine Eroberung Roms zählte, stützten sie sich nicht nur auf einfache Gefolgsleute oder Söldner. Vielmehr umgaben sie sich mit einem engeren Zirkel von persönlichen Kampfgefährten. Solche *sodalitates* oder *hetairiai*, wie man sie in Rom bzw. Griechenland nannte, bildeten gerade in Gesellschaften mit noch nicht voll ausgeprägter staatlicher Ordnung eine Art »pressure groups«. Auch der legendenumwobene König von Clusium, Lars Porsenna, der am Ende des 6. Jh.s v. Chr. vor Rom stand, und Thefarie Velianas, der zu Beginn des folgenden Jahrhunderts offenbar eine Art persönlicher Alleinherrschaft über Caere ausübte, konnten sich jeweils vielleicht auf eine *sodalitas* verlassen.

Neben den sehr verstreuten historischen Quellen lassen archäologische Funde und Denkmäler erkennen, dass sich in etruskischen Städten des 6. und 5. Jh.s v. Chr. kommunale Strukturen festigten. Es sei an dieser Stelle nur auf die Tendenzen zu einer übergreifenden Planung des Stadtraums und die Entwicklung öffentlicher Heiligtümer mit monumentalen Kultbauten verwiesen (vgl. 4. 2 und 7.4).

Ein institutionell ausgeprägtes politisches System können wir für die Zeit ab etwa dem 4. Jh. fassen. Ein wichtiges Indiz ist das Aufkommen von Münzen in verschiedenen etruskischen Städten, nachdem zuvor nur Populonia solche geprägt hatte. Die jeweils verantwortliche Stadt ist auf den Münzen – schwere Bronzestücke, die dem römischen *aes grave* entsprechen – durch den eingeschriebenen Namen oder Hoheitszeichen kenntlich gemacht. So finden sich auf Münzen von Tarquinia ein Keiler und der Buchstabe A. Beide Motive begegnen auch als Schildzeichen in Grabmalereien der »Tomba Giglioli« aus dem ausgehenden 4. Jh. Dadurch wird zum einen deutlich, dass die Zeichen als gewissermaßen staatliche Symbole in unterschiedlichen Zusammenhängen fungierten, zum anderen, dass der Grabinhaber aus dem Geschlecht der *Pinie* offenbar in Ausübung eines politischen Amtes ein aus Bürgern der Stadt rekrutiertes Heer befehligt hat. Solche Truppen müssen die von einzelnen Clanchefs aufgebotenen militärischen Kontingente wenn nicht völlig verdrängt, so doch mindestens ergänzt haben. Tarquinia scheint hinsichtlich der institutionellen Ausgestaltung des Stadtstaates mit am weitesten fortgeschritten zu sein, sind doch von hier die meisten Inschriften mit Nennung städtischer Magistraturen bekannt (vgl. 6.3). Auf strukturelle Übereinstimmungen der Ämterlaufbahn mit dem republikanischen Rom wurde schon hingewiesen. Hinzufügen lässt sich, dass in Etrurien trotz einer gewissen Tendenz zur Ämterhäufung offenbar das Prinzip der Annuität galt, die Ämter also jeweils für ein Jahr vergeben wurden. Daher werden etruskische offizielle Dokumente ebenso wie in Rom mit den Namen der wichtigsten Jahresbeamten datiert. Die Kollegialität, also das Prinzip, wonach sich wenigstens zwei Personen jeweils die Amtsführung teilten, ist zumindest vereinzelt für Etrurien nachweisbar.

Die zahlenmäßig in den Inschriften am häufigsten vorkommende Amtsbezeichnung, in unterschiedlichen Schreibweisen als *zilath, zilaḉh* bzw. *zilac* belegt, konnte mit einer Reihe von spezifizierenden Zusätzen versehen werden (z. B. *zilath eterav, zilath mechl rasnal, zilath cechaneri*). Die Bedeutung der Zusätze ist im Einzelnen strittig, doch lässt sich eine Parallele ziehen zum Kollegium der neun Archonten in Athen, das unter anderen einen *archon basileus* (mit vorwiegend religiösen Aufgaben) und einen *archon polemarchos* (für das Militärwesen) einschloss. Wie das Wort *archon* seinem Ursprung nach den Inhaber einer »Herrschaft« bezeichnet, könnte *zilath* zunächst einfach den Herrscher schlechthin bezeichnet haben. Der bisher früheste Beleg des Titels, aus dem frühen 6. Jh. v. Chr., lässt diesbezüglich leider keine Schlüsse zu. Die Goldbleche von Pyrgi jedoch aus dem frühen 5. Jh., sprechen den oben erwähnten Thefarie Velianas in der etruskischen Version als *zilac*, in der phönizischen als »Herrscher über Caere« *(mlk'l kyšry)* an (4.4).

Außer dem Amt des *zilath* sind für die spätere Zeit noch andere Titel von Magistraturen belegt, deren Kompetenzen aber kaum näher beschrieben werden können. Beratende Gremien oder Volksversammlungen sind durch etruskische Inschriften hingegen nicht belegt. Allein einige hier schon behandelte Bildzeugnisse aus Chiusi lassen vielleicht in Kombination mit flüchtigen Erwähnungen bei Livius auf eine Art von Adelsrat oder Senat schließen (*Ab urbe condita* 27, 24, 4 und hier 6.3).

Eine ganze Reihe von politischen Gliederungen, wie man sie von den Römern kennt, z. B. Stämme bzw. Stimm- und Wahlbezirke *(tribus, curiae, centuriae)*, werden in einem antiken Wörterbuch auch für Etrurien bezeugt (Festus, *De verborum signficatu* [Pauli excerpta] p. 358 L). Sie betreffende Regelungen sollen in religiösen Schriften der Etrusker, den *libri rituales*, niedergelegt gewesen sein (vgl. 7.1). Die Zuverlässigkeit dieser Aussage mag hinsichtlich der aufgezählten Institutionen fraglich erscheinen. Dass das etruskische Rechtssystem zumindest in seiner späten Ausformung religiös eingebunden war, wird jedoch durch andere Quellen bestätigt. Sie beziehen sich vor allem auf Gesetze, die das Eigentum an Grund und Boden regelten. In einem ins Lateinische übertragenen, visionären Text warnt eine Nymphe namens Vegoia ihren Adressaten vor dem Umsturz der durch göttliche Satzung geregelten Eigentumsverhältnisse (enthalten in der Sammlung *Gromatici veteres*, ed. K. Lachmann 1848, p. 350). Auch wird ein »Buch über das etruskische Bodenrecht« *(liber terrae iuris Etruriae)* als Teil der kodifizierten religiösen Lehren, der *Etrusca disciplina* erwähnt (Servius, *Commentarii in Vergilii Aeneidos* 1, 2; vgl. hier 7.1). Allerdings berufen sich originale etruskische Dokumente, in denen sehr konkret bestimmte Eigentumsfragen behandelt werden – Inschriften auf einem Grenzstein aus Perugia und auf einer Bronzetafel aus Cortona –, soweit erkennbar nicht auf göttliche Autoritäten.

Abschließend ist hier noch ein föderales System zu erwähnen, zu dem sich zwölf Stadtstaaten des etruskischen Kernlandes zusammengeschlossen hatten. Die Ursprünge liegen im Dunkeln, und selbst die Liste seiner Mitglieder ist nicht sicher zu rekonstruieren. Möglicherweise hat es im Laufe der Geschichte auch wechselnde Zusammensetzungen gegeben. Veji beispielsweise dürfte nach seiner Eroberung und Zerstörung durch die Römer 396 v. Chr. ausgeschieden sein, den Platz könnte eine zwischenzeitlich zu größerer Bedeutung aufgestiegene Stadt wie Populonia eingenommen haben, das laut Servius (*Commentarii in Vergilii Aeneidos* 10, 172) bei Gründung des Bundes noch nicht existiert hatte. Allerdings sind Überlieferungen, die die Gründung des Bundes in sagenhafter Vorzeit ansiedeln (z. B. Strabon, *Geographica* 5, 2, 2), mit Skepsis zu betrachten. Konkrete Nachrichten über Bundesversammlungen liegen erst für das 5. Jh. v. Chr. vor. Wahrscheinlich hatten sich die etruskischen Städte nach dem

Vorbild der ionischen Griechen, zu denen sie im 6. Jh. v. Chr. enge Beziehungen unterhielten, zusammengeschlossen, denn auch im westlichen Kleinasien existierte ein Bund aus zwölf Städten (Herodot, *Historiae* 1, 142).

Wie sich die Ionier zu regelmäßigen Versammlungen in einem Bundesheiligtum trafen, so taten dies die Vertreter der etruskischen Städte. Das Bundesheiligtum wird in römischen Quellen *fanum Voltumnae* genannt, seine geographische Lage aber nicht beschrieben. Man geht allgemein davon aus, dass es sich bei Orvieto *(Volsinii)* befand. Dafür spricht, dass in einer spätantiken Inschrift aus dem umbrischen Spello, aus der Zeit Konstantins, von Zusammenkünften mit Festspielen die Rede ist, die »nach alter Gewohnheit« bei Volsinii stattfänden (vgl. 3.3). In den letzten Jahren wird vermehrt die Ansicht vertreten, das *fanum Voltumnae* sei identisch mit einem Heiligtum am Fuße des Stadthügels von Orvieto (mit der modernen Bezeichnung »Campo della Fiera«). Einen endgültigen Beweis dafür gibt es noch nicht (vgl. 7.4).

Wie bei den Festversammlungen der Spätantike die Vertreter etruskischer und umbrischer Gemeinden einen Vorsteher wählten, so taten dies nach den literarischen Quellen die Mitglieder des etruskischen Städtebundes. Jener wird zuweilen »König« genannt (Livius, *Ab urbe condita* 1, 8, 3; Servius, *Commentarii in Vergilii Aeneidos* 8, 475). In dem ausführlichsten Bericht über eine etruskische Bundesversammlung spricht Livius hingegen von der Wahl eines *sacerdos*, also eines Priesters. Sie fand gegen Ende des 5. Jh.s statt. Ein Kandidat aus Veji hoffte damals auf das Amt, doch wurde ihm ein anderer vorgezogen. Daraufhin zog der Unterlegene ihm untergebene Akrobaten und Musiker mitten aus der Zeremonie ab. Dieser Frevel machte ihn so verhasst, dass die übrigen Etrusker, als der Vejenter (wie oben erwähnt) später König seiner Stadt wurde, die militärische Unterstützung im Kampf gegen Rom einstellten (*Ab urbe condita* 5, 1). Hier, klarer aber noch an anderen Stellen (z. B. *Ab urbe condita* 4, 23, 5; 6, 2, 2; 10, 13, 3), wird deutlich, dass die Versammlungen des Bundes auch politischen Charakter hatten und beispielsweise zur Koordinierung des Vorgehens gegen äußere Feinde dienten. Eine staatliche Einheit Etruriens, die alle oder auch nur einen Teil der Städte zusammengefasst hätte, hat jedoch nie existiert.

7. Die etruskische Religion

7.1 *Die Überlieferung des religiösen Wissens*

Als bei einer Zusammenkunft des etruskischen Städtebundes gegen Ende des 5. Jh.s v. Chr. der Kandidat aus Veji bei der Wahl des Bundespriesters unterlag, zog dieser, wie beschrieben, zornig seine an der Durchführung der Feierlichkeiten beteiligten Leute ab. Diese Störung des Festbetriebes galt den Etruskern als Frevel, waren sie doch »ein Volk, das vor allen anderen umso mehr den religiösen Verpflichtungen oblag, als es in deren Kenntnis und Beachtung herausragte« (Livius, *Ab urbe condita* 5, 1, 6). Mit dieser Formulierung charakterisiert Livius die Etrusker in einer Weise, die ein vielfaches antikes und nachantikes Echo gefunden hat. Mitunter ist der Nachhall negativ, wie bei Arnobius, der zu Beginn des 4. Jh.s n. Chr. eine christliche Verteidigungsschrift verfasste. Dort nennt er Etrurien die »Erzeugerin und Mutter des Aberglaubens« (*Adversus nationes* 7, 26, 4). Bei christlichen Autoren des 15. und 16. Jahrhunderts hingegen, die in Opposition zum »Neuheidentum« der Renaissance stehen, verschafft der Ruf starker Religiösität den Etruskern besonderen Kredit (vgl. hier 1).

Die Perspektive, in der die Etrusker als besonders skrupulös und gottesfürchtig erscheinen, ist indes eine spezifisch römische. Bei griechischen Autoren findet sich davon, jedenfalls vor der römischen Kaiserzeit, keine Spur. Selbst die in augusteischer Zeit aktiven Geschichtsschreiber wie Diodor und Dionysios pflegen hauptsächlich das Klischee der verwöhnten und dekadenten Etrusker. Religion spielt dabei kaum eine Rolle. Die römische Sichtweise erklärt sich aus der Wertschätzung, die man etruskischen Formen der Deutung göttlicher Vorzeichen entgegenbrachte, vor allem der Eingeweideschau beim Tieropfer und der Interpretation von Himmelszeichen. Dass dahinter eine Grundüberzeugung steckte, die zumindest den philosophisch Geschulten unter den Römern fremd war, erklärt Seneca in einem bekannten Passus seiner »Naturbetrachtungen«: »Dies unterscheidet uns und die Etrusker, die die größte Kenntnis von der Erforschung der Blitze haben: Wir meinen, dass Blitze hervorgebracht werden, weil Wolken zusammengestoßen sind; sie selbst meinen, dass Wolken zusammengestoßen würden, um Blitze hervorzubringen. Denn weil sie alles auf die Gottheit beziehen, sind sie der Meinung, dass nicht etwas, was geschieht, gleichsam Bedeutung erhalte, sondern dass etwas geschehe, damit es etwas bedeute« (*Quaestiones naturales* 2, 32, 2). Das etruskische Weltbild müsste demnach ein streng deterministisches, wenn nicht fatalistisches gewesen sein – eines, in dem alles dem Willen der Götter untergeordnet ist, weswegen umso größere Sorgfalt auf seine Erforschung verwendet wird.

Ziel der Ergründung des Götterwillens ist, die – um mit einem römischen Begriff zu sprechen – *pax deorum* zu gewährleisten, das friedliche Einvernehmen mit den Göttern. Die etruskische Vorzeichendeutung lieferte nun Hinweise nicht nur auf Störungen der *pax deorum* und deren Ursachen, sondern auch auf mögliche Sühnemittel (Seneca, *Quaestiones naturales* 2, 32, 1). Eben diese Kompetenz war, wie man heute sagen würde, das »Alleinstellungsmerkmal« einer Gruppe innerhalb der etruskischen Priesterschaft. Die Römer nannten sie *haruspices* und riefen sie immer wieder zu Konsultationen in ihre Stadt. Die Wertschätzung ging so weit, dass der römische Senat selbst dafür Sorge trug, das etruskische Spezialwissen nicht verloren gehen zu lassen und eine systematische Unterweisung von Söhnen vornehmer Familien sicherzustellen (Cicero, *De divinatione* 1, 92). Nach dem Bericht des Tacitus unternahm noch Kaiser Claudius im Jahr 47 n. Chr. entsprechende Bemühungen (*Annales* 11, 15). Die fortdauernde »Rekrutierung« von Haruspices für Rom in den südetruskischen Städten ist durch Inschriften eines Kollegiums *(ordo LX haruspicum)* seiner Mitglieder vor allem in Tarquinia nachweisbar.

Konsultationen der Haruspices in Rom sollen schon früh stattgefunden haben, konkrete Fälle werden seit dem 3. Jh. v. Chr. erwähnt. Doch häuften sich die Anfragen in der Zeit der römischen Bürgerkriege. Die verschärften, oft genug blutig ausgetragenen politischen Auseinandersetzungen jener Epoche erhöhten die Aufmerksamkeit für vermeintlich göttliche Zeichen (*prodigia*, *portenta* oder *monstra* genannt). Dabei ging es vor allem um solche, die nicht provoziert und nicht gesucht worden (wie z. B. bei Beobachtung des Vogelflugs), sondern spontan aufgetreten waren, sodass Bezüge und Bedeutung erklärt werden mussten. Erwähnt werden Blitzeinschläge, Erdbeben, außergewöhnliche Niederschläge, Geburten von Zwittern oder Lebewesen mit mehreren Köpfen. Die Bürgerkriegsparteien nutzten die religiösen »Gutachten« der etruskischen Haruspices auch für ihre Zwecke, indem sie die jeweiligen politischen Gegner für die Störung der *pax deorum* verantwortlich machten. Ciceros Rede »Über die Auskunft der Haruspices« *(De haruspicum responso)* aus dem Jahr 56 v. Chr. ist dafür ein gutes Beispiel.

Vor diesem Hintergrund entstand im 1. Jh. v. Chr. eine ganze Reihe lateinischer Schriften über etruskische Techniken der Vorzeichendeutung, von denen wir oft nicht mehr als die Titel und Namen der Verfasser kennen. Ein Teil der Autoren war sicher etruskischer Herkunft. Um sich in Rom einzuführen, nutzten sie innerhalb der Familien weitergegebenes Spezialwissen, wie Cicero von seinem Bekannten Aulus Caecina aus Volterra berichtet (*Ad familiares* 6, 5, 3). Auf die Werke aus jener Zeit stützen sich wiederum Autoren der römischen Kaiserzeit, der Spätantike und der byzantinischen Zeit. Die einen wie die anderen gaben an, aus der »etruskischen Lehre« *(Etrusca disciplina)* zu schöpfen, die in einer Mehrzahl von Büchern niedergelegt war, die sich mit Eingeweideschau, also Haruspizin *(libri haruspicinae)*, Blitzdeutung *(libri fulgurales)* und rituellen Vorschriften *(libri rituales)* beschäftigten. Dies entspricht jedenfalls einer von Cicero bezeugten und verschiedentlich bestätigten Einteilung (*De divinatione* 1, 72). Insbesondere die *libri rituales* scheinen in verschiedene Unterabteilungen gegliedert gewesen zu sein. Dazu gehörten etwa *libri Acherontici*, in denen es um das Todesschicksal ging (z. B. Servius, *Comentarii ad Vergilii Aeneidos* 8, 398), oder *libri fatales*, in denen die schicksalhafte Vorherbestimmung nicht nur des Menschenlebens, sondern zugleich der in einzelne *saecula* unterteilten und endlichen Geschichte behandelt wurde (z. B. Censorinus, *De die natali* 17, 5–6; vgl. hier 2.1).

Die *disciplina* war nach etruskischer Vorstellung von prophetischen Wesen offenbart worden. Da war zum einen Tages, von dem Cicero (*De divinatione* 2, 50) berichtet, er sei einer Erdscholle entstiegen, als ein Mann bei Tarquinia sein Feld pflügte. Nach Johannes Lydos, der im 6. Jh. n. Chr. ein Buch über Vorzeichen schrieb, war dieser Mann Tarchon, der mythische Gründer von Tarquinia (*De ostentis* 3). Tages unterrichtete die herbeikommenden Etrusker in der *disciplina* und hieß sie, die Lehren schriftlich aufzuzeichnen (vgl. 2.1). Die Bücher der *disciplina* werden daher mitunter auch insgesamt als *libri Tagetici* bezeichnet, so beim spätantiken Geschichtsschreiber Ammianus Marcellinus (*Res gestae* 17, 10, 2). Dieser erwähnt im selben Zusammenhang *libri Vegonici*, die auf eine andere etruskische Prophetin zurückgeführt werden können. Ihr Name ist in verschiedenen Formen überliefert, Vegoia oder auch Begoe. In einem spätantiken Vergilkommentar wird sie als »Nymphe« bezeichnet, ein Hinweis darauf, dass Vegoia kein menschliches Wesen war (Servius, *Comentarii in Vergilii Aeneidos* 6, 72). Ausdrücklich wird ihr hier die Autorschaft der Blitzlehre zugeschrieben. In einer offenbar weitgehend wörtlichen Übersetzung einer etruskischen »Prophezeiung« der Vegoia hingegen geht es um die Einteilung des Landes, das Eigentum an Grund und Boden, daher ist dieses Dokument auch im Corpus der Schriften römischer Feldmesser überliefert (*Gromatici veteres*, ed. K. Lachmann 1848, p. 350; vgl. hier 6.5).

Von den originalen Schriften der *Etrusca disciplina* ist leider keine erhalten geblieben. Was überliefert ist, sind nicht systematische Unterweisungen oder Offenbarungen, sondern eine Art von Kalendern. Diese erinnern insofern wenigstens entfernt an einen »brontoskopischen«, also zur Ausdeutung von Donner angelegten Kalender, den der römische Autor Publius Nigidius Figulus im 1. Jh. v. Chr. unter Berufung auf etruskische Quellen, insbesondere auf Tages, verfasst hat und der uns in einer griechischen Übertragung des 6. Jh.s n. Chr. durch Johannes Lydos überliefert ist. Die originalen etruskischen Ritualkalender verzeichnen hingegen nicht göttliche Zeichen, sondern Opfer und Handlungen, die an bestimmten Tagen und Orten für verschiedene Gottheiten zu verrichten waren. Der eine dieser Kalender ist in einen Tonziegel aus Capua eingeschrieben, der sich heute in den Berliner Museen befindet. Der Text umfasst etwas über 300 Wörter. Einen wesentlich längeren etruskischen Text enthalten die schon erwähnten Agramer Mumienbinden (vgl. 2.3). Das aus heutiger Sicht ungewöhnliche Material, Leinen, findet seine Entsprechung bei priesterlichen Chroniken in Rom.

Obwohl die Originalquellen spärlich und in Teilen nicht übersetzbar sind, dürfte der anhand der römischen Überlieferung gewonnene Eindruck, dass die etruskische Religion eine Buch- und eine Offenbarungsreligion war, nicht ganz falsch sein. Es bestanden offenbar durchaus Parallelen zu nahöstlichen, uns heute vor allem durch das Judentum vertrauten Formen der Überlieferung religiöser und historischer Erfahrungen. Das wiederum mag mit dem starken Einfluss aus dem Vorderen Orient während der Formierung der etruskischen Zivilisation und Gesellschaft zusammenhängen (vgl. 4.4). Auch in jüngeren historischen Schichten scheinen solche Einflüsse wirksam gewesen zu sein. So enthält der genannte Donnerkalender viele Vorstellungen, die man aus babylonischen astrologischen Texten des 2. und 1. Jh.s v. Chr. kennt.

Vor allem aber die Eingeweideschau ist auf den ersten Blick eng mit nahöstlichen Praktiken verwandt. Aus beiden Regionen kommen Modelle von Schafslebern, die in Mesopotamien bis in das 2. Jahrtausend zurückreichen, während in Etrurien nur zwei Exemplare aus wesentlich späterer Zeit bekannt sind: eines aus Ton aus dem 4. Jh., eines aus Bronze aus dem späten 2. Jh. v. Chr. Unterschiede gibt es wohl auch hinsichtlich der Verwendung der Modelle. Die mesopotamischen Beispiele beschreiben die zu beobachtenden Anomalien der Leber und wurden wenigstens zum Teil als Dokumente konkreter Weissagungen archiviert. Die etruskischen dürften eher der Unterweisung in Haruspizin gedient haben. Das Bronzemodell aus Piacenza gibt deswegen nicht nur die stilisierte Form der Schafsleber wieder, sondern unterteilt diese durch Linien in unterschiedliche Regionen, in die Götternamen eingetragen sind. Hier ist demnach ein Abbild des Kosmos auf die Leber übertragen, was so nicht durch mesopotamische Lebermodelle, aber immerhin ähnlich durch einen Text aus Uruk aus dem 3. oder 2. Jh. v. Chr. bezeugt ist. Auch hier greifen wir also eine vergleichsweise junge historische Schicht, sodass die etruskische Haruspizin nicht ohne weiteres als Mitbringsel frühgeschichtlicher Einwanderer aus dem Orient begriffen werden kann.

Am Modell aus Piacenza wird zugleich deutlich, was die besondere Leistung der etruskischen Haruspices in ihrem historischen Umfeld ausmachte. Römische oder griechische Eingeweideschauer stellten bei Betrachtung der Leber eines Opfertieres in der Regel nur fest, ob das Opfer den Göttern willkommen war oder nicht. Dabei kam es vor allem auf die Bildung eines bestimmten Fortsatzes der Leber an (*caput iecoris*, nach moderner Terminologie *lobus caudatus*). Fehlte dieser oder erschien seine Gestalt ungewöhnlich verändert, musste das Opfer unter Umständen wiederholt werden. Die etruskischen Opferschauer stellten wesentlich differenziertere Betrachtungen an, die die gesamte Leber einbezogen; je nach der Stelle, an der außergewöhnliche Merkmale festzustellen waren, konnten sie die unwillige Gottheit identifizieren und die Ursachen der Ablehnung des Opfers erschließen.

Der Unterricht in der Haruspizin wird auch durch bildliche Darstellungen illustriert. Auf einem gravierten Spiegel aus Tuscania sieht man etwa zwei Männer, beide mit spitzen Fellkappen, wie sie zur typischen Tracht der Haruspices gehörten (Abb. 20). Nur einer der Männer, der jüngere von beiden, trägt die Kappe tatsächlich auf dem Kopf. Er steht vornübergebeugt und betrachtet aufmerksam eine Tierleber, die er in Händen hält. Eine Frau schaut den Männern über die Schultern. Diesen drei Figuren sind Namen beigeschrieben: *Avle Tarchunus* (der ältere

Abb. 20: Tuscania, Spiegel, Florenz / Museo Archeologico Nazionale (hier Umzeichnung, nach: Pfiffig, Religio Etrusca, Graz 1975, S. 39)

Mann), *Pava Tarchies* (der jüngere), *Ucernei* (die Frau). Eingerahmt wird die Leberschau durch zwei männliche Götter, die äußerlich den griechischen Göttern Apollon und Zeus ähneln und wohl deren etruskische Pendants *Aplu* bzw. *Tinia* meinen. Man hat das Bild, auch wegen der Namensbeischriften, auf die Unterweisung des Tarchon durch Tages beziehen wollen, doch bleibt diese Deutung mit Unsicherheiten behaftet. Ganz gewiss ist aber eine Art von Ursprungslegende dargestellt, die auf göttliche Weisheit als Quelle des heiligen Wissens verwies. In diesem Sinne ist wohl auch die Darstellung auf einem anderen gravierten Spiegel zu verstehen, der *Menrva*, also die etruskische Minerva/Athena, thronend einem geflügelten weiblichen Wesen gegenüber zeigt. Dieses ist *Lasa Vecu* genannt und darf wohl mit der in den römischen Quellen als (Nymphe) Vegoia angesprochenen »Prophetin« identifiziert werden.

Die Weitergabe des einmal offenbarten Wissens durch Unterricht und Schriften findet sein Echo in einigen originalen etruskischen Zeugnissen, namentlich in Grabmonumenten. So lassen sich Verstorbene in Cerveteri und Chiusi im 4. Jh. v. Chr. auf den Deckeln von Sarkophag bzw. Urne mit Leinenbüchern, der Mann in Chiusi zusätzlich mit der Fellmütze des Haruspex wiedergegeben. *Laris Pulenas*, ein im 3. Jh. verstorbener Mann aus Tarquinia, ist ebenfalls auf einem Sarkophagdeckel mit einer ausgebreiteten Buchrolle gezeigt. Die darauf aufgezeichnete Inschrift bezeichnet ihn unter anderem als Verfasser einer Schrift über Eingeweideschau. Im späteren 2. Jh. schließlich ist *Avle Lecu* aus Volterra auf seiner Urne mit einem Lebermodell in der Hand dargestellt. Diese Art der Selbstdarstellung lässt auch ermessen, welche Bedeutung das religiöse Spezialwissen für den Status der etruskischen Elite besessen haben muss – wie wir gesehen haben, bis hin zu ihrer vollständigen Integration in die römische Gesellschaft. So schließt denn auch die erwähnte »Prophezeiung der Vegoia«, mit der sie einen Arruns Veltymnus aus Chiusi anspricht, mit den Worten: »Sei nicht trügerisch und nicht doppeldeutig, senke die *disciplina* in dein Herz«.

7.2 *Kosmologie und die Ordnung von Raum und Zeit*

Die Bronzeleber von Piacenza ist mit das wichtigste originale Zeugnis zur etruskischen Vorstellung von der Einteilung der Welt, die sich auch durch den Abgleich mit Äußerungen römischer Autoren in ihren Grundzügen erkennen lässt. Den besten Ausgangspunkt bieten Plinius des Älteren Aussagen über die etruskische Blitzlehre, die in seiner Naturgeschichte enthalten sind. Dort heißt es unter anderem: »Bei dieser Betrachtung (gemeint ist die Blitzschau) haben die Etrusker den Himmel in sechzehn Teile aufgeteilt. Der erste reicht von Norden bis zum Sonnenaufgang bei Tagnachtgleiche, der zweite (von dort) bis Mittag, der dritte (von dort) bis zum Sonnenuntergang bei Tagnachtgleiche, der vierte nimmt das ein, was vom Sonnenuntergang bis Norden übrig ist. Diese Teile haben sie wiederum in je vier Teile geteilt, davon nannten sie die acht beim Sonnenaufgang die linken, ebensoviele auf der Gegenseite die rechten. Die unheilvollsten sind die, die von Westen gegen Norden reichen. Daher ist es von höchster Bedeutung, woher die Blitze gekommen sind und wohin sie gegangen sind« (*Naturalis historia* 2, 143). Das hier beschriebene Koordinatensystem lässt sich noch weiter ausfüllen, wenn wir einen zweiten Text der römischen Literatur heranziehen, eine allegorisch eingekleidete Enzyklopädie, die Martianus Capella im 5. Jh. n. Chr. verfasst hat. Auch er beschreibt eine Einteilung des Himmels in sechzehn Regionen, und obwohl er keinen etruskischen Ursprung des Systems erwähnt, ist die Übereinstimmung mit Plinius' Angaben doch schlagend, zumal das letzte Viertel laut Martianus Capella von den Schicksals-, Nacht- und Unterweltsmächten beherrscht wird (*De nuptiis Philologiae et Mercurii* 1, 45–60). Doch werden für alle Himmelsregionen dort beheimatete Götter aufgezählt, viele davon mit ungewöhnlichen, aus der römischen Religion nicht vertrauten Namen. Diese lassen sich dafür zumindest teilweise recht gut mit den Götternamen auf der etruskischen Bronzeleber und sogar mit deren dortiger Anordnung zur Deckung bringen (Abb. 21).

In ihren religiösen Schriften müssen die Etrusker demnach eine recht ausgefeilte Einteilung der Welt entworfen haben, die als Grundlage nicht zuletzt der Deutung von Himmelszeichen fungierte. Dieselbe Einteilung ließ sich auf handgreifliche Objekte wie eine Schafsleber übertragen. Daher praktizierten dieselben Priester sowohl Opferschau wie Blitzdeutung, im späteren 1. Jh. v. Chr. etwa ein *Lars Cafates*, der sich in der lateinischen Fassung seiner Grabinschrift als *haruspex* und *fulguriator* (etrusk. *netśvis trutnvt frontac*) bezeichnet.

Es nimmt also nicht Wunder, dass die Himmelsordnung auch auf den Erdboden projiziert worden ist. Ein wichtiger Hinweis dafür ist, dass die Eingänge zu Grabkammern innerhalb großer Tumuli häufiger nach Nordwesten, also zu den Regionen der Unterwelts- und Schicksalsgottheiten hin ausgerichtet sind (vgl. 5.2 und 4). Auch die Tempelbauten scheinen, je nach darin verehrter Kultgottheit, bestimmten Orientierungen zu folgen. Außerdem werden in Abhandlungen der römischen Feldmesser die von ihnen praktizierten Verfahren auf die *Etrusca disciplina* und die Haruspices zurückgeführt. Am deutlichsten äußert sich

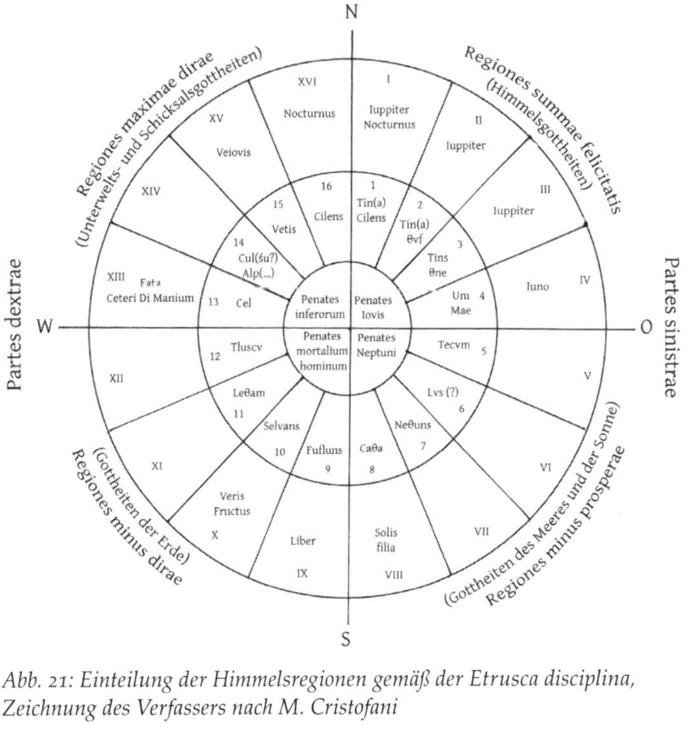

Abb. 21: Einteilung der Himmelsregionen gemäß der Etrusca disciplina, Zeichnung des Verfassers nach M. Cristofani

diesbezüglich Sextus Iulius Frontinus, ein auf technische Fragen spezialisierter Autor um 100 n. Chr., der sich auf Varro beruft. Demnach leitete sich die Festlegung der Hauptachsen, *decumanus* (Nord-Süd) bzw. *cardo* (Ost-West), also des Achsenkreuzes, das allen geplanten römischen Städten und Militärlager und auch der Zumessung von Ackerland zugrunde lag, von der Raumkonzeption der Etrusker her (*De limitibus* = *Gromatici veteres*, ed. K. Lachmann 1848, p. 27–28).

Die Anwendung der bei Frontinus und anderen beschriebenen Methoden lässt sich für etruskische Planstädte wie Marzabotto oder Spina immerhin wahrscheinlich machen. In beiden wurden an Kreuzungen im innerstädtischen Straßennetz sorgfältig geschützte, große Kiesel gefunden, die auf der Oberseite ein Kreuzzeichen aufweisen. Es ist die sog. *decussis*, die Markierung des Punktes, von dem aus das für die rasterartige Gliederung des Stadtraums konstituierende Achsenkreuz festgelegt wurde. Für Marzabotto haben Untersuchungen jüngerer Zeit plausibel dargelegt, dass jener Punkt wiederum bei einer vom Akropolishügel im Nordwesten der Stadt aus vollzogenen Himmelsschau festgelegt worden war (vgl. 4.2).

Weniger eindeutig lassen sich bestimmte, mit Stadtgründungen verbundene Rituale, die wir aus römischen Quellen kennen, auf etruskische Ursprünge zurückführen. Nach der Legende soll schon Romulus bei der Gründung Roms etruskische Spezialisten konsultiert haben, die ihm auf Grundlage von »heiligen Satzungen und Schriften« die anzuwendenden Verfahren darlegten. Dazu gehörte, dass Romulus mit Ochsengespann und Pflug die »Urfurche« zog *(sulcus primigenius)*. Sie markierte die sakrale Stadtgrenze. An Stellen, wo der Pflug angehoben worden war und die Furche aussetzte, wurden die Stadttore platziert. So beschreibt es Plutarch in seiner Biographie des Romulus (11, 1–3), und dasselbe ist als etruskischer Ritus für Stadtgründungen durch Varro bezeugt (*De lingua Latina* 5, [32] 143). Zudem enthielten die etruskischen *libri rituales* laut dem Wörterbuch des Festus Bestimmungen über Stadtgründungsriten, heilige Unverletzlichkeit der Stadtmauern und rechtliche Garantien für die Stadttore (*De verborum signficatu* [Pauli excerpta] p. 358 L).

Dass die kosmische Ordnung und die daraus abgeleiteten Ordnungen auch eine zeitliche Dimension besaßen, geht schon aus der am Lauf der Sonne orientierten Einteilung von Himmel und Erde hervor. Zudem bezeugen die erwähnten Originaltexte die Existenz etruskischer Ritual- und Festkalender. Die Lehre von den *saecula* als Abschnitte der Geschichte des etruskischen Volkes spricht für eine in religiösen Schriften begründete und historisch ausgefüllte Zeitrechnung. Das Ende der einzelnen *saecula* wurde durch göttliche Zeichen bekundet, die natürlich der Auslegung durch die Priesterschaft bedurften (Censorinus, *De die natali* 17, 6). Der deterministische Grundzug der *Etrusca disciplina* kam dabei sicher zum Tragen. Eine bestimmte Zeremonie, die sich laut Livius jährlich in Volsinii, am Tempel der Göttin Nortia – und vergleichbar am Kapitolstempel in Rom – vollzog, deutet in dieselbe Richtung. Für jedes Jahr wurde dabei am Tempel ein Nagel eingeschlagen (*Ab urbe condita* 7, 3, 7). Dabei ist zu bedenken, dass der Nagelschlag als Sinnbild für eine schicksalhafte Festlegung galt. Ein gutes Beispiel dafür liefert ein etruskischer Spiegel aus dem späten 4. Jh. v. Chr. Auf dessen gravierter Rückseite sieht man eine junge, weibliche, geflügelte Gestalt mit Namen *Athrpa* – also Atropos, eine der griechischen Schicksalsgöttinnen – mit einem Nagel einen Eberkopf fixieren. Zu ihren Seiten erscheinen Aphrodite (etrusk. *Turan*) und Adonis *(Atunis)* sowie Meleager *(Meliacr)* und Atalante *(Atlenta)* – mithin zwei mythische Paare, die in Eberjagden mit tödlichen Folgen verwickelt waren. So war denn die individuelle Lebenszeit ebenso wie der Lauf der Welt in etruskischer Sicht vorherbestimmt.

7.3 Die etruskische Götterwelt

Während die römischen und spätantiken Quellen zur etruskischen Religion ein äußerst differenziertes und komplexes System vor allem der Deutung göttlicher Zeichen erkennen lassen, bleibt hinsichtlich der Figuren der Götter Vieles vage. So treten in den Aufzählungen etruskischer Gottheiten, etwa bei Martianus Capella, plurale Wesenheiten oder Götterkollegien auf; auch begegnet ein und dieselbe Gottheit, namentlich Jupiter, in verschiedenen Himmelsregionen. Der Eindruck entsteht, dass mit den Namen schwer zu identifizierende Mächte angesprochen werden. Exemplarisch seien hierzu Senecas Ausführungen über die drei Blitzarten zitiert, die Jupiter nach etruskischer Lehre zur

Verfügung stünden. Demnach musste der Gott, wollte er einen Blitz der dritten Kategorie, einen tatsächlich zerstörerischen Blitz mit weitreichenden Folgen senden, den Rat der *dei superiores et involuti* einholen, der »oberen und eingehüllten«, also unerkannten und im Dunkel stehenden Götter (*Quaestiones naturales* 2, 41, 2).

Solche Mystifikationen mögen dazu gedient haben, die Exklusivität und den »wissenschaftlichen« Charakter der etruskischen Blitzlehre noch zu betonen. Doch fehlt den etruskischen (und im Übrigen auch den römischen) Göttern überhaupt eine entwickelte »Persönlichkeit«, die durch mythische Erzählungen charakterisiert würde. Jedenfalls findet sich davon so gut wie nichts in der schriftlichen Überlieferung. In der Bildwelt folgen die Darstellungen der Gottheiten oft griechischen Mustern, sodass sie von ihrer Gestalt oder typischen Attributen her den griechischen Göttern gleichen. Der Gott *Turms* beispielsweise wird mit breitkrempigem, oft geflügeltem Reisehut, Flügelschuhen und Botenstab ganz wie der griechische Hermes wiedergegeben. Gleichwohl trägt er, anders als ganz offenbar aus Griechenland »eingewanderte« Gottheiten wie *Ap(u)lu*-Apollon oder *Aritimi*-Artemis, einen rein etruskischen Namen. Folglich dürfte der etruskische Gott schon bekannt und verehrt worden sein, bevor man sich ein Bild von ihm machte, das dem griechischen Hermes ähnelte.

Die Frage ist, ob es überhaupt menschengestaltige Vorstellungen von Gottheiten in Etrurien gab, bevor der Einfluss der griechischen Bilder im 6. Jh. v. Chr. prägend wurde. Für die Villanova-Epoche ist nichts Derartiges nachzuweisen. Der figürliche Schmuck selbst von Objekten mit offensichtlich kultischer Funktion, wie der eines kleinen vierrädrigen Bronzewagens aus einem Grab in Bisenzio (am Lago di Bolsena) aus dem späten 8. Jh. v. Chr. stellt vor allem vorbildliche Handlungsmuster (z. B. Pflügen, Zweikampf) und Rollen (z. B. Krieger, Frau mit Gefäß, Kind) der zeitgenössischen Agrargesellschaft zusammen. Möglicherweise besteht auch eine Verbindung zu tatsächlich praktizierten Riten. Doch lässt sich in keiner Figur ein Gott oder Heros erkennen. Für die folgende Phase der orientalisierenden Zeit kann immerhin auf Figuren »nackter Göttinnen« verwiesen werden. Ein besonders kunstvoll gearbeitetes Beispiel wurde in einem Grabkontext in Marsiliana d'Albegna gefunden. Es ist eine weibliche Elfenbeinfigur, aus dem zweiten Viertel des 7. Jh.s, knapp 10 cm hoch, die mit einer Hand ihre linke Brust, in der anderen ein Gefäß hält. Obwohl in einer etruskischen Werkstatt gefertigt, zeigt die Statuette deutliche Anklänge an syro-phönizische und zyprische Darstellungen der Göttin Astarte, einer Liebesgöttin mit kriegerischen Zügen. Zwar kann man von solchen Bildwerken, gerade angesichts der Herkunft aus einem Grab, nicht unmittelbar auf eine kultische Verehrung schließen. Doch ist zu bedenken, dass knapp 200 Jahre später noch die etruskische *Uni* in Pyrgi mit Astarte verglichen und vielleicht sogar spezifische Züge aus deren Kult wie die Tempelprostitution übernommen wurden. Insofern ist durchaus wahrscheinlich, dass die Kontakte in den Nahen Osten bei der Entwicklung der etruskischen Vorstellung des Göttlichen eine entscheidende Rolle spielten. Möglicherweise deswegen waren die Etrusker ihren Nachbarn einen Schritt voraus, was die Visualisierung der Gottheiten betrifft. Aus einer Kombination zweier Hinweise ergibt sich nämlich, dass das erste Götterbild in Rom im Tempel auf dem Kapitol im Auftrag des aus Etrurien stammenden Königs Tarquinius Priscus durch den etruskischen Künstler Vulca geschaffen worden war (Varro bei Augustinus, *De civitate dei* 4, 31; Plinius Maior, *Naturalis historia* 35, 157).

Namen etruskischer Gottheiten sind vereinzelt seit dem 7. Jh., häufiger dann seit dem 6. Jh. v. Chr. durch Weihinschriften und Beischriften auf Bildwerken bezeugt. Die Namen selbst lassen verschiedene Herkunftsregionen der Figuren der etruskischen Götterwelt, des »Pantheons«, erkennen. Grob lassen sich drei Gruppen unterscheiden: erstens sprachgeschichtlich etruskische Namen, zweitens indoeuropäisch-italische Namen und drittens griechische Namen. Der ersten Gruppe kommt dabei keineswegs ein Übergewicht zu. Zu ihr zählen unter anderen der bereits erwähnte *Turms*; *Tinia*, den die Römer Jupiter nannten und der bildlich an Zeus angenähert war; *Turan*, die wesentliche Züge der Aphrodite übernahm; zwei mit Apollon verglichene Götter, *Rath* und *Śuri*, wobei der letztere allerdings eher den Charakter eines Unterwelts- oder Totengottes hat; *Vei* und *Cavatha*, weibliche unterweltliche und Fruchtbarkeitsgottheiten, die man mit den griechischen Göttinnen Demeter und Persephone parallelisieren könnte; *Fufluns*, der etruskische Dionysos; *Laran*, der Kriegsgott, ein Pendant zu Ares und Mars. Die zweite Gruppe, mit italischen Götternamen, ist fast ebenso umfangreich wie die erste. Dazu gehört die schon erwähnte *Uni*, die in Pyrgi mit Astarte, sonst häufig mit Hera und Juno gleichgesetzt ist. Außerdem sind zu nennen: *Men(e)rva*, die römisch-italische Minerva, die in Bildern Athena gleicht; *Nethuns*, also Neptun bzw. Poseidon, der Gott des Meeres; *Selvans*, dessen Name dem römischen Silvanus entspricht, ein Gott der Wiesen und Felder. Von den griechischen Namen wurden *Ap(u)lu* und *Aritimi* (auch *Artumes*) schon genannt, dazu kommt *Hercle*, der in Etrurien kultische Ehren erhielt und eindeutig zu den Göttern gezählt wurde, anders als Herakles in Griechenland. Der Einfluss des ebenfalls mit Herakles verglichenen phönizischen Melqart mag dabei eine Rolle gespielt haben. Die griechischen Götter der Unterwelt begegnen als *Aita* (Hades) und *Phersipnei* (Persephone) in etruskischen Bildern und Beischriften seit dem 4. Jh. v. Chr., hinzu kommt *Charun*, der anders als sein griechischer Namensvetter Charon aber kein Unterweltsfährmann ist, sondern ein dämonischer Begleiter der Toten und Hüter des Tores zum Jenseits.

Lassen die drei sprachgeschichtlich unterscheidbaren Gruppen verschiedene historische Schichten der etruskischen Götterwelt erkennen? Da die Überlieferung aller drei Gruppen gleichzeitig einsetzt, ist das kaum möglich. Allerdings liegen den ins Etruskische eingeführten italischen Namen sozusagen prähistorische Formen zugrunde. Man hat daher einen frühen Import bzw. einen beherrschenden Einfluss der umbrischen und latinischen Nachbarn auf die Etrusker angenommen. Plausibler scheint, dass das Pantheon sich mit der Entstehung der (proto-)urbanen Zentren in Etrurien und der dort stattfindenden Konzentration von Bevölkerungsgruppen unterschiedlicher Herkunft konstituierte (vgl. 4.1). Auch ist davon auszugehen, dass in den verschiedenen etruskischen Gemeinwesen zum Teil unterschiedliche Götter verehrt bzw. diese mit unterschiedlichen Namen angesprochen wurden. So wird ein Gott namens *Voltumna* bzw. *Vortumnus* von römischen Schriftstellern als im Bundesheiligtum der Etrusker verehrter bzw. oberster Gott Etruriens erwähnt (Varro, *De lingua latina* 5, 46; Livius, *Ab urbe condita* 4, 23, 5 und öfter). In etruskischen Inschriften kommt er hingegen nicht vor. Jedoch ist eine Form *Velthumna* erschließbar, die zumindest ihrem Ursprung nach ein Beiname des *Tinia* gewesen sein dürfte, der in Volsinii vielleicht den Hauptnamen verdrängt hatte.

Eine weitere Differenzierung der etruskischen Götterwelt ist nötig. Manche ihrer Figuren sind nämlich offensichtlich nie Adressaten von Kulthandlungen gewesen, d. h. es sind keine ihnen geweihten Heiligtümer oder inschriftlich bezeichneten Gaben bekannt. Das gilt etwa für *Sethlans*, das Pendant des griechischen Hephaistos. Gleichwohl begegnen wir ihnen in Bildwerken, unter denen die gravierten Rückseiten von Bronzespiegeln

Abb. 22: Bolsena, Spiegel, London / British Museum (Umzeichnung, nach: Gerhard, Etruskische Spiegel, Bd. 3, Berlin 1863, Taf. 257b)

eine besonders ergiebige Quelle für unsere Kenntnis der etruskischen Götterwelt darstellen. Diese haben meist aus der griechischen Mythologie bekannte Episoden zum Gegenstand. Manche Szenen sind jedoch vom griechischen Mythos her nicht zu erklären und spiegeln offenbar genuin etruskische, uns daher in Unkenntnis literarischer Versionen kaum verständliche Überlieferungen. Dazu zählt beispielsweise eine Szene auf einem Spiegel aus Bolsena in London (Abb. 22). Insgesamt sind hier drei Babys dargestellt, durch Beischriften als *Mariś Isminthians*, *Mariś Husrnana* und *Mariś Halna* bezeichnet. *Turms* und eine weibliche Gestalt namens *Amatutunia* halten je eines der Babys in Händen, das dritte, mittlere, entsteigt einem Gefäß, um das herum *Menrva*, *Turan* und *Laran* stehen. *Mariś*, mit anderen spezifizierenden Beinamen und in Gestalt von Erwachsenen, kommt auf weiteren Spiegeln vor, z. B. als *Mariśtinsta* (*Mariś* des *Tinia*) und *Mariśhercles* (*Mariś* des *Hercle*). Nach einer sehr einleuchtenden These ist demnach *Mariś* mit dem römischen »Genius« zu vergleichen: eine den Individuen innewohnende göttliche und lebensspendende Kraft. Diese Vorstellung ist nicht griechisch, wird gleichwohl auf den gravierten Spiegeln mit im griechischen Gewand dargestellten Gottheiten und teils auch namentlich griechischen Gottheiten verbunden. Das zeigt nochmals, wie eng und quasi untrennbar Elemente unterschiedlicher Herkunft in der etruskischen Religion verbunden sind.

Mariś bezeichnet offensichtlich einen Zug, der bestimmten, durch die Zusätze benannten Wesen gemeinsam ist, oder eher noch eine Funktion oder Wirkungsweise dieser Wesen. Eine solche Auffassung des Göttlichen lässt sich auch in anderen Religionen Altitaliens wiederfinden. Die »Persönlichkeit« der Gottheit ist demgegenüber schwach entwickelt, was wiederum erklären mag, warum wir von vielen etruskischen Göttern nur eine verschwommene Vorstellung haben. Mancher auf Spiegeln oder in anderen Bildern beigeschriebene Name scheint denn auch eher ein *nomen agentis* zu sein, das mehr eine typischerweise ausgeübte Tätigkeit denn eine Person bezeichnet. Als Beispiel für solche oft auf *-th* endende Namen sei eine jugendlich-weibliche Gestalt mit Namen *Snenath* angeführt. Sie wird jeweils an der Seite der *Turan* dargestellt, mit Fächer oder Parfümflakon; einmal ist sie sogar *Snenath Turns*, »Snenath der Turan« genannt. Man wird darunter wohl eine spezielle Dienerin, eine *ornatrix* bzw. »Zofe«

der Göttin verstehen. Gerade *Turan* ist in etruskischen Bildern mit einer ganzen Schar dienender Geister umgeben, meist weiblich, jugendlich und nackt, oft mit großen Schulterflügeln. In das weitere Umfeld gehören auch als *Lasa* angesprochene Gestalten, wobei der Name mehrfach mit individualisierenden Zusätzen versehen ist. Insofern scheint eine Parallele zum männlichen *Mariś* vorzuliegen. Ausgehend von der oben erwähnten *Lasa Vecu* kann man eine Übersetzung mit »Nymphe« vorschlagen. Jedenfalls handelt es sich um eine vielfache und vielfältige Erscheinung, nicht um eine göttliche »Person«. Mit *Lasa* und ähnlichen Wesenheiten, z. B. der Schicksalsbotin und Totengeleiterin *Vanth*, fassen wir Kreise von spezialisierten Helferinnen und Helfern, wie sie offenbar verschiedenen etruskischen Gottheiten zugeordnet war.

7.4 Heiligtümer, Tempel und Kulte

Die kultische Verehrung der Götter kam in Etrurien wie in vielen anderen Regionen Altitaliens sehr oft ohne oder weitgehend ohne architektonische Strukturen aus. Vielfach lässt sich daher ein heiliger Ort archäologisch nur durch die dort im Laufe der Zeit als Gaben an die Götter niedergelegten Objekte identifizieren. Solche Orte finden sich im ländlichen Raum besonders häufig an Quellen und Gewässern oder auch an Passstraßen und Viehtriften. Auch natürliche Höhlen und weithin sichtbare Erhebungen zogen kultische Aktivitäten an. Die Votivobjekte sind zumeist von kleinem Format und eher geringem Materialwert. Oft handelt es sich um Bronze- oder Tonfigürchen in Menschengestalt, die meist stellvertretend für die Weihenden oder ihre Angehörigen stehen, weniger häufig die angerufenen Gottheiten darstellen. Auch Tierfiguren und, bei Heilgottheiten, Nachbildungen einzelner menschlicher Organe kommen vor. Zudem wurden Rohmetall, Werkzeuge, Waffen und Gefäße deponiert. Manche dieser Objekte haben Miniaturformat und sind dadurch von gewöhnlichen Gebrauchsgegenständen deutlich unterschieden.

Die in den Heiligtümern praktizierten Kultformen lassen sich nicht zuletzt nach den verschiedenen Arten von Opferstätten unterscheiden. Das Brandopfer muss man sich in Kombination mit einem Opfermahl denken, bei dem die Kultgemeinde die nicht für die Götter bestimmten Fleischstücke verzehrte. Bildliche Darstellungen zeigen gebaute, oft reich profilierte Steinaltäre, auf denen Opferfeuer brennen und zu denen die Opfertiere in einer Prozession geführt werden. Grabbeigaben wie Opfermesser, Feuerböcke und Bratspieße verweisen auf führende Rollen bei der Ausführung solcher Opfer, damit zugleich auf den Rang innerhalb der Opfergemeinschaft. Neben Brandaltären gibt es Tische zum Ablegen unblutiger Opfergaben oder mit Höhlungen zur Aufnahme von Gussspenden (Libationen). Häufig bezeugt sind in etruskischen Heiligtümern zudem Altäre und Opfergruben (Bothroi), mit deren Hilfe die Opfergaben direkt im Erdboden deponiert oder – im Fall von Flüssigkeiten, auch Blut von Opfertieren – durch senkrechte Kanäle in den Boden geleitet wurden. Im südlichen Bereich des Heiligtums von Pyrgi bei Cerveteri haben sich viele Beispiele für solche Opferstätten erhalten, an denen man vor allem unterweltliche und Fruchtbarkeitsgottheiten verehrte. Die oft niedrigen Einfassungen der Gruben werden hier ihrerseits häufiger von Mauern umgeben, die aber in vielen Fällen wohl kein Dach trugen.

Zu den Kultstätten unter freiem Himmel konnten schon in früher Zeit geschlossene Gebäude hinzutreten, die wenigstens zum Teil sakrale Funktionen erfüllten. Das gilt in erster Linie für die Siedlungszentren. Ein Beispiel ist die Hütte neben einer natürlichen Aushöhlung des Felsens auf dem »Pian di Civita« von Tarquinia aus dem 8. Jh. v. Chr. Dass dieser kultische Bedeutung zukam, wird indes nur aus ihrer Lage und vergleichsweise großen Dimensionen (ca. 20 m^2) geschlossen. Später, zu Beginn des 7. Jh.s, entstand in der Nähe einer der frühsten Steinbauten Etruriens, das sog. Gebäude Beta, das einen Altar umschloss und (nachträglich) mit einer Hofmauer umgeben wurde. Dieser Bezirk war Schauplatz wichtiger, gemeinschaftsstiftender Rituale des städtischen Zentrums in seiner Entstehungsphase (vgl. 4.1). Hier ist im Ansatz bereits eine Abgrenzung des sakralen Bereichs vom übrigen Siedlungsareal erkennbar. Eine klarere Trennung von anderen gesellschaftlichen Funktionen sowie eine Entwicklung von spezifischen, wiedererkennbaren Formen der Sakralarchitektur vollziehen sich allerdings erst nach und nach. Beispiele für Baukomplexe mit Mischfunktionen liefern der »Palazzo« von Murlo, der Oikos auf dem Plateau von Piazza d'Armi am Rande von Veji sowie ein aus Lehmziegeln errichteter Gebäudekomplex im Zentrum von Roselle, alle aus dem mittleren 7. Jh. (vgl. 4.2).

Mit dem 6. Jh. v. Chr. kommen dann Bauten auf, die nach unserem Verständnis als »Tempel« zu bezeichnen sind, also herausgehobene, dem Kult der Götter vorbehaltene Gebäude. Sie treten nun neben die weiterlaufenden älteren Formen von Kultbezirken und -gebäuden. Das früheste archäologisch nachgewiesene Beispiel eines Tempels innerhalb Mittelitaliens, aus den Jahren um 580 v. Chr., ist allerdings in Rom angesiedelt, bei der heutigen Kirche S. Omobono. Es fällt mithin in eine Zeitspanne, in der nach antiker Tradition etruskische Könige über Rom herrschten. Dieselbe Tradition legt den Baubeginn des erst wesentlich später vollendeten kapitolinischen Tempels in etwa dieselbe Zeit und schreibt die Initiative dazu dem König Tarquinius Priscus zu (Livius, *Ab urbe condita* 1, 38, 6–7). Es mag daher Zufall der Überlieferung sein, wenn der älteste uns bekannte Tempelbau Etruriens, der von »Ara della Regina« in Tarquinia, jünger als die erwähnten römischen Beispiele ist. Seine Anfänge gehen auf die Zeit um 570 v. Chr. zurück. Entscheidende Anstöße für die Entwicklung der Sakralarchitektur haben in Rom wie in Etrurien sicherlich die seit Beginn des 6. Jh.s in Unteritalien und Sizilien errichteten monumentalen und in Stein ausgeführten Tempel geliefert.

Der Tempel von »Ara della Regina« in Tarquinia muss schon in seinen frühen Phasen ein beeindruckendes Bauwerk gewesen sein. Er bildete das Zentrum einer künstlichen Plattform aus Tuffquadern von 31,5 × 55 m Fläche. Darauf erhob sich der Unterbau des eigentlichen Tempels, ein Podium, das über eine Treppe an seiner Ostseite erreicht werden konnte. Ein solches Podium, durch das der Tempel deutlich aus seiner Umgebung herausgehoben wird, ist eines der typischen Eigenheiten der etruskischen und römischen Sakralarchitektur. Man hat die Tempelpodien mit den Tamburen etruskischer Grabhügel verglichen, die oft von Ringgräben umschlossen sind, sodass die Tumuli quasi isoliert erscheinen und nur über Rampen bzw. »Brücken« erreicht werden können (vgl. 5.2). Möglich ist auch ein Zusammenhang mit dem in Etrurien wie in Rom fassbaren Konzept des *templum*, eines zur Beobachtung von Himmelszeichen und zur Durchführung ritueller Handlungen abgegrenzten Bereichs. Zwar liegt das Wort dem modernen »Tempel« zugrunde, von der Bedeutung her ist es aber keineswegs deckungsgleich und bezeichnet ursprünglich kein Gebäude. Bemerkenswert ist in diesem Zusammenhang die Existenz von Podien, die keine Tempel trugen, sondern offenbar als Opferplätze und *templa* im oben erwähnten Sinne dienten. Zwei Beispiele finden sich inmitten der Tempel auf der sog. Akropolis von Marzabotto.

Das Podium der etruskisch-italischen Tempelarchitektur markiert jedenfalls einen wesentlichen Unterschied zu älteren, stets ebenerdigen Kultbauten sowie zu griechischen Tempeln mit allseitigen Stufenunterbauten. Das Podium des ersten Tempels von »Ara della Regina« war wohl nicht sehr hoch und verhältnismäßig langgestreckt. Darauf erhob sich das Tempelhaus (Naos) mit hintereinander geschaltetem Vorraum (Pronaos) und Hauptraum (Cella). Dieser Bau wurde einige Jahrzehnte später deutlich erweitert. Fläche und Höhe des Podiums wuchsen; der alte Grundriss wurde im Kern zwar beibehalten, aber um zwei flankierende, weit vorgezogene, L-förmige Mauerzüge erweitert, zwischen die im vorderen Teil vier Säulen gestellt waren. Auf solche Weise wurden dem Kernbau eine Vorhalle und zwei offene Flügelräume hinzugefügt. Damit war ein typisches, später in Etrurien und Italien oft wiederholtes Planschema, der Tempel mit Alae, gefunden. Im 4. Jh. v. Chr. wurde der Tempel von »Ara della Regina« dann nochmals erneuert und vergrößert und auch die Tempelterrasse bedeutend erweitert, sodass sie ältere Strukturen mit vom Tempel abweichender Orientierung weitgehend überdeckte.

Eine ganze Reihe monumentaler Tempelbauten folgte gegen Ende des 6. und in den ersten Jahrzehnten des 5. Jh.s v. Chr. Darunter gibt es einige, die sich enger an griechischer Sakralarchitektur zu orientieren scheinen, vor allem durch die Umrahmung des eigentlichen Tempelhauses mit Säulenhallen. Neben dem Kapitol in Rom ist hier der sog. Tempel B in Pyrgi zu nennen. Bei diesem nimmt das Tempelhaus nur einen kleinen Teil des Podiums ein. Eine bzw. (an der Front) zwei Reihen von Säulen umgeben ihn. Im Vergleich mit griechischen Tempeln fallen geringe Zahl und weite Stellung der Säulen auf. Statische Probleme ergaben sich dadurch nicht, weil bei etruskischen anders als bei den meisten griechischen Tempeln hölzerne und nicht steinerne Architrave auf den Säulen auflagen. Damit konnten größere Abstände überspannt werden. Auf dem Gebälk ruhte eine wiederum aus Holz, gebrannten Tonziegeln und Dekorationselementen aus Terrakotta bestehende Dachkonstruktion. Das Dach war ein Satteldach, wie auch bei griechischen Tempeln üblich, die Giebelfelder jedoch offen gestaltet. Einige Jahrzehnte nach dem Tempel B wurde noch vor der Mitte des 5. Jh.s v. Chr. nördlich davon ein zweiter Tempel (A) errichtet (Abb. 23). Dieser variiert ein schon in älteren Beispielen, z. B. vom Tempel auf dem Portonaccio-Plateau am Rande von Veji, bekanntes Muster. Charakteristisch ist die in Relation zur Länge große Breite des Tempelhauses. Dieses teilt sich in einen rückwärtigen Teil, der sich in drei Räume gliedert, von denen der mittlere der breiteste ist. Der vordere Teil wird von zwei Zungenmauern gerahmt, zwischen die zwei oder vier Säulen gestellt sind. Dem Tempel A von Pyrgi ist zusätzlich noch eine Reihe von vier Säulen vorgeblendet. Diese Bauweise war noch dem zur Zeit des Augustus schreibenden Architekten Vitruv als die »tuskanische«, also von den Etruskern herrührende Tempelform bekannt. Vitruv gibt auch recht präzise Proportionsregeln wieder, die sich aber nur teilweise mit erhaltenen Tempelbauten in Einklang bringen lassen (*De architectura* 4, 7). Ohne Zweifel jedoch stellt der »tuskanische« Typus eine besonders charakteristische Erscheinungsform der etruskischen Sakralarchitektur dar.

Der Tempel vom Portonaccio ebenso wie Tempel A in Pyrgi liefern eindrucksvolle Beispiele für den bildlichen Schmuck etruskischer Sakralbauten. Dieser unterschied sich von Material, Form und Art der Anbringung her durchaus von Skulpturen an griechischen Bauten. So waren mindestens vier, wahrscheinlich

Abb. 23: Pyrgi, Tempel A und B (Rekonstruktionszeichnung, nach: Haynes, Etruscan Civilization, Los Angeles – London 2000, S. 175)

mehr großformatige Freiplastiken aus Terrakotta mittels sattelartiger Basen auf dem First des Portonaccio-Tempels positioniert – anders als bei griechischen Tempeln, wo vergleichbare Figuren auf den drei Ecken des Giebeldreiecks stehen. In Veji ist der Streit zwischen Herakles und Apollon um die kerynitische Hirschkuh dargestellt. Die Köpfe des Firstbalkens und weiterer Dachbalken eines etruskischen Tempels waren gewöhnlich mit Tonplatten verkleidet. Eine solche Verkleidungsplatte (Antepagmentum) vom Tempel A in Pyrgi ist als vielfiguriges Relief gestaltet, dass einen griechischen Mythos – den Kampf der Sieben gegen Theben – in einer sehr eigenen Art und Weise interpretiert (vgl. 8.2; Abb. 27). In späteren Zeiten, vor allem im 3. und 2. Jh. v. Chr., werden dann die gesamten Giebelfelder etruskischer Tempel mit Hochreliefs aus Terrakotta verschlossen. Ein berühmtes Beispiel für ein solches Relief kommt vom Tempel von Talamone (Orbetello, bei Grosseto), und wiederum ist der Kampf der Sieben gegen Theben als Thema gewählt (vgl. auch 8.2–3). Im Übrigen sind die etruskischen Tempel und besonders die Dächer geradezu überreich mit vielfarbigen Schmuckelementen aus Terrakotta, ornamentalen und figürlichen Friesen, aber auch oft maskenartig gestalteten Stirnziegeln verziert gewesen.

Über Götterbilder in den Tempeln wissen wir nur durch schriftliche Zeugnisse. So soll das Kultbild des Jupiter Capitolinus in Rom von einem etruskischen Künstler geschaffen worden sein (7.3). Die Goldtäfelchen von Pyrgi erwähnen für Tempel B ein Bild der darin verehrten Göttin. Ein Kultbild war wohl die archaische, am Typus der »nackten Göttin« orientierte Statue aus griechischem Marmor in einem Heiligtum bei Orvieto, die sog. Venus von Cannicella. Allerdings stand sie nicht in einem Tempel, sondern unter freiem Himmel oder in einem kleinen Schutzbau des Heiligtums, das zu einer Nekropole gehörte (vgl. 7.5).

Von einem weiteren Kultbild berichtet Livius. Demnach war *Uni* (er nennt sie Juno) die wichtigste Göttin von Veji; um die Stadt ihres göttlichen Schutzes zu berauben, riefen die Römer sie vor dem Sturmangriff 396 v. Chr. in einer speziellen Zeremonie heraus, zogen sie quasi zu sich herüber (vgl. 3.3). Nach der gelungenen Einnahme musste daraufhin das Bild der Göttin nach Rom überführt werden. Die dazu Ausersehenen taten es mit einer gewissen Scheu, weil »dieses Bild nach etruskischem Brauch niemand außer dem Priester aus einem bestimmten Geschlecht zu berühren pflegte« (*Ad urbe condita* 5, 22, 4). Das führt uns zu einem anderen wichtigen Aspekt, der Kontrolle der Heiligtümer durch aristokratische Clans bzw. durch städtische Institutionen. Wie die von Livius geschilderten Zustände zeigen, bestand offenbar kein grundsätzlicher Gegensatz zwischen dem die gesamte Stadt repräsentierenden, »poliadischen« Charakter eines Kultes und einer erblichen Weitergabe des führenden Priesteramtes. Es entspricht ja auch der gesamten Struktur der etruskischen Gesellschaft, dass der Einfluss der Aristokratie immer prägend blieb. Indem jedoch die sakralen Funktionen in quasi öffentlichen, jedenfalls dem unmittelbaren Zugriff einzelner Familien entzogenen Arealen ausgeübt, diese Orte auch nach außen mit spezifischen Architekturformen kenntlich gemacht werden, wird die Ausübung des Kultes doch zu einer gemeinschaftlichen und dadurch Gemeinschaft stiftenden Praxis. In Einzelfällen meint man sogar, eine Ablösung aristokratischer Residenzen, die auch Kultstätten einschlossen, durch monumentalisierte Heiligtümer greifen zu können. So wurden in Cerveteri, in der Flur »Vigna Parocchiale« nahe dem antiken Stadtzentrum, in den 1980er-Jahren bedeutende Überreste eines wohl dreiräumigen tuskanischen Tempels ausgegraben. Dass das Heiligtum für eine kollektive Kultpraxis gedacht war, legen auch die unweit des Tempels entdeckten Reste eines Versammlungsgebäudes oder Kulttheaters mit elliptischem Grundriss nahe (vgl. 4.2). Der Tempel stammt aus dem frühen 5. Jh. v. Chr., einer Epoche, in der in Cerveteri und andernorts der aristokratischen Macht engere politisch-institutionelle Grenzen gesetzt zu werden scheinen (vgl. 6.3). In diesem Zusammenhang ist interessant, dass der Tempel die Stelle eines älteren, um einen dreieckigen Hof gruppierten Gebäudekomplexes einnahm, der systematisch abgerissen und eingeebnet worden war. Nach einer Hypothese war letzterer zugleich Wohnsitz und Amtslokal eines hohen Priesters gewesen, vergleichbar der *Regia* auf dem Forum Romanum in Rom.

Nach der Lage der Heiligtümer lassen sich in gewissem Maße ihre Funktionen für die städtischen Gesellschaften differenzieren. Manche, wie das Beispiel der »Vigna Parocchiale« in Cerveteri, der Tempel von »Ara della Regina« in Tarquinia, der sogenannte Große Tempel von Vulci oder zwei erst in den letzten beiden Jahrzehnten entdeckte Tempel von Marzabotto, sind besonders eng in das städtische Siedlungsareal eingebunden, obgleich sie von diesem, wie für Marzabotto nachgewiesen, durch Mauern separiert oder wie in Tarquinia durch eine Terrasse herausgehoben sein konnten. Bei dem einen der innerstädtischen Tempel von Marzabotto, der wohl *Tinia* geweiht war, weist eine nur bruchstückhaft erhaltene Gründungsurkunde auf einen Zusammenhang mit der gesamten städtebaulichen Neuordnung des 5. Jh.s hin (vgl. 4.2). Eher auf Wahrnehmung von außen angelegt, aber deswegen wohl nicht weniger enger mit der Stadt und ihren Bewohnern verbunden, sind die Tempel auf der sog. Akropolis von Marzabotto oder etwa auch der Tempel vom Belvedere am Rande des Stadtfelsens von Orvieto.

Das Heiligtum vom Portonaccio mit dem *Menerva* geweihten tuskanischen Tempel liegt hingegen am Fuße des Stadtplateaus von Veji, außerhalb der Mauern, nahe bei einem Stadttor. Der Kult an diesem Ort könnte Bewohner der Stadt und solche des Umlandes zusammengeführt haben, zumal sich westlich der das Heiligtum begrenzenden Mauer eine zur Abhaltung von Märkten und Versammlungen geeignete Freifläche befand. Eine ähnliche Funktion ist für das Areal von »Campo della Fiera« denkbar, das westlich unterhalb von Orvieto in der Ebene gelegen ist und sich für Zusammenkünfte verschiedener Art anbietet. Seit dem Jahr 2000 haben Ausgrabungen hier ein ausgedehntes Heiligtum aufgedeckt. Drei Tempelbauten, dazu Altäre und Weihgaben bezeugen einen Kultbetrieb vom 6. Jh. v. Chr., also von der Blütezeit der etruskischen Stadt, bis hinein in die Spätantike. Diese fortdauernde Bedeutung führte zu der Vermutung, dass es sich um das mutmaßlich bei Volsinii-Orvieto zu lokalisierende *fanum Voltumnae*, das Bundesheiligtum der Etrusker handele (vgl. 6.5). Das ist nicht undenkbar, doch fehlen bis heute echte Beweise.

Stärkten Heiligtümer im Randbereich der Städte den Zusammenhalt mit dem Territorium, so boten die im Küstenbereich oder an Flussufern gelegenen einen Rahmen für Außenkontakte (vgl. 4.4). Bekannte, aber sehr unterschiedliche Beispiele liefern Gravisca bei Tarquinia und Pyrgi bei Cerveteri, beide in der ersten Hälfte des 6. Jh.s v. Chr entstanden. Gravisca bietet ein recht großes Spektrum von Kulten, die auf Initiativen griechischer Handwerker und Händler zurückgehen, die am Ort niedergelassen waren. Sie brachten ihre *theoi patrioi*, die heimatlichen Gottheiten mit, aus Samos etwa die Göttin Hera. Große Tempel fehlen, der Kult findet in kleineren Gebäuden (Naiskoi) und ummauerten Höfen statt. Dies gilt prinzipiell auch noch für die Zeit ab etwa der Mitte des 5. Jh.s v. Chr., als die Präsenz der Griechen deutlich abnimmt und die Gottheiten etruskische Namen erhalten, die Einheimischen also eine unmittelbare Kontrolle gewinnen. In Pyrgi geht das Südheiligtum, das eine Reihe kleiner Kultbezirke und Opferstätten umfasst, möglicherweise auf ähnliche Anfänge zurück. Verehrt wurden hier unterweltliche Gottheiten, die etruskisch *Cavatha* und *Śuri* genannt werden, die aber vielleicht auf einen ursprünglich von Griechen mitgebrachten Kult für Kore-Persephone und Hades zurückgehen. Das Nordheiligtum hat einen anderen Charakter. Es war ummauert und mit einem Tor an die gepflasterte Straße angebunden, die das städtische Zentrum mit dem Hafenvorort verband. Zunächst standen wohl nur kleinere Kultbauten in dem Areal, bis gegen Ende des Jahrhunderts Thefarie Velianas den Tempel B errichten ließ. Die berühmten Goldbleche mit etruskischen und phönizischen Inschriften beziehen sich auf diesen Vorgang. Sie waren ursprünglich wohl am Tempel selbst angebracht. Aus ihnen geht hervor, dass der Herrscher einen heiligen Ort für *Uni* bzw. Astarte schuf, sicher mit der Absicht, einen kontrollierten Austausch zwischen Etruskern und Phöniziern zu etablieren. Der Kult mag dabei Züge angenommen haben, die im mittelitalischen Umfeld fremd wirkten. Mehrere antike Quellen beziehen sich auf offenbar geradezu sprichwörtliche »Huren von Pyrgi« (z. B. Servius, *Commentarii ad Vergilii Aeneidos* 10, 184). Das deutet auf eine Übernahme der rituellen Tempelprostitution hin, die im vorderasiatischen Raum durchaus verbreitet war. Wie für Gravisca ist aber auch für Pyrgi eine Abschwächung äußerer Einflüsse auf das Kultgeschehen im Laufe des 5. Jh.s v. Chr. zu konstatieren, obgleich erst mit Plünderungen durch syrakusanische Freibeuter im 4. Jh. ein deutlicher Niedergang einsetzte (vgl. 3.2).

7.5 *Totenkult und Ahnenkult*

Neben den Göttern sind auch die verstorbenen Vorfahren, besonders innerhalb aristokratischer Familien Etruriens, kultisch verehrt worden. Darauf wurde hier schon wiederholt eingegangen. An dieser Stelle bleibt festzuhalten, dass der Toten- und Ahnenkult in Etrurien mehr oder weniger jene Funktionen übernahm, die in Griechenland dem Heroenkult zukamen. Allerdings sind die griechischen Heroen selbst durchaus auch in Etrurien bekannt gewesen. Seit dem 7. Jh. v. Chr. werden hier Bilder produziert, die eine Kenntnis griechischer Heldensagen voraussetzen. Ein frühes Beispiel, aus der Jahrhundertmitte, ist ein in Cerveteri gefundenes, wohl dort von einem griechischen Töpfer namens Aristonothos gefertigtes Weinmischgefäß (Krater), das die Blendung des Polyphem durch Odysseus und dessen Gefährten zeigt. Zudem ist für mehrere etruskische Städte überliefert, dass sie griechische oder trojanische Heroen für sich als Stadtgründer reklamierten (vgl. 2.1). Archäologische Zeugnisse für kultische Verehrung solcher mythologischen Gestalten sind aber selten. Verweisen kann man etwa auf Tonvotive aus Heiligtümern von Veji, die Aineas mit dem Vater Anchises bei der Flucht aus Troja zeigen. Im 5. Jh. v. Chr. scheinen demnach die beiden Nachbarstädte Veji und Rom hinsichtlich der Behauptung trojanischer Herkunft konkurriert zu haben.

Heroenartige Verehrung genoss in Veji aber auch jener Mann, der im 9. Jh. v. Chr. gestorben und dessen Grab fortan so etwas wie das ideelle und wohl auch religiöse Zentrum der auf dem Plateau von Piazza d'Armi siedelnden Gemeinschaft war (vgl. 4.1). An Tarchon, den sagenumwobenen Gründer von Tarquinia, wurde in der römischen Kaiserzeit beim Tempel von »Ara della Regina« erinnert. Möglicherweise ist sein Grab schon früher mit einer in die erweiterte Tempelterrasse integrierten Steinkiste identifiziert worden (vgl. 7.4). Doch auch abgesehen von Sonderfällen lässt der Aufwand, der seit dem 7. Jh. v. Chr. in Etrurien um bestimmte Tote und Grabstätten getrieben wird, Heroisierungstendenzen erkennen. Während in der griechischen Welt seit dem 8. Jh. v. Chr. oft an alten, bronzezeitlichen Tumuli oder an eigens dafür aufgeschütteten Grabhügeln die Helden der Vorzeit und die Stadtgründer verehrt werden, tragen in Etrurien die zum Teil riesenhaften Grabstätten zur Überhöhung der Ahnen der aristokratischen Clans bei und markieren damit deren gesellschaftliche Ansprüche (vgl. 5.2). Monumentale architektonische Elemente im Außenbereich, die für Kulthandlungen vorgesehen waren, veranschaulichen die Außenwirkung dieses Ahnenkults. Neben Opferplattformen und kleinen Kultbauten an bzw. auf der Spitze der Tumuli lassen sich Altäre in deren unmittelbarer Nähe sowie beispielsweise eine Plattform mit zwei Reihen von insgesamt siebzehn pyramidalen Steinmalen (Cippi) beim »Tumulo Cima« in San Giuliano im südlichen Etrurien nennen. Für die jüngeren Epochen der etruskischen Geschichte sind Altäre und Opferplattformen am Grab insbesondere aus den Felsnekropolen bekannt. Einige Grabfassaden erinnern unmittelbar an die von Tempeln, was als ein zusätzlicher Hinweis auf kultische Verehrung der Ahnen aufzufassen sein dürfte (vgl. 5.3).

Neben den Opferstätten am Grab gibt es Heiligtümer in Nekropolen, die aber eher für den Kult von Toten- oder Unterweltsgottheiten bestimmt gewesen zu sein scheinen. So ist in der Cannicella-Nekropole von Orvieto unterhalb der auf terrassierten Flächen sich verteilenden Kammergräber eine weitere, etwa 10 m breite Terrasse angelegt. Sie ist an ihrer Nordseite von einer Stützmauer begrenzt, gegen die verschiedene Bauwerke und Monumente eines Heiligtums gesetzt waren. Von hier stammt die bereits erwähnte »Venus von Cannicella« (7.4).

Neben Götterbildern sind zahlreiche bildliche Darstellungen der Toten und Ahnen bekannt (vgl. 5.4). In der Funktion von Schutzgeistern erschienen ihre Gestalten an und auf den Dächern der aristokratischen »Palazzi« (vgl. 4. 2 und 6.3), doch auch in den Gräbern selbst, wofür etwa die Statuen in einem Grab von Ceri ein frühes Beispiel geben (5.2). Später, besonders im 4. Jh. v. Chr., werden Ahnen in Grabgemälden in einer Weise repräsentiert, die an zeitgenössische Bilder griechischer Götter und Heroen erinnert oder unmittelbare Bezüge zu mythologischen Figuren herstellt. So erschien in der »Tomba dell'Orco II« in Tarquinia neben der namensgebenden Unterweltsszenerie, in der Hades und Persephone im Kreis von Heroen wie Theseus und Peirithoos, Agamemnon und Teiresias auftreten, eine heute nur noch ansatzweise erkennbare Bankettszene. Ein festliches Bankett zeigen auch die Malereien des Hauptraumes der »Tomba degli Scudi« in Tarquinia. Vor allem der Vater des Grabherrn, *Vel-*

thur Velcha, ist – thronend, mit Szepter in der Hand, nur in einen den Unterkörper bedeckenden Mantel gehüllt – ähnlich wie sonst der griechische Göttervater Zeus dargestellt (Abb. 24). Ihm wendet seine neben ihm sitzende Frau, *Ravnthu Aprthnai*, ihren Kopf zu und zeigt sogar mit dem Finger auf ihn, wie um zu seiner Verehrung aufzufordern. In der »Tomba François« in Vulci

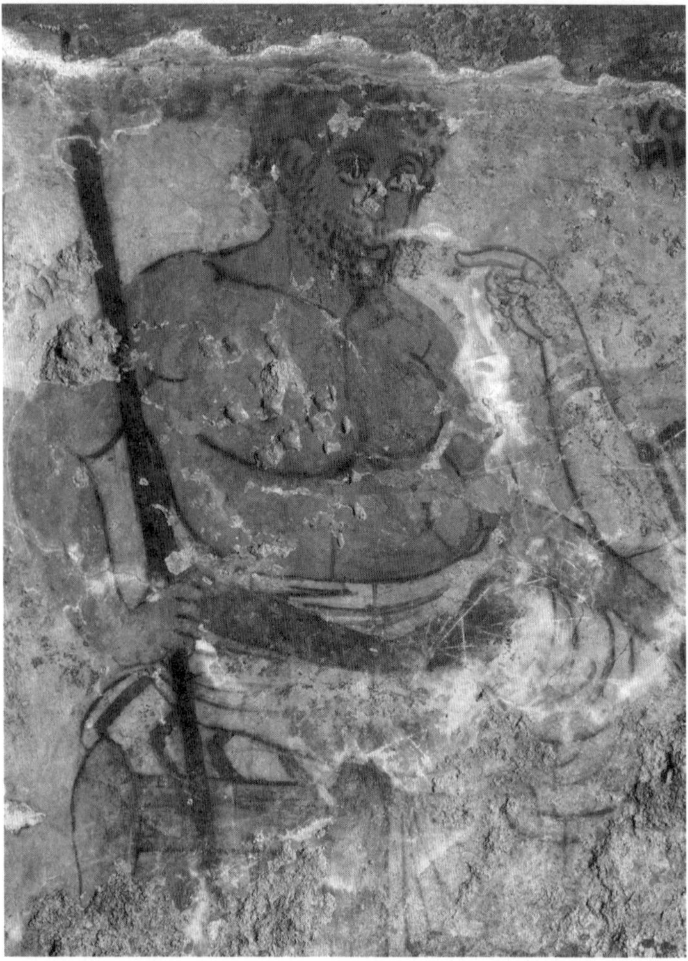

Abb. 24: Tarquinia, Tomba degli Scudi – Detail der Fresken: Velthur Velcha

scheint der Vergleich von griechischen Sagengestalten und Etruskern als Konzept dem gesamten Freskenschmuck zu unterliegen. So sind in der rechten Hälfte des gewöhnlich als »Atrium« bezeichneten Verteilerraums der Grabherr, *Vel Saties*, und weitere Mitglieder seiner Gens dargestellt. Ihnen stehen in der linken Raumhälfte mythische Könige der Griechen, Nestor *(Nestur)* und Phoinix *(Phuinis)*, gegenüber.

Nicht nur die Visualisierung der Ahnen wandelte sich im Laufe der Zeit. Auch das Verständnis von Tod und Jenseits veränderte sich. So gibt es zwar schon in Grabgemälden archaischer Zeit mehr oder weniger deutliche Hinweise auf die Vorstellung einer Jenseitsreise. Erst ab dem späteren 5. Jh. v. Chr. mehren sich jedoch, wie gesehen (5.4), Anzeichen dafür, dass diese Reise als riskant galt und mit einem langen, gefahrenvollen Abstieg in die Unterwelt gleichgesetzt werden konnte. Dafür stehen vor allem die schrecklich anzusehenden, furchterregenden Gestalten der Dämonen, die in den Bildern die Verstorbenen begleiten bzw. an der Schwelle zum Jenseits in Empfang nehmen. Auch die Häufung von Bildern auf Grabmonumenten, die grausame Bluttaten der griechischen Mythologie thematisieren, mag zumindest teilweise mit einer Sicht des Todes als schicksalhafter Einschnitt und gefährliche Klippe zusammenhängen.

Eher selten, und dann wiederum in einer an griechischen Jenseitsvisionen orientierten Weise, ist das Reich der Toten selbst dargestellt; doch auch hier begegnen spezifisch etruskische Dämonen. Das ist etwa in der »Tomba dell'Orco II« in Tarquinia der Fall, wo ein *Tuchulcha* genannter Dämon mit Vogelschnabel, Tierohren, großen Schulterflügeln und schlangenumwundenen Armen zwischen griechischen Heroen erscheint.

In demselben Grab ist das Bild des mythischen Sehers Teiresias mit der Beischrift *hinthial Teriasals* versehen. Das ist wohl mit »Seele des Teiresias« zu übersetzen, zumal auf einem gravierten etruskischen Spiegel eine Figur im Gefolge der *Turan*-Aphrodite *hinthial* genannt ist, was wohl der griechischen Psyche, der Geliebten des Eros, entspricht. Und das griechische Wort *psyche* entspricht ja ungefähr unserem Wort »Seele«. Es ist jedenfalls bemerkenswert, dass nur der Name des Teiresias in der »Tomba dell'Orco II« mit diesem Zusatz versehen ist. Er ist zudem der einzige, dessen Gestalt weitgehend verhüllt ist, von einem Mantel, der auch den Kopf bedeckt. Das entspricht einer

Art und Weise, in der Verstorbene gewöhnlich auf der Jenseitsreise wiedergegeben sind. Als Beispiel mögen zwei Frauen auf einem rotfigurigen Keramikgefäß aus Vulci dienen, aus etwa derselben Zeit wie das Grabgemälde (letztes Drittel 4. Jh. v. Chr., heute im Pariser Cabinet des Médailles). Sie werden von einem bärtigen Dämon mit Tierohren, Hakennase und langstieligem Hammer empfangen, dem etruskischen *Charun*. Einer der Frauenfiguren ist *hinthi(al) Aturmucas* beigeschrieben, also »Seele der Andromache«. Als *hinthial Patrucles* ist schließlich Patroklos bezeichnet, der in einem Fresko der »Tomba François« in Vulci bei seinem eigenen Leichenbegängnis der Opferung trojanischer Gefangener durch Achill beiwohnt. Man gewinnt den Eindruck, dass der Begriff *hinthial* insbesondere für solche Verstorbene gebraucht wird, die noch nicht vollständig ins Totenreich integriert oder als schattenhafte Existenzen zeitweilig wieder ins Diesseits zurückgerufen worden sind. Das Wort bezeichnet vielleicht einen Übergangszustand, in dem sich die Seele vom Verstorbenen löst. Eben dieses Stadium dürfte allgemein als das am meisten mit Gefahren behaftete angesehen worden sein, das mithilfe bestimmter Riten überwunden werden musste.

Von solchen Riten berichten spätantike Quellen, denen zufolge die Etrusker durch Opferrituale eine Unsterblichkeit der Seelen zu erreichen versucht hätten. Arnobius, der oben schon als christlicher Kritiker etruskischen »Aberglaubens« zitiert wurde (7.1), bezieht sein Wissen angeblich aus *libri Acherontici*, also etruskischen Büchern, die sich mit dem Jenseits befassten. In diesem war demnach zu lesen, dass durch besondere Tieropfer »die Seelen göttlich und den Gesetzen der Sterblichkeit entzogen« würden (*Adversus nationes* 2, 62, 1). Servius, der Vergilkommentator, bezieht sich wohl auf dasselbe, wenn er unter Berufung auf einen neuplatonischen Autor des 3. Jh.s n. Chr. ausführt, dass die in der beschriebenen Art unsterblich gemachten Seelen »Seelengötter« *(dii animales)* genannt würden und mit den Penaten, also den von römischen Familien verehrten Hausgöttern, gleichzusetzen seien (*Commentarii in Vergilii Aeneidos* 3, 168).

Wieviel Authentisches in diesen Überlieferungen steckt, ist schwer zu sagen. Die archäologischen Quellen deuten jedenfalls darauf hin, dass Hoffnungen auf eine sorglose Fortexistenz nach dem Tode in Etrurien ab einem bestimmten Zeitpunkt sich an den Kult des *Fufluns Pachies* knüpften. Dieser leitete sich vom griechischen Kult des Dionysos mit dem Beinamen *Bakchos* her, in den man durch Einweihungsrituale aufgenommen wurde. Wie in Gräbern im griechischen Unteritalien gefundene Texte zeigen, konnte sich ein Anhänger des Gottes auf ein Versprechen berufen, in eine andere, bessere Form des Jenseits einzutreten. In Etrurien ist *Fufluns Pachies* seit dem späteren 5. Jh. v. Chr. bezeugt. Später, vor allem im 3. Jh., lassen sich Verstorbene auf den Deckeln ihrer Sarkophage und Urnen zuweilen mit dem Thyrsos, einem efeuumrankten Stab, den die Gefolgschaft des Gottes bei ekstatischen Umzüge mitführte, und anderen dionysischen Attributen darstellen. Zudem weisen einzelne Reliefbilder auf den Kisten der Sarkophage und Urnen auf durchaus hoffnungsvolle Erwartungen eines »elysischen« Jenseits hin, die in einem gewissen Kontrast zu denen der gefahrvollen Jenseitsreise stehen. Ganz schwarz und hoffnungslos war die Vorstellung vom Dasein nach dem Tode also auch in den späten Phasen der etruskischen Religion nicht.

8. Kunst und Handwerk

8.1 *Die orientalisierende Zeit (Ende 8. Jh. bis frühes 6. Jh. v. Chr.)*

Im 8. Jh. v. Chr. erhielt die prähistorische Villanova-Kultur, deren Außenkontakte zuvor hauptsächlich nach Sardinien, Mitteleuropa und zum Balkan hin ausgerichtet gewesen waren, in vielerlei Hinsicht entscheidende Impulse aus dem östlichen Mittelmeerraum. Die weitreichenden Folgen für die wirtschaftliche und gesellschaftliche Entwicklung wie auch für die politische Ordnung sind hier schon verschiedentlich thematisiert worden. Deutliche Spuren haben Austausch- und Akkulturationsprozesse auch im Bereich der Bildkunst und des Kunsthandwerks hinterlassen. Angestoßen worden waren sie von Phöniziern und Griechen auf der Suche nach Rohstoffen. Deren Partner auf etruskischer Seite waren zunächst einzelne Personen und Familien, die bereits einen herausragenden Status innerhalb der sich entwickelnden proto-urbanen Gesellschaften innehatten und diesen durch Güteranhäufung in den Gräbern dokumentierten (vgl. 5.2). Nun nutzten sie den exklusiven Zugang zu importierten Luxusobjekten ostmediterraner Herkunft, die zunächst als Geschenke innerhalb eines Systems des Gabentauschs, also nicht als Handelswaren im eigentlichen Sinn, nach Etrurien gelangten (vgl. 6.3). Bedürfnisse waren damit geweckt, zu deren Befriedigung lokale Werkstätten auf den Plan traten. Sie waren durch Technologietransfer schon recht bald in der Lage, ähnlich prunkvolle Utensilien herzustellen wie die phönizischen und griechischen Handwerker (vgl. 4.4). Damit wurde ein seinem Ursprung nach fremdes Formen- und Motivrepertoire zum integralen Bestandteil der etruskischen Kultur.

Obwohl der ostmediterrane Einfluss derart prägend war, kann man nicht von einer Verdrängung oder vollständigen Überlagerung der älteren Tradition sprechen. Als Beispiel war diesbezüglich schon die »Tomba del Guerriero« in Tarquinia aus dem ausgehenden 8. Jh.v. Chr. genannt worden (2.4). Zu den Beigaben aus diesem Grab gehörten Importobjekte wie ein Siegelstein in Form eines Skarabäus, eine wahrscheinlich phönizische

Imitation ägyptischer Skarabäen. Daneben enthielt das Grab Gegenstände aus einheimischer Produktion, z. B. bestimmte aus Bronzeblech gefertigte Gefäße. Besonders interessant sind jedoch die Mischungen von Elementen unterschiedlicher Herkunft, so von einheimischer und »orientalischer« Ornamentik (z. B. Halbmond- und stilisierte pflanzliche Motive) auf dem goldenen Zierblech vom Brustschutz des im Grab bestatteten Kriegers.

In der Folgezeit tritt der östliche Einfluss geradezu überdeutlich hervor. Exotische Materialien wie Elfenbein, Straußeneier oder im Roten Meer beheimatete Riesenmuscheln wurden eingeführt, manche schon dekoriert, andere erst in Etrurien bearbeitet. Auch Knowhow wanderte also, zunächst zusammen mit den ausführenden Handwerkern, besonders evident im Fall der Glasproduktion und nicht zuletzt bei Goldschmiedearbeiten. Neue Techniken wie Filigranarbeit und Granulation tauchen in Etrurien um 700 v. Chr. ohne Vorstufen auf. Zum Einsatz kamen sie auch bei Schmuckstücken, die heimischen Traditionen und Bekleidungssitten entsprachen. An erster Stelle sind Fibeln zu nennen, deren schon zuvor bekannte Formen in Gold umgesetzt und mit aus feinsten Golddrähten und winzigen Goldperlen zusammengesetzten Ornamenten überzogen wurden. Außerdem verwendeten die Handwerker nicht mehr nur die überkommenen, tendenziell abstrakten Zierelemente, sondern zusätzlich neue, figürliche Motive nahöstlicher Herkunft. Charakteristisch sind die Figuren von exotischen Raubtieren wie Löwen und von geflügelten Fabelwesen wie Sphingen und Greifen. Diese lassen sich sehr ähnlich beispielsweise auf Elfenbeinarbeiten aus der assyrischen Residenz von *Kalchu* (Nimrud, im heutigen Irak) wiederfinden. Weitere Motive aus derselben Traditionslinie, die bei etruskischen Goldschmiedearbeiten unterschiedlicher Art begegnen, sind pflanzliche Ornamente, z. B. die charakteristische »phönizische Palmette« und der »Lebensbaum«. Hinzu kommen anthropomorphe Gestalten wie der »Herr« bzw. die »Herrin der Tiere«, deren Macht über die Natur durch zwei spiegelsymmetrisch zugeordnete Löwen oder andere Wildtiere ausgedrückt ist.

Ein anderer Zweig der Metallbearbeitung, die Treibarbeit (Toreutik), hat ebenfalls starke Impulse durch die Orientkontakte erhalten. Nicht wenige Metallgefäße wurden nach Etrurien importiert. In größerer Zahl kommen teilvergoldete Silberschalen aus dem frühen 7. Jh. v. Chr.mit gravierter und gepunzter Dekoration in ägyptisierendem Stil vor, deren Produktionsstätten wohl in Zypern und an der Levanteküste zu suchen sind. Auch einige der großen Bronzekessel und deren Untersätze, die sich in der »Tomba Regolini Galassi« von Cerveteri (vgl. 5.2) und anderen »Fürstengräbern« der Zeit fanden, dürften aus dem nahöstlichen, in diesem Fall wohl nordsyrischen Raum eingeführt worden sein. Die Modelle, samt dem oft am Rand angesetzten plastischen Schmuck, lassen sich bis weit ins 8. Jh. zurückverfolgen. Bei einigen Kesseln weist der Stil der Ornamentik auf einheimische Produktion hin; bei anderen scheinen importierte Bleche mit am Ort hergestellten Einzelteilen kombiniert. Im Laufe der Zeit mischt sich nahöstlich-phönizisches, griechisches und etruskisches Formgut in einer Weise, die die Herkunft der Objekte bzw. der Handwerker zuweilen kaum sicher bestimmen

Abb. 25: Palestrina (Praeneste), Tomba Bernardini, Skyphos mit Sphingen, Rom / Museo Nazionale di Villa Giulia

lässt. So stammt aus einem etruskischen Grab im kampanischen Pontecagnano ein napfartiges silbernes Trinkgefäß mit goldlaminierten Henkeln, dessen Form denen von sogenannten Kotylen aus dem griechischen Korinth entspricht, in deren Rand aber pseudo-ägyptische Hieroglyphen eingeritzt sind. In einem Grab in Palestrina (Praeneste, nördliches Latium), dessen Inventar viele Parallelen zu etruskischen »Fürstengräbern« wie der »Tomba Regolini Galassi« aufweist, wurde eine ähnliche Kotyle aus Gold gefunden. Auf ihre Henkel sind Sphinxfigürchen aus Goldblech aufgesetzt, wie etruskische Goldschmiede sie liebten, wobei die Sphingen jedoch nicht phönizisch-ägyptisierenden Mustern, sondern deren griechischen Varianten nachempfunden sind. Auch spezifisch griechische Mischwesen wie die Chimaira finden sich auf etruskischen Metallobjekten dargestellt.

Mit Werken der Toreutik wetteiferte eine etruskische Keramikgattung, der sog. Bucchero. Die durch reduzierenden Brand bei relativ niedrigen Temperaturen komplett schwarz durchgefärbten Gefäße erhielten durch Polieren nach dem Brand einen nahezu metallischen Glanz. Dazu wurden Instrumente aus Holz

Abb. 26: Vulci, Bucchero-Kantharos mit Tierfries, Rom / Museo Nazionale di Villa Giulia

oder Bein benutzt, erst später weichere Hilfsmittel wie Lederriemen. Die frühe, im zweiten Viertel des 7. Jh.s v. Chr. aufkommende und überwiegend in Cerveteri beheimatete Produktion zeichnet sich durch ihre Dünnwandigkeit aus. Die Dekoration ist ganz überwiegend vor dem Brand eingeritzt, was die Ähnlichkeit mit gravierten Metallgefäßen noch betont. Charakteristisch sind Riefendekors, Spiralmuster und mit kammartigen Instrumenten eingedrückte Fächermotive, die an Papyrusstauden erinnern. Auch geritzte Tierfriese kommen vor (Abb. 26). Einige Gefäße tragen Reliefdekor, der mit dem Modellierholz gestaltet wurde, wobei man den noch weichen Ton rund um die erhabenen Partien abtrug. Die Reliefelemente sind dann durch Ritzungen weiter differenziert. Ein herausragendes Beispiel ist eine Kanne aus einem Tumulus von Cerveteri, die an Gefäße aus Korinth erinnert und einen Relieffries mit Figuren des griechischen Mythos, Medeia (mit den Argonauten) und Daidalos trägt (Mitte 7. Jh. v. Chr.). Andere Buccherogefäße sind teilweise plastisch gestaltet, z. B. mit Ausgüssen in Form von Tierköpfen. Das Formenspektrum umfasst ursprünglich griechische und phönizische Typen, beispielsweise die schon erwähnten Kotylen bzw. bauchige Weinkannen mit langem, schmalem Hals, aber auch einheimische Typen wie etwa bauchige Amphoren mit breiten, bandartigen Henkeln oder becherartige Gefäße mit einem hoch ausgezogenen Henkel (sog. Kyathoi). Bucchero wurde später ein echter etruskischer »Exportschlager« (vgl. 8.2 und 4.4).

Schon vor dem Aufkommen des Bucchero hatte sich die etruskische Keramikproduktion an der handwerklich und künstlerisch überlegenen griechischen zu orientieren begonnen. Bereits in der zweiten Hälfte des 8. Jh.s v. Chr. wurden neben handgemachten, aus grobem, ungereinigtem Ton geformten Gefäßen (sog. Impasto-Keramik) auch solche aus feinerem Ton gefertigt, wobei die schnell rotierende Töpferscheibe zum Einsatz kam. Das Formenspektrum der Villanova-Epoche erweiterte sich um Typen griechischer, aber auch zyprischer und phönizischer Herkunft. Die Dekoration wurde nicht eingeritzt, sondern vor dem Brand aufgemalt. Dazu tauchen neue Ornamentformen auf, die in horizontalen, den Gefäßkörper überziehenden Registern oder in aneinandergereihten Feldern organisiert sind. Vorbilder lieferten griechische Keramikgefäße des sogenannten geometrischen Stils, vor allem solche aus Euboia – der griechischen Insel, deren Bewohner in der frühen Kolonisation in Unteritalien und Sizilien besonders aktiv waren (vgl. 3.2). Die Importe wurden zahlenmäßig bald durch eine regionale Produktion überflügelt, die zunächst eingewanderte griechische Töpfer initiiert hatten. Zentren der etruskisch-geometrischen Keramikherstellung waren Veji, Vulci und Tarquinia.

Die geometrischen Dekorationsprinzipien finden in der Keramik des 7. Jh.s v. Chr. ihre Fortsetzung, wobei innovative Varianten in Cerveteri entwickelt werden. Dabei wird der Gefäßkörper oft zu größeren Teilen von einem hohen figürlichen Fries eingenommen. Die Körper der Figuren werden mit Linien umrissen und nur teilweise gefüllt, oft mit Punktmustern oder Schraffuren. Tiere überwiegen, besonders typisch sind reiherartige Vogelfiguren. Daneben kommen Fabelwesen und Szenen mit menschlichen Figuren vor, die zu einem kleinen Teil erzählerischen Charakter haben und sich vielleicht auf mythische Geschichten beziehen lassen. Parallel zur Feinkeramik wird in den Werkstätten von Cerveteri im 7. Jh. eine Impastoware mit roter Engobe hergestellt, auf die weiße Ornamente und Figuren aufgetragen sind. Meist handelt es sich um Vorratsgefäße. Auch in dieser Gattung gibt es wenigstens vereinzelte Mythenbilder, so eine Darstellung der Athenageburt und eine der Blendung Polyphems durch Odysseus und seine Gefährten.

Im späteren 7. und frühen 6. Jh. v. Chr. übernahmen neben Cerveteri erneut Vulci und, mit Verzögerung, Tarquinia die führende Rolle bei der Herstellung bemalter etruskischer Keramik. Zugleich wird ein korinthischer Einfluss spürbar, der auf eingewanderte Handwerker, vor allem jedoch auf die geradezu massenhaft aus Korinth eingeführte Keramik zurückgehen dürfte. Wie bei der Importware kommt in der etruskisch-korinthischen Keramik umlaufenden Tierfriesen ein großes Gewicht zu. Bei einer Variante sind die Friese als Ritzzeichnungen in dunklem Grund und mit Verwendung zusätzlicher Farben (weiß, violett) angelegt. Ansonsten setzten die Vasenmaler insbesondere auf den Kontrast zwischen hellem Grund einerseits, dunkler, roter oder rotbrauner Figurensilhouette, die durch Ritzzeichnung differenziert ist, sowie zahlreichen Füllornamenten andererseits.

Unmittelbar an die bemalte Keramik schließen die ersten etruskischen Grabmalereien an. Das früheste derzeit bekannte Beispiel bietet das »Grab der brüllenden Löwen« (»Tomba dei Leoni ruggenti«) in Veji, ein nicht sehr großes Kammergrab aus dem Anfang des 7. Jh.s v. Chr., das erst im Jahr 2006 entdeckt wurde. Benannt ist es nach weit ihre Mäuler aufsperrenden Löwenfiguren, die direkt auf die nackten Felswände aufgemalt sind, also nicht etwa, wie später üblich, auf einen Wandputz. Dieses Verfahren in Kombination mit den deutlich erkennbaren, vorbereitenden Ritzzeichnungen machen wahrscheinlich, dass die ausführenden Handwerker ihre ersten Erfahrungen in der Vasenmalerei gesammelt hatten. Bei dem Wandgemälde handelt es sich demnach um eine echte Pionierleistung. Der Zusammenhang mit der Vasenmalerei bestätigt sich nochmals bei näherer Betrachtung der Figuren, neben den erwähnten Löwen eine Reihe von Wasservögeln. Die Körper aller Tiere sind rot und schwarz konturiert und teils mit Mustern oder Schraffuren gefüllt, wie es der Malweise der etruskisch-geometrischen Keramik entspricht. Das Motiv der Wasservögel kehrt sehr ähnlich wieder in der nur wenig jüngeren »Tomba delle Anatre«, dem »Grab der Enten«, ebenfalls in Veji. Hier sind die Figuren jedoch auf einem farbig angelegten Putz aufgebracht, der Wände und Decke flächig abdeckt. Als dritte lässt sich in Veji die »Tomba Campana« anschließen, deren bei der Aufdeckung im Jahr 1842 noch gut erhaltenen Malereien heute weitgehend zerstört sind. Die Malereien sind einige Jahrzehnte nach den zuvor erwähnten, um 600 v. Chr. zu datieren. Sie waren mehrfarbig angelegt. Die Rückwand der ersten der beiden Kammern war zudem vollständig von mehreren ornamentalen und zwei figürlichen Friesen bedeckt: unten ein Fries mit Tieren, Raubkatzen und Fabelwesen, darüber eine Darstellung von Reitern mit Gefolge und Hund in einer von stilisierten, fantastischen Pflanzen gefüllten Szenerie. Am ehesten dürfte ein Auszug zur Jagd gemeint sein. Die Anklänge an etruskische Vasenmalereien in korinthischer Manier sind deutlich. Gleiches gilt für kurz vor dem Ende des 7. Jh.s entstandene, dreifarbige Malereien in Gräbern von Cerveteri. Dort finden sich Tierfriese, Tierkampfgruppen und das Motiv des »Herrn der Tiere«. Schon an den Beginn des 6. Jh.s dürfte das älteste bekannte ausgemalte Grab von Tarquinia zu datieren sein. Beeindruckend ist hier vor allem eine zweifarbig angelegte heraldische Gruppe an der Rückwand der Grabkammer mit zwei Panthern zu den Seiten einer frontal dargestellten Raubtiermaske.

Auch auf dem Gebiet der etruskischen Großplastik sind erste bedeutendere Schöpfungen für die orientalisierende Zeit zu verzeichnen. Sie stammen fast sämtlich aus dem Grabbereich (vgl. 5.2), so die Ahnenfiguren des mittleren 7. Jh.s v. Chr. aus der »Tomba delle Statue« in Ceri und von einem Grab in Casale Marittimo bei Volterra. Die einen orientieren sich enger an statuarischen Darstellungen späthethitisch-nordsyrischer Potentaten, während die anderen hinsichtlich des Körperbildes und der Trachtmerkmale levantinische, zyprische und kretische Elemente mischen. Dieser Eklektizismus spricht für eine lokale Werkstatt. Wiederum wird ab dem ausgehenden 7. Jh. der griechische Einfluss in Stil und Motivik deutlicher. Das zeigt sich an Skulpturen aus Tuffstein, die vor allen in Vulci als Grabwächter aufgestellt wurden. Häufiger sind dies geflügelte Löwen und andere Fabelwesen, darunter ein besonders eindrucksvoller Kentaur, der deutliche Merkmale des früharchaischen Stils der griechischen Plastik, des sog. dädalischen Stils aufweist. Nur wenig später ist der Firstschmuck des ersten »Palazzo« von Murlo zu datieren (vgl. 6.3), die Ahnenfiguren mit ihren charakteristischen »Cowboyhüten«, an denen eine deutlich lokale Ausprägung des dädalischen Stils zu beobachten ist.

Nicht alle Gattungen von Handwerksprodukten und Bildwerken können hier besprochen werden. Dennoch dürfte klar geworden sein, dass die orientalisierende Epoche einen Schub an technischen und künstlerischen Neuerungen mit sich brachte. In vielen Bereichen verharrt die Produktion aber in einem quasi experimentellen Stadium, das Netz der hochqualifizierten Werkstätten scheint noch recht weitmaschig, die Stückzahlen der oft qualitätvollen und kostbaren Werke vergleichsweise gering. Das lässt auf einen elitären Abnehmerkreis schließen, was sich beim Blick auf einzelne Fundkontexte tendenziell bestätigt. Der Dekor wird beherrscht von mehr oder minder abstrakten Ornamenten, die Schmuck- und Schatzcharakter der Objekte unterstreichen. Figuren werden zunächst quasi als bereichernde Motive in diese Strukturen eingeschrieben. Erst im späteren Verlauf der orientalisierenden Epoche, seit etwa der Mitte des 7. Jh.s, erhält das figürliche Element ein größeres Gewicht. Nun begegnen wir auch den ersten narrativen und mythologischen Bildern.

8.2 *Die archaische Zeit (6. Jh. bis Mitte 5. Jh. v. Chr.)*

Die Periodisierung der etruskischen Kunst ist nicht ganz unproblematisch. Zum einen sind die Übergänge fließend und nicht abrupt. Man kann daher ohne weiteres die orientalisierende Epoche oder doch ihren späteren Abschnitt als einen Teil der archaischen Epoche auffassen, und zwar umso mehr, je stärker der griechische Einfluss sich bemerkbar macht. Ein wesentliches Merkmal der etruskischen Kunst der Zeit des 6. Jh.s v. Chr. ist jedenfalls das Schwinden der unmittelbaren und offensichtlichen »orientalischen« Beiträge. Diese Entwicklung lässt sich nicht durch ein Abreißen von Kontakten erklären, waren doch die Beziehungen der Etrusker gerade zu den westphönizischen Niederlassungen mit Karthago an der Spitze nachweislich weiterhin eng. Vielmehr verbergen sich dahinter offenbar bewusste Entscheidungen und im Laufe der Zeit eingewurzelte Vorlieben, durch die Griechenland, mit den Worten von Otto Brendel, so etwas wie ein »angenommenes Mutterland« der Etrusker wurde.

Vor allem die Abgrenzung nach unten bedarf der Erläuterung. Was die griechische Kunst betrifft, so sind wir gewohnt, eine grundsätzliche Weiterentwicklung und Neuorientierung in den ersten Jahrzehnten des 5. Jh.s anzusetzen, zeitlich etwa übereinstimmend mit der Phase der Perserkriege (d. h. 490–479 v. Chr.). Das lässt sich so auf Etrurien nicht übertragen. Zwar fallen einige einschneidende Ereignisse der etruskischen Geschichte – und nicht zufällig – in etwa dieselbe Zeit wie der griechische Sieg über die Heere des Xerxes. Doch hat etwa die verlorene Seeschlacht bei Kyme 474 v. Chr. eine eher hemmende Wirkung auf die weitere Entfaltung von Ökonomie und Gesellschaft der etruskischen Stadtstaaten gehabt. Zumindest die südetruskischen Zentren treten in eine Phase der Stagnation ein (vgl. 3.2 und 4.4). Das bleibt nicht ohne Folgen für den allgemeinen Wohlstand, für das Handwerk und damit für die Kunst. Die in Griechenland im 5. Jh. zu beobachtenden radikalen Neuerungen, durch die sich die gesamte künstlerische Formensprache und auch der Bezugsrahmen für ästhetische Wahrnehmung verändern, werden in Etrurien nicht nachvollzogen. Es gibt hier kein der griechischen »Klassik« entsprechendes Phänomen. Obwohl Darstellungskonventionen und Gestaltungsprinzipien der klassischen und insbesondere der attischen Kunst durchaus einen Widerhall finden, verbinden sie sich vielfach mit altbekannten Mustern. Man kann daher die Zeit bis ca. 450 v. Chr. oder sogar darüber hinaus als eine »subarchaische« Periode verstehen.

Wenn wir uns damit wieder dem Übergang von der orientalisierenden zur archaischen Epoche zuwenden, so ist eine Unterscheidung an dieser Stelle auch dadurch gerechtfertigt, dass die »Fürstengräber« mit ihrem extremen Ausstattungsluxus an der Wende zum 6. Jh. v. Chr. auslaufen. Damit werden bestimmte Preziosen wie Schmuck und Gefäße aus Gold, Silber und Elfenbein nur noch in weit weniger großem Umfang als zuvor gehortet. Ausnahmen gibt es vor allem in der Region um Perugia und den östlichen Grenzgebieten Etruriens. Dort, bei San Mariano, entdeckte man zu Beginn des 19. Jahrhunderts eine Grabanlage, die über mehrere Generationen von ca. 560 bis 500 v. Chr. belegt worden zu sein scheint. Die Funde sind heute auf verschiedene europäische Museen verstreut. Es handelt sich um insgesamt drei Paradewagen, die mit Elfenbein und Bronzeblechen verkleidet waren, dazu Möbelbeschläge, Kandelaber, Dreifußuntersätze, weitere Gerätschaften und figürlich dekorierte Gefäße aus Bronze, Pferdegeschirr, eiserne Feuerböcke und Vieles mehr. Ein Großteil der getriebenen Bronzereliefs stellt Figuren und Szenen aus der griechischen Mythologie dar; stilistisch erinnern sie an ostgriechische Werke, dennoch dürften sie am ehesten aus Werkstätten in Chiusi hervorgegangen sein.

Neben und noch vor Chiusi war Vulci seit dem zweiten Viertel des 6. Jh.s v. Chr. über gut hundert Jahre das bedeutendste Zentrum des etruskischen Bronzehandwerks. Modelle aus den unteritalischen Griechenstädten aufgreifend, spezialisierten sich die Vulcenter Metallhandwerker auf Geräte, die aus gegossenen Einzelteilen montiert und mit reichem Figurenschmuck versehen wurden. Bei diesen erheben sich über drei, in der Regel als Raubtiertatzen gebildeten Füßen entweder dreibeinige Kesselständer (Stabdreifüße) oder einzelne hohe Ständer, die wiederum Räucherbecken (Thymiateria) oder Lampenhalter (Kandelaber) tragen. Die verschiedenen Teile sind mit Reliefs aus Bronzeblech oder kleinen, gegossenen Bronzefigürchen dekoriert oder selbst figürlich gebildet. Weitere Bronzefigürchen sind fast immer in der Mitte der Kandelaberaufsätze platziert. Im Figurenschmuck sind Götter und Heroen, besonders *Hercle* und

Gestalten des dionysischen Umfelds (Satyrn, Mänaden), sowie Tanzende und Athleten vertreten. Solche Gerätschaften fanden sich nicht selten außerhalb des etruskischen Kernlandes und sogar in deutlich entfernteren Regionen, in Griechenland z. B. in Olympia und auf der Athener Akropolis, in Deutschland etwa in einem frühkeltischen Fürstengrab in Bad Dürkheim. Noch weitaus häufiger und weiter verbreitet waren bestimmte Arten von Bronzegefäßen, viele davon wiederum in Vulci hergestellt: Kessel, Stamnoi (amphorenähnliche Weingefäße) und insbesondere eigentümlich geformte Weinkannen, die sog. Schnabelkannen (vgl. 4.4).

Ein weiterer Zweig des von Vulci dominierten Bronzehandwerks weist Querverbindungen zu Malerei und Zeichnung auf: kreisrunde oder leicht gelängte Bronzespiegel mit ziselierten oder seltener gravierten Rückseiten. Die frühesten dieser Spiegelscheiben datieren schon in die Villanovazeit, doch werden sie erst im ausgehenden 6. Jh. v. Chr. zahlreicher. Efeuranken umschließen die figürlichen Darstellungen, die sich kompositorisch an Innenbildern von Trinkschalen und stilistisch an importierten bemalten attischen Vasen orientieren.

Letztere bilden neben den Bronzeobjekten das vielleicht wichtigste Prestigegut im archaischen Etrurien. Ihr Stellenwert lässt sich beispielsweise an der »Tomba dei Vasi greci« ermessen, der jüngsten Grabanlage innerhalb des gewaltigen »Tumulus II« der Banditaccia-Nekropole von Cerveteri (vgl. 5.2). Sie barg etwa hundert Gefäße aus Athen aus der Zeit etwa von der Mitte des 6. bis zur Mitte des 5. Jh.s v. Chr., denen knapp siebzig Gefäße von anderen Produktionsorten, die meisten davon einheimisch, gegenüberstehen.

Der höchste Rang unter der einheimischen Keramik kommt auch in der Archaik dem Bucchero zu. Gegenüber der sehr dünnen und metallisch wirkenden Ware der früheren Zeit wandelt sich der Charakter des Bucchero seit dem späteren 7. Jh. Die Gefäße werden dickwandiger, die Oberflächen erscheinen tendenziell matter als zuvor. Die Dekoration ist seltener geritzt, dafür häufiger mit Stempeln oder Rollzylindern eingedrückt sowie mit Matrizen plastisch appliziert. Das alles hat mit dem Übergang zu einer Art von Massenproduktion mit den wichtigsten Zentren in Vulci, Orvieto und Chiusi zu tun. Der Absatz steigt enorm, nicht nur innerhalb Etruriens, sondern vor allem in Südfrankreich. Weitere Abnehmer fanden sich auf den westmediterranen Inseln, im südlichen Spanien, in Karthago und an verschiedenen Orten Griechenlands und Kleinasien. Damit hat Bucchero eine deutlich weitere Verbreitung erfahren als selbst die etruskischen Bronzeobjekte. Gegen Ende des 6. Jh.s nehmen die Stückzahlen jedoch ab.

Die griechische Importkeramik war nicht nur wertvoller Besitz, sondern in ihr spiegeln sich ebenso wechselseitige Inspirationen hinsichtlich Formgebung und Themenwahl. Berühmt ist der sogenannte François-Krater, ein in Athen um 560 v. Chr. hergestelltes Mischgefäß, das einige Jahrzehnte später in eine der prächtigsten Grabanlagen des archaischen Chiusi gelangt war. Das Stück, heute im Museum von Florenz, ist nicht nur außergewöhnlich groß (66 cm hoch, Durchmesser 57 cm), sondern überreich mit in schwarzfiguriger Technik ausgeführten Friesen geschmückt, die durch zahlreiche Beischriften erläuterte Episoden des griechischen Mythos darstellen. Als es im Grab deponiert wurde, war das Gefäß schon beschädigt. Dennoch hielt man es offensichtlich für eine würdige Beigabe. Zuvor könnte es im Haus des Grabherrn, etwa bei Festbanketten, verwendet worden sein und dabei vielleicht auch als eine Art mythologischer Bilderfibel gedient haben. Eher unwahrscheinlich ist jedoch, dass es von Anfang an für den Export bestimmt gewesen war, zumal es häufiger Hinweise auf eine Zweitverwendung attischer Gefäße in Etrurien gibt. Die dortige starke Nachfrage sorgte dann dafür, dass einige Töpferwerkstätten in Athen sich speziell auf Vorlieben der etruskischen Kundschaft einstellten. So produzierten sie beispielsweise »Tyrrhenische« Amphoren, schlanke Gefäße, deren Körper von mehreren Bildfriesen überzogen war, wobei neben Tierfriesen zumindest ein mythologisch-erzählendes Sujet gewählt wurde. Andere Töpfer, besonders ein Mann namens Nikosthenes, übernahmen Formen der etruskischen Buccherokeramik wie die Bandhenkelamphora und dekorierten sie nach Art der attischen Keramik.

Während Nikosthenes seine Werkstatt in Athen betrieb, siedelten sich andere griechische Töpfer in Etrurien selbst an. Darunter waren hauptsächlich Ionier von der westkleinasiatischen Küste und den dieser vorgelagerten Inseln. Sicher scheint das aufgrund von Beischriften in ionischem Griechisch auf den sogenannten Caeretaner Hydrien, in Cerveteri in den letzten Jahrzehnten des 6. Jh.s v. Chr. hergestellten Wasserkrügen. Bei ihnen ist die schwarzfigurige Dekoration stark durch verschiedene aufgesetzte Farben verlebendigt. Die figürlichen Darstellungen zeigen deutliche ionische Stilmerkmale, die nicht auf Imitation von Importkeramik zurückgeführt werden können, weil nichts Vergleichbares nach Etrurien gelangt ist. Langlebiger und über mehrere Generationen zu verfolgen ist die sogenannte pontische Ware, die in Vulci seit der Mitte des 6. Jh.s produziert wurde. Die genaue Herkunft der Handwerker ist unklar, da sie Stilmerkmale aus verschiedenen Zentren (besonders Milet und Klazomenai) mischen. Hinzu kommen Anlehnungen an attische Keramik, vor allem die Vorliebe für die Form der Amphora mit abgesetztem Hals, die den »Tyrrhenischen Amphoren« ähneln. Tierfriese kommen entsprechend häufig vor, dazu anonyme Kampfszenen und beispielsweise Episoden aus dem troischen Sagenkreis wie das Parisurteil.

Die attischen Vasenmaler vollziehen von 530 v. Chr. an einen Wechsel der Dekorationsweise, sodass nicht mehr die Figuren mit nach dem Brand schwarz erscheinendem Glanzton aufgetragen, sondern der rote Tongrund mit Glanzton abgedeckt und die Figuren ausgespart werden. Diese Umstellung auf eine rotfigurige Malweise wird in Etrurien so nicht bzw. nicht vor dem Ende des 5. Jh.s v. Chr. umgesetzt. Die Töpferwerkstätten in Vulci, Orvieto und im etruskischen Kampanien produzieren im 5. Jh. weiterhin schwarzfigurige Gefäße von deutlich nachlassender Qualität. Davon hebt sich nur eine kleinere Gruppe von Gefäßen des mittleren 5. Jh.s ab, bei der Figuren mit rot erscheinendem Tonschlicker auf schwarzen Glanzton gesetzt sind. Diese unvollkommene Nachahmung der attischen Technik ging wohl aus der Werkstatt eines in Etrurien ansässigen Griechen hervor. Mehrere Gefäße der Gruppe tragen griechische Beischriften, eines ist sogar von einem *Praxias* signiert. Eine zweite Signatur auf demselben Gefäß, *Arnthe*, gibt vielleicht den etruskischen Namen desselben Mannes an.

Verbindungen bestehen wiederum zwischen der Vasen- und der Wandmalerei. Letztere kommt vor allem in Gräbern von Tarquinia, in geringerer Zahl in Chiusi, im späteren 6. und 5. Jh. v. Chr. zur Blüte. Es setzt sich allgemein der Farbauftrag auf noch feuchten Wandstuck durch, also eine »a fresco«-Technik. Das dafür erforderliche Knowhow brachten Vasenmaler kaum mit, sodass die Verbindungen nun eher indirekte waren, wobei man als Bindeglied die farbig gefassten, aus Terrakotta hergestellten Zierelementen etruskischer Bauten ansehen kann – man denke etwa an die Friese der Residenzen von Murlo und Acquarossa (vgl. 4.2 und 6.3). Eine noch engere Parallele zu den Wandmalereien von Tarquinia stellen mehrere Serien von bemalten Tonplatten der Zeit ab 570 v. Chr. dar, die überwiegend aus Cerveteri stammen. Sie erreichen Höhen von deutlich über einem Meter und fanden sich sowohl im Siedlungs- als auch im Heiligtums- und Grabbereich. Nagellöcher sprechen für die Verwendung als Wandschmuck. Das Farbspektrum und der Stil der zum Teil großformatigen figürlichen Malereien orientieren sich zunächst noch an korinthischen Mustern, späterhin wird der ionische Einfluss bestimmend. Einige lassen sich besonders eng mit den Caeretaner Hydrien vergleichen. Auch unter den Wandmalereien in Tarquinia aus dem späteren 6. Jh. v. Chr. ist der ionische Stil dominant. Das zeigt sich an allgemeinen Merkmalen der Figurenzeichnung und spezifischen Ornamentformen, die sehr ähnlich bei den »pontischen« Amphoren begegnen.

Mit der Wende zum 5. Jh. wird in den Wandgemälden von Tarquinia zunehmend attischer Einfluss deutlich. Am klarsten ist das an den Gelagebildern nachzuvollziehen. Diese werden nun nach dem Muster von Darstellungen auf spätarchaischen Trinkschalen aus Athen arrangiert, sodass stets eine ganze Reihe von Zechern auf ihren Ruhebetten (Klinen) erscheint.

Hinsichtlich anderer Bildthemen weisen die Grabgemälde von Tarquinia größere Schnittmengen mit den Caeretaner Tonplatten und den bemalten Keramikgefäßen auf. Das Spektrum umfasst kriegerische Szenen, rituelle Handlungen, athletische Wettkämpfe sowie Szenen von Musik und Tanz. Mythologische Bilder finden sich in der Wandmalerei nur ausnahmsweise, nämlich in der »Tomba dei Tori«, einem Grab der Zeit um 530 v. Chr. in Tarquinia. Hier ist der Tod des trojanischen Prinzen Troilos von der Hand des Achill dargestellt bzw. eine Szene, in der Achill, der dem zur Pferdtränke kommenden Troilos auflauert, hinter einem Brunnenhaus hervorspringt. Eine ähnliche Szene ist auf dem François-Krater zu sehen, und sie begegnet in Varianten auf unterschiedlichen Bildträgern aus etruskischer Produktion, auf der reliefierten Wangenklappe eines Bronzehelms und der Verkleidungsplatte eines Bronzedreifußes ebenso wie auf in ionisierendem Stil bemalten Vasen. Auch andere Sujets des troischen Sagenkreises sind von etruskischen Künstlern der archaischen Zeit aufgegriffen worden. Gleiches gilt für die Taten des Herakles. Ein herausragendes Dokument der künstlerischen Auseinandersetzung mit dem griechischen Mythos ist jedoch das Terrakottarelief, das zur Verkleidung eines Firstbalkens am Tempel A von Pyrgi diente (Abb. 27, vgl. 7.4). Es gibt den Kampf der Ödipussöhne um die Herrschaft in Theben wieder, genauer den Sturmangriff der »Sieben gegen Theben«. Einer der Angreifer, Kapaneus, hatte sich gerühmt, nicht einmal Zeus könne ihn an der Einnahme der Stadt hindern. Diese Hybris büßt er mit dem Leben, das Relief zeigt den blitzschleudernden Göttervater im Zentrum, rechts den getroffen rückwärts taumelnden Kapaneus. Ein anderer Angreifer, Tydeus, wird im Kampf mit dem Verteidiger Melanippos tödlich verwundet. Athena will ihm zur Hilfe eilen und einen Unsterblichkeit ver-

Abb. 27: Pyrgi, Tempel A, Relief des Antepagments, Rom / Museo Nazionale di Villa Giulia

leihenden Trunk reichen. Noch zuvor jedoch tötet Tydeus seinerseits den Melanippos, um aus dessen Schädel den Lebenssaft herauszusaugen. Diese von der griechischen Bildkunst ignorierte Episode schildert das Relief von Pyrgi in drastischer Weise. Andere Bildwerke mit Bezug zum thebanischen Sagenkreis brachte etwa zur selben Zeit wie das Relief (erste Hälfte des 5. Jh.s v. Chr.) die etruskische Steinschneidekunst hervor. Es handelt sich um reliefierte Gemmen in der Form von Skarabäen. Eine besonders qualitätvolle und berühmte Gemme, der schon seit dem 18. Jahrhundert bekannte »Stosch'sche Stein«, stellt eine Beratung der »Sieben gegen Theben« dar.

Ein weiteres Meisterwerk der archaischen Kunst Etruriens bezieht sich ebenfalls auf die griechische Mythologie. Auf dem First eines wohl der *Menerva* geweihten Tempels in Veji (Heiligtum von Portonaccio, vgl. 7.4) war eine Reihe von leicht überlebensgroßen, freiplastischen Terrakottaskulpturen aufgestellt. Eine von ihnen gibt Herakles wieder, der über der von ihm überwundenen kerynitischen Hirschkuh steht. Ihm tritt Apollon entgegen, der die Hirschkuh für seine Schwester Artemis zurückfordert. Auch diese Göttin war möglicherweise dargestellt, wie Fragmente nahelegen. Hinzu kommen weitere Figuren, die sich nicht ohne weiteres in denselben thematischen Zusammenhang einordnen lassen. Allen gemeinsam ist die enge Anlehnung an den Stil der ostgriechisch-ionischen Plastik der Spätarchaik. Besonders deutlich wird dies etwa am fein gefältelten Gewand des Apollon. Die ohne Rücksicht auf den inneren Zusammenhang der Einzelformen des Gesichts gesteigerte mimische Expressivität und die starke Bewegtheit des Apollon weichen jedoch von den Vorbildern ab und lassen auf etruskische Tonbildner als ausführende Handwerker schließen.

Als weiteres Beispiel für den ionischen Einfluss lassen sich aus dem Bereich der spätarchaischen Plastik Etruriens die zahlreichen Reliefmonumente aus Gräbern von Chiusi nennen (vgl. 5.4 und 6.3). Mythologische Themen spielen hier keine Rolle, doch lassen die Bilder von Prozessionen und Waffentänzen, die Sport-, Tanz-, Jagd- und Bankettszenen nicht nur wegen des Stils der Gewanddarstellungen, sondern auch durch das Zelebrieren eines bestimmten Lebensstils eine Anlehnung an ostgriechische Gebräuche erkennen. Aufschlussreich sind diesbezüglich nicht zuletzt die Darstellungen von Bestattungszeremonien, etwa der

Aufbahrung des Leichnams, zumal die dabei gezeigten Trauergesten recht genau denjenigen entsprechen, die sich auf Grabmonumenten der Ionier und ihrer Nachbarn in Kleinasien finden.

Im Überblick unterscheidet sich die archaische Phase der etruskischen Kunst von der vorhergehenden Epoche durch die quantitative Ausweitung der Produktion und die soziale Erweiterung der Abnehmerkreise. Die ausgewiesenen Luxusgüter verlieren proportional an Gewicht, dafür etabliert sich ein dichteres Netz von Werkstätten, die kunsthandwerkliche Erzeugnisse von guter Durchschnittsqualität in hohen Stückzahlen herzustellen in der Lage sind. Das verbreitete Urteil, die etruskische Kunst habe nie Selbständigkeit erreicht und eigenes kreatives Potenzial entwickelt, beruhe vielmehr auf improvisierenden Übersetzungen hauptsächlich griechischer Bildfindungen, scheint somit für das 6. und frühere 5. Jh. kaum gerechtfertigt. Als eine weitere wichtige Tendenz lässt sich die Aufwertung des figürlichen, narrativen Elements feststellen. Auch werden Bilder von Ornamenten klarer als zuvor getrennt. Damit rücken die etruskischen Künstler der Archaik die Schilderung und Problematisierung menschlichen Handelns ins Zentrum ihres Schaffens, nicht zuletzt im Gewand von Episoden der im Wesentlichen von den Griechen übernommenen Mythologie.

8.3 Die nacharchaisch-frühhellenistische Zeit (Mitte 5. Jh. bis Mitte 3. Jh. v. Chr.)

Es wäre irreführend, die Epochen der etruskischen Kunst vollständig analog zu jener der griechischen gliedern zu wollen. Es gibt mithin keine klassische Periode, die der in Griechenland und namentlich in Athen entspräche. Geht man von einer Definition von »Klassik« als Maßstäbe setzender Kunstepoche aus, auf die sich spätere Generationen zurückbeziehen, könnte man sogar die etruskische Kunst der archaischen Zeit als »klassische« bezeichnen. Schließlich sollten die ihr eigenen Prinzipien und Konventionen teilweise noch bis zum Ausgang des 5. Jh.s v. Chr. – und in besonders konservativen Gattungen des Kunsthandwerks wie der kleinformatigen Votivplastik weit darüber hinaus – Gültigkeit behalten. Man hat dieses Phänomen auch als

»Retardieren« der etruskischen Kunst bezeichnet. Gleichwohl wird Etrurien von den künstlerischen Entwicklungen der Griechen nie vollständig abgeschnitten. Vielmehr wurden vor allem im 5. Jh. über die adriatischen Verbindungslinien, später dann verstärkt über Unteritalien, Anregungen aus Athen und aus dem neuen Machtzentrum Makedonien aufgenommen. Dadurch haben die Etrusker wichtige Tendenzen und Errungenschaften der griechischen Klassik und des frühen Hellenismus in ihren eigenen künstlerischen Kreationen umgesetzt.

Einige solcher Entwicklungslinien lassen sich an der Großplastik aus Bronze beobachten, in der etruskische Werkstätten es zu einer gewissen Meisterschaft brachten. Leider haben nur wenige Werke bis heute überdauert, vor allem, wenn man es mit der Zahl der angeblich zweitausend Bronzestatuen vergleicht, welche die Römer allein bei der Eroberung der Stadt Volsinii im 3. Jh. v. Chr. erbeutet haben sollen (Plinius Maior, *Naturalis historia* 34, 34). Der Bronzehohlguss war in Etrurien seit dem frühen 5. Jh. v. Chr. bekannt. Später scheinen die Zentren der Bronzebildnerei eher in den zentralen und nördlichen Regionen Etruriens zu liegen. Wohl aus einer Werkstatt von Orvieto ging eine Statue hervor, die einen Krieger zeigt, der mit einer Schale in der erhobenen Rechten ein Trankopfer vollzieht. Die Körperhaltung erinnert an griechische Werke des mittleren 5. Jh.s v. Chr. Stilistische Merkmale, unter anderem die Haarwiedergabe, sprechen jedoch für eine deutlich spätere Datierung, um 400 v. Chr., sowie auf unteritalische Einflüsse. Von griechischen Statuen unterscheidet sich die etruskische wesentlich durch die geringere Sorgfalt, die der naturalistischen Wiedergabe von Proportionen und Körperstruktur gewidmet ist, zumal im Vergleich mit der geradezu detailverliebten Darstellung des Panzers. Der nach seinem Fundort im etruskisch-umbrischen Grenzbereich sogenannte Mars von Todi ist symptomatisch auch für die Entstehung einer künstlerischen Koine, also von Ausdrucksformen, die weiten Teilen (Mittel-)Italiens gemeinsam waren: Das seiner künstlerischen Herkunft nach etruskische Werk lässt sich anhand einer in den Panzer eingeritzten, in etruskischer Schrift und umbrischer Sprache verfassten Inschrift als Weihgabe eines Kelten identifizieren.

Nicht weniger aufschlussreich ist ein zweites Bronzewerk, das schon seit der Renaissance bekannt und seit jeher Gegenstand von Debatten über die Eigenheiten der etruskischen Kunst gewesen ist. Gemeint ist die in Arezzo gefundene Statue der Chimaira (vgl. 1 und Abb. 1). Sie stellt ein schreckliches Ungeheuer aus der griechischen Mythologie dar, mit Kopf und Körper eines Löwen, einem zusätzlichen Ziegenkopf, der aus dem Rücken emporwächst, sowie dem Schwanz in Form einer Schlange. Das stark stilisierte Mähnenhaar, das den Kopf wie ein Flammenkranz umrahmt, verleiht der Skulptur etwas Archaisches. Doch zeigt der Vergleich mit als Wasserspeier dienenden Löwenköpfen griechischer Tempelbauten in Unteritalien, dass die Chimaira frühestens am Ende des 5. Jh.s v. Chr. entstanden ist. Die Übereinstimmungen sind sogar so groß, dass man an eine großgriechische Werkstatt denken kann. Diese müsste dann für etruskische Auftraggeber gearbeitet haben, wie eine bereits in das verlorene Wachsmodell vor dem Guss eingeschriebene etruskische Weihinschrift bestätigt.

Mars von Todi wie Chimaira sind übrigens nach dem in der Antike üblichen Verfahren aus mehreren, getrennt gegossenen und dann verlöteten Einzelteilen zusammengesetzt. Das unterscheidet sie von einer ebenfalls oft als etruskisches Bronzewerk angesehenen Statue der römischen Wölfin. Diese ist aus einem Guss, weswegen sie vielen Experten mittlerweile als nachantike Schöpfung gilt.

Stilistisch lassen sich den wenigen erhaltenen Großbronzen zahlreiche kleinformatige Bronzestatuetten und Werke der Koroplastik, d. h. aus Ton gebildete Skulpturen zur Seite stellen. So bekunden Teile von Hochreliefs von Orvietaner Tempeln aus dem späten 5. Jh. v. Chr. sehr deutlich die Inspirationen, die von Werken griechischer Bildhauer wie Phidias oder Polyklet ausgingen. Gleiches lässt sich von Terrakottastatuen sagen, die als Weihgaben im Portonaccio-Heiligtum von Veji aufgestellt waren. In einem anderen Vejenter Heiligtum fanden sich zahlreichere Terrakottaköpfe, von denen viele das typisch polykletische Muster einer aus einzelnen, symmetrisch angeordneten Locken aufgebauten Frisur aufweisen. Solche auch aus benachbarten Heiligtümern Latiums bekannten Votivköpfe sind zuweilen matrizengeformt, jedenfalls stark typisiert. Daneben kamen im Laufe des 4. Jh.s v. Chr. Ehrenbildnisse auf, die unserem heutigen, individualisierenden Porträtverständnis entsprechen. Aus der etruskischen Großplastik der Zeit ist leider kein entsprechendes Werk überliefert. Allein ein auf dem Kapitol in Rom aufbewahrter, traditionell (zu Unrecht) als »Brutus« identifizierter Kopf aus den Jahren um oder bald nach 300 v. Chr. vermag eine Vorstellung zu geben. Immerhin zeigt dieser deutliche Parallelen zu porträthaften Köpfen der etruskischen Grabplastik und -malerei des späteren 4. Jh.s v. Chr. Ein weiterer Bronzekopf, aus Fiesole, zeigt schon deutliche Anlehnungen an Porträts frühhellenistischer Dynasten und dürfte daher eher gegen Mitte des 3. Jh.s v. Chr. zu datieren sein. Das Aufkommen der individualisierenden Bildnisse ist vor dem Hintergrund gesellschaftlicher und politischer Umwälzungen zu sehen, die dazu führten, dass persönliche Verdienste zusätzlich zur Herkunft ein entscheidendes Kriterium für die Zugehörigkeit zur Führungselite wurden (vgl. 6.3).

Die Sepulkralkunst hat in der hier behandelten Epoche bedeutende Skulpturen hervorgebracht. Als eine frühe Gruppe sind menschengestaltige Aschebehälter mit abnehmbaren Köpfen aus Gräbern der Region um Chiusi zu nennen, die an die lokale Tradition der »Kanopen« und einige unmittelbare spätarchaische Vorläufer anknüpfen (vgl. 6.4). Meist sind sie in Kalkstein ausgeführt. Es lassen sich zwei Haupttypen unterscheiden, zum einen Frauen, die in hieratischer Pose auf Sphingenthronen sitzen, zum anderen zum Bankett auf einer Kline gelagerte Männer. Letzteren ist meist eine am Fußende sitzende weibliche Figur zugeordnet, entweder die sich entschleiernde Ehefrau oder eine Gestalt mit Schulterflügeln, wohl ein Dämon des Todes. Die Reihe dieser Monumente verteilt sich auf einen Zeitraum von der Mitte des 5. Jh.s bis in die ersten Jahrzehnte des 4. Jh.s, doch behalten sie stets Züge bei, die an archaische Skulpturen und an solche der griechischen Frühklassik, den sogenannten Strengen Stil, erinnern.

Die Zahl dieser Chiusiner Grabstatuen ist recht klein, verglichen mit den reliefierten Grabmonumenten der spätarchaischen Zeit, die im fortgeschrittenen 5. Jh.v. Chr. keine Nachfolger fanden. Das deutet vielleicht auf eine Verengung der Kreise hin, die sich aufwendige Grabmonumente leisten konnte. Dafür treten ab der Jahrhundertmitte in Bologna in größerer Zahl Grabstelen von charakteristischer Hufeisenform auf, nach dem etruskischen Namen des Fundortes Felsineer Stelen genannt. Der in mehrere Register gegliederte Reliefschmuck bezieht sich oft auf das Thema der Jenseitsreise, wobei einige Bildelemente wie die Figur des Totenfährmanns Charon (etrusk. *Charun*) auf griechischen, speziell attischen Einfluss schließen lässt.

Neuartige skulpturale Grabmonumente tauchen ab der Mitte des 4. Jh.s v. Chr. in den südetruskischen Nekropolen auf. Es handelt sich um große Steinsarkophage, deren Kästen zuweilen Holztruhen oder Klinen nachbilden, weitaus häufiger aber durch rahmende Eckpfeiler und Gesimse architektonisch gestaltet oder auch ganz schlicht gehalten sind. Die verbleibenden Flächen tragen oft figürlichen Reliefschmuck. Deckel haben, insbesondere bei frühen Exemplaren, oft die Form von Satteldächern, wie sie schon bei älteren griechischen und kleinasiatischen Sarkophagen vorkommen. Sie werden mit der Zeit fast vollständig verdrängt von charakteristischen Deckeln mit plastischer Darstellung der verstorbenen Person. Diese erinnern bis zu einem gewissen Maße an vergleichbare Terrakottaurnen der archaischen Zeit aus Cerveteri (vgl. 5.4). Gleichwohl lassen sie sich von diesen kaum direkt herleiten. Vielmehr liegt wohl eine Verschmelzung von etruskischen, griechischen und westphönizischen (punischen) Elementen vor. Exemplarisch lässt sich das an einem Sarkophag aus dem Grab der Familie *Partunu* in Tarquinia demonstrieren. Dessen Deckel ist dachförmig gestaltet, trägt aber dennoch die Figur eines langgewandeten, bärtigen Mannes. In der Aufsicht scheint der Mann nicht zu liegen, sondern quasi auf einer Basis zu stehen, die die Form des Giebeldreiecks aufnimmt. Diese Art der Darstellung, dazu der Gestus der zum Gebet erhobenen rechten Hand und die Weihrauchdose in der linken, haben exakte Parallelen bei Sarkophagen aus Karthago. Doch weisen das Material – Marmor von der Insel Paros – und der an griechische Grabreliefs erinnernde stilistische Habitus auf griechische Handwerker. Diese haben solche Sarkophage für Abnehmer in Karthago hergestellt und jenes eine Exemplar »verirrte« sich nach Etrurien. Erst dort wurde der schlichte Kasten mit Szenen aus der griechischen Mythologie dekoriert, in die typisch etruskische Dämonengestalten eingeflochten sind. Doch zurück zur Deckelform: Bei anderen, lokal produzierten Sarkophagen wird sie in einer Weise variiert, dass die Figuren der Verstorbenen zwar auf den ersten Blick ebenfalls zu stehen scheinen, tatsächlich aber auf flachen, zudem durch die Angabe von Kissen bettartig gestalteten und nur durch seitlich angesetzte

Giebel noch an Dächer erinnernden Deckeln liegen. Häufiger wenden sie den Blick zu einer Seite, also dem vor dem Sarkophag stehenden Betrachter entgegen. Bei zwei Sarkophagen für Ehepaare aus Vulci, heute in Boston, sind die liegenden Figuren von Mann und Frau einander zugewandt, in zärtlicher Umarmung unter einem gemeinsamen Mantel. Im Laufe der Zeit wird es zunehmend üblich, dass die Deckelfiguren sich mit dem gesamten Körper zu einer Seite wenden, sich dabei auf einen Arm stützen, sodass Kopf und Oberkörper erhoben sind. Die Verstorbenen nehmen dann also die Haltung von Teilnehmern eines Banketts ein wie schon bei den oben erwähnten spätarchaischen Urnen aus Cerveteri.

Unter den Deckelfiguren der Sarkophage des späten 4. und 3. Jh.s v. Chr. gibt es nicht wenige, die recht individuell wirkende, porträthafte Gesichtszüge aufweisen und dadurch eine gewisse Vorstellung von öffentlich aufgestellten Ehrenstatuen vermitteln. Dazu passen Reliefdarstellungen zeremonieller Auftritte von Amtsträgern mit Insignien und Gefolge, die einen Teil der Sarkophagkästen schmücken. Andere Sarkophagreliefs geben Episoden des griechischen Mythos wieder, häufiger kommen zudem Tierkampfbilder vor und solche, die im Zusammenhang mit Abschied und Jenseitsreise stehen.

Etwa dasselbe thematische Spektrum findet sich in der Grabmalerei, die in Tarquinia und vereinzelt an anderen Orten nach einer Phase der Stagnation in der Mitte des 4. Jh.s v. Chr. neue Impulse empfängt. Einige seit der archaischen Zeit bekannte Gestaltungsmuster und Themen haben überdauert, doch werden sie nun in veränderter Manier und mit anderen Bezügen ausgeführt. Ein Beispiel dafür ist das Bankett, das nun eindeutig im Jenseits angesiedelt und mit der Jenseitsreise verbunden wird (vgl. 5.4 und 6.3, Abb. 19). Damit einhergehend werden neuen Techniken der Malerei erprobt. Die traditionelle Malweise mit kräftigen Konturlinien und recht gleichmäßig kolorierten Flächen verschwindet keineswegs, doch eifern nicht wenige etruskische Maler den Errungenschaften nach, die in den Gräbern makedonischer Fürsten sowie, von diesen inspiriert, im Umfeld der unteritalischen Griechenstadt Tarent zur Anwendung kamen. Man verzichtet beispielsweise auf scharfe Umrisse und lässt die Konturen malerisch verschwimmen. Auch steigert man die plastische Wirkung durch Schattierungen und aufgesetzte

Glanzlichter. Ein Meisterwerk, an dem die jüngeren stilistischen Tendenzen deutlich hervortreten, ist ein Alabastersarkophag mit Dachdeckel aus Tarquinia in Florenz. Alle vier Seiten sind mit Szenen einer Amazonenschlacht bemalt, wohl um 350 v. Chr. von Malern aus Tarentiner Schule. Eine vergleichbare Qualität wird allenfalls noch in der Tomba François in Vulci erreicht, ein bis zwei Jahrzehnte später (Abb. 28). Allerdings arbeiteten dort

Abb. 28: Vulci, Tomba François, Detail der Fresken, Kopf des Patroklos, Rom / Villa Albani, Besitz Torlonia

unterschiedlich ausgebildete und begabte Maler, sodass selbst innerhalb eines Freskos die einzelnen Figuren in einfacher, konturbetonter Weise und daneben unter Anwendung von Techniken wie »sfumato« und »chiaroscuro« ausgeführt sind. Die Grabanlage ist auch in anderer Hinsicht ein eindrückliches Beispiel für das Neben- und Miteinander verschiedener kultureller Stränge, vereint der Freskendekor der zentralen Räume doch auf der einen Seite griechische Heroen und Sagenbilder, auf der anderen Seite Bilder von Angehörigen des Grabinhabers und der Gebrüder Vibenna, also legendären Heldengestalten Etruriens (vgl. 3.2 und 6.5).

Die kleineren Friese, die oberhalb der großformatigen figürlichen Malereien der Tomba François angebracht sind, folgen Mustern, die man aus dem Kunsthandwerk Makedoniens, Unteritaliens und Etruriens kennt. Als besonders zeittypisch sind neben pflanzlichen Ornamenten vor allem Tierkampfszenen anzusehen, in denen Raubkatzen und Fabelwesen über Beutetiere oder übereinander herfallen. Solche Motive wurden hauptsächlich über die Vasenmalerei weitergegeben. Auf diesem Gebiet vollzieht sich in Etrurien an der Wende vom 5. zum 4. Jh. v. Chr. ein bedeutender Wandel: Die »echte« rotfigurige Technik setzt sich mit fast einem Jahrhundert Verspätung durch. Ausschlaggebend dafür war die Ansiedlung von Töpfern und Malern, die ihr Handwerk in Athen oder in griechischen Werkstätten in Unteritalien gelernt hatten. Sie etablierten zunächst wohl in Chiusi und Orvieto, zu Beginn des 4. Jh.s auch in Vulci und bei den faliskischen Nachbarn der Etrusker, eine hochwertige Produktion von figürlich bemalter Keramik. In den Schülergenerationen, von Mitte bis Ende des 4. Jh.s, vermehrte sich die Zahl der Werkstätten und Herstellungszentren, wobei allerdings nicht alle das beachtliche handwerkliche und künstlerische Niveau halten. In großen Stückzahlen wurden vor allem kleinere Gefäße produziert und vorzugsweise mit Figuren aus dem Gefolge des Weingottes *Fufluns*-Dionysos oder mit Frauenköpfen dekoriert. Neben dieser seriellen Produktion einher laufen größere und aufwendigere Gefäße. Bei einigen lässt der Einsatz von Schraffuren und zusätzlichem Farbauftrag das Bemühen erkennen, an die jüngeren Entwicklungen der »großen« Malerei anzuknüpfen. Gerade bei den größeren Gefäßen finden sich auch öfter Bilder aus der Mythologie. Die darin eingebundenen oder einzeln dargestellten Figuren von Todesdämonen machen deutlich, dass zumindest ein größerer Teil der bemalten Vasen von Anfang an zur Verwendung als Grabbeigabe bestimmt war.

Weniger dynamisch als die Keramikproduktion entwickelten sich andere Zweige des etruskischen Kunsthandwerks, etwa Metallverarbeitung und Goldschmiedekunst. Der technologische Standard war zwar weiterhin hoch, und auch für motivische Neuerungen blieb man aufgeschlossen, doch ist hinsichtlich Quantität und Verbreitung ein deutlicher Rückgang zu verzeichnen. Das gilt vor allem für die in früheren Zeiten so erfolgreiche Toreutik. Eine Ausnahme bilden die Bronzespiegel. Diese werden in stark steigenden Stückzahlen produziert, mit Schwerpunkten in Vulci, Orvieto und Chiusi. Die zeitliche Zuordnung der Spiegel ist ein schwieriges Problem, weil nur vergleichsweise wenige durch archäologische Rahmendaten datiert werden können und die Bezüge zu anderen Kunstgattungen weniger eng erscheinen als in früheren Perioden. Immerhin zeigen Punktierungen und Schraffierungen, dass die Graveure der Spiegel sich grundsätzlich an der Malerei orientierten. Die Darstellungen der gravierten wie der Reliefspiegel sind meist mythologischen Inhalts. Oft werden Figuren von Gottheiten und Heroen zu handlungsarmen Bildern mit grundsätzlich symmetrischem Aufbau arrangiert. Die zahlreichen Beischriften zu den Bildern bezeugen nicht nur eine hohe Lesefähigkeit bei Produzenten und Abnehmerinnen – in der Regel wohl Frauen –, sondern sie machen die Spiegel für uns zu einer der wichtigsten Quellen für die etruskische Götterwelt (vgl. 7.3).

Insgesamt lässt sich eine enge Vertrautheit der Etrusker mit der Bild- und Sagenwelt der Griechen und den maßgeblichen Trends der künstlerischen Entwicklung erkennen. Insofern wird man nicht von einem Zurückbleiben oder einer starken Provinzialisierung sprechen. Doch entfalten Kunst und Kunsthandwerk der Etrusker nicht mehr dieselbe Ausstrahlung wie in der archaischen Zeit. Etrurien ist ein Kraftzentrum innerhalb der italischen Koine, aber exportiert kaum noch Handwerksprodukte in benachbarte oder gar entfernte Regionen des Mittelmeerraums.

8.4 *Die Zeit des Hellenismus und der Romanisierung (Mitte 3. Jh. bis 1. Jh. v. Chr.)*

Der letzte Abschnitt der etruskischen Kunstgeschichte steht ganz unter dem Vorzeichen des Aufstiegs von Rom zur Italien und weite Teile der Mittelmeerwelt beherrschenden Macht. Im Zuge des Ausgreifens nach Osten und der militärischen Konfrontation mit den Nachfolgern des Alexanderreichs, durch erbeutete Kunstwerke sowie durch Künstler auf der Suche nach neuen Auftraggebern, nahm Rom unmittelbaren Anteil an der hellenistischen Kunstentwicklung, mit zumindest mittelbaren Folgen für die unter römischer Hegemonie stehenden etruskischen Stadtstaaten. Obwohl eine nennenswerte Präsenz von Etruskern im hellenistischen Osten nicht nachzuweisen ist, können direkte Kontakte durch die römische Expansion begünstigt worden sein. Wie auf dem Gebiet der etruskischen Religion eine relativ junge Schicht nahöstlicher Einflüsse greifbar scheint (vgl. 7.1), so lässt sich anhand der »pathetischen« Formensprache einer Reihe von etruskischen Bildwerken vielleicht auf vereinzelte Zuwanderung von Handwerkern aus hellenistischen Kunstzentren wie Rhodos oder Pergamon schließen.

Nicht eingegangen sei hier auf Gattungen und Kunsthandwerkszentren, in denen sich die Entwicklung der vorhergehenden Epoche ohne Brüche oder nennenswerte innovative Schübe fortsetzt. Dazu zählen vor allem die südetruskischen Städte einschließlich des im 3. Jh. v. Chr. untergegangenen Volsinii (Orvieto) und die für diese typischen Produkte, also beispielsweise die großen Steinsarkophage und vor allem die Wandmalerei. Vitaler und dynamischer zeigen sich die nordetruskischen Städte, namentlich Chiusi, Perugia und Volterra, wo auch Spiegel- und Keramikproduktion weiterhin auf recht hohem Niveau betrieben werden. Allerdings kommt die Herstellung rotfiguriger Keramik schon vor der Mitte des 3. Jh.s v. Chr. zum Erliegen. Als feines Tischgeschirr und Grabbeigabe wird seither, wie in weiten Teilen des Mittelmeerraums, eine auch lokal produzierte, ganz von schwarzem Glanzton überzogene Ware bevorzugt. Im mittleren 1. Jh. v. Chr. sollte dann das nordetruskische Arezzo zum wichtigsten Erzeuger von rotglänzender Reliefkeramik innerhalb Italiens werden, einer frühen Form der sogenannten Terra Sigillata der römischen Kaiserzeit.

Der für die letzte Phase der etruskischen Kunst wiederum prägende griechisch-hellenistische Einfluss lässt sich am besten vielleicht anhand des Terrakottaschmucks von Tempelgiebeln ermessen. Deren Erscheinungsbild hat sich gegenüber den offenen Giebeln der früheren Epochen gewandelt. Nun verkleiden Terrakottaplatten mit applizierten, nahezu rundplastischen Figuren das gesamte Giebelfeld. Das erste Mal war das wahrscheinlich schon beim Tempel von »Ara della Regina« in Tarquinia der Fall, in der Bauphase aus dem frühen 4. Jh. Ganz sicher ist dies jedoch nicht, weil sich von der Giebeldekoration nur wenige Teile erhalten haben, darunter die zwei berühmten geflügelten Pferde. Wesentlich besser erhalten sind Terrakottaskulpturen des fortgeschrittenen 2. Jh.s v. Chr. von Tempelgiebeln in Talamone (bei Orbetello) und Civitalba (im etruskisch-umbrischen Grenzbereich). Der erste stellt den schon seit der Spätarchaik beliebten Mythos des Kampfes der Sieben gegen Theben dar. Der Giebel von Civitalba zeigt die Auffindung der Ariadne auf Naxos durch Dionysos und ihre Vereinigung mit dem Gott, wobei deren Figuren leider nicht erhalten sind. Dafür haben sich Teile eines Frieses vom selben Tempel gefunden, die ein anderes der hellenistischen Kunst wichtiges Thema darstellen, einen Gallierkampf, hier in der nur aus Etrurien und Italien überlieferten Variante einer Abwehr eines gallischen Angriffs auf das Heiligtum von Delphi durch Leto, Apollon und Artemis. Einzelne Figurentypen und auch Einzelformen sowie der gesamte stilistische Habitus setzen für Civitalba wie für Talamone den »barocken«, hochhellenistischen Stil der pergamenischen Schule voraus, den sie jedoch in einer schlichteren Ausprägung adaptieren. Weitaus näher kommen dem kleinasiatischen Vorbild die nur sehr bruchstückhaft erhaltenen Skulpturen von einem Tempel am Rande des etruskischen Arezzo, vor allem die virtuosen Köpfe mit ihrem pathetisch gesteigerten Ausdruck.

Zumindest punktuelle Übereinstimmungen hinsichtlich Auswahl der Sujets und Stilmerkmalen gibt es zwischen den Tempelskulpturen einerseits, reliefgeschmückten Aschekisten aus Chiusi, Perugia und Volterra andererseits. Diese bilden die kunstgeschichtlich interessanteste Klasse von Grabdenkmälern des hellenistischen Etrurien. Ihre Entwicklung verläuft zunächst parallel zu jener der südetruskischen Steinsarkophage. Während jedoch die Sarkophagwerkstätten des Südens ab der

Abb. 29: Perugia, Ascheurne mit Deckel, Berlin / Staatl. Museen

Mitte des 3. Jh.s v. Chr. kaum noch nennenswerte Werke hervorbringen, nimmt die Urnenproduktion jetzt erst richtig Fahrt auf, zunächst in Chiusi und Volterra, etwas später auch in Perugia (Abb. 29). Das bevorzugte Material ist, zumindest in Chiusi und

Volterra, der vergleichsweise leicht zu bearbeitende Alabaster, daneben Tuff und (vor allem in Perugia) Travertin sowie (überwiegend in Chiusi) Terrakotta. Die Urnenkästen sind sehr häufig mit Reliefs geschmückt, die sich vielfach auf Visionen von Tod und Jenseits beziehen, aber auch, neben den Bronzespiegeln, das umfassendste Repertoire mythologischer Darstellungen bieten. Es bietet reiches Anschauungsmaterial dafür, bis zu welchem Maße und in welchen Formen die griechische Sagenwelt von den Etruskern adaptiert worden ist. Darüber hinaus lassen die mythologischen Urnenreliefs neben den figürlichen Deckeln auch am ehesten erkennen, an welchen künstlerischen Trends sich die etruskischen Handwerker orientierten. Sind zunächst und besonders in Chiusi die Parallelen zu unteritalischen, vor allem Tarentiner Reliefwerken unverkennbar, scheinen später unmittelbare Anregungen von Pergamon und Rhodos ausgegangen zu sein. Man glaubt sogar, Einwanderer aus diesen Regionen unter den Urnenproduzenten identifizieren zu können. Die Deckel der Ascheurnen haben Dachform oder tragen Figuren der Verstorbenen. Letztere wirken oft recht lebensnah, wobei die Steinmetze vor allem für die Männer bestimmte, auf frühhellenistische Herrscherporträts zurückgehende Formeln einsetzen. Massive Körperformen, fleischige Gesichtszüge und aufgeworfene Haare kommen dementsprechend auffallend häufig vor und mögen zum Aufkommen des Klischees vom »fettleibigen Etrusker« beigetragen haben (vgl. 6.3). Erst im Laufe des 2. Jh.s v. Chr. setzt diesbezüglich ein Wandel hin zu strafferen Zügen und schlichteren Frisuren ein, darin Tendenzen folgend, die man auch an späthellenistischen »Bürgerbildnissen« aus Athen, Delos und Kleinasien feststellen kann. Hinsichtlich der Tracht lässt sich für Volterra feststellen, dass ab den ersten Jahrzehnten des 2. Jh.s die Männer zusätzlich zum Mantel ein Untergewand tragen und der Hinterkopf oft durch einen Teil des Obergewandes verhüllt wird; hier liegt vielleicht eine Anpassung an römische Sitten vor.

Die Entwicklung der Bildniskunst in Etrurien lässt sich ebenso an Werken der Votivplastik nachzuvollziehen. Neben Serienprodukten gibt es eine größere Zahl von wenigstens teilweise handgeformten, mit dem Modellierholz bearbeiteten Terrakottaköpfen. Während jene häufig noch Typen des 5. und 4. Jh.s v. Chr. wiederholen, reflektieren diese jüngere künstlerische Entwicklungen und orientieren sich an Mustern des Früh- und Hochhellenismus. Auch bei ihnen darf man freilich zweifeln, dass sie ein getreues Bild der äußeren Erscheinung eines bestimmten Menschen vermitteln, doch ist das Streben nach Individualisierung unverkennbar. Damit dienten diese Büsten und Statuen auch der gesellschaftlichen Repräsentation, neben dem religiösen Zweck, den typisierte Bilder wohl genauso erfüllten.

Ein singuläres und sehr bekanntes Bronzewerk lässt sich hier noch anfügen: die »Arringatore« (ital. Redner) genannte, 1566 unweit von Perugia am Trasimenischen See gefundene Bronzestatue des *Avle Meteli*. Zahllose Reproduktionen haben dazu geführt, dass sie die heutige Vorstellung von einem Redner zur Zeit der Römischen Republik prägt. Tatsächlich stand die Statue, wie die Inschrift am unteren Saum der Toga verrät, in einem etruskischen Heiligtum, sie ist also Ehren- und Votivstatue in einem gewesen. Die erhobene rechte Hand des *Avle Meteli* ist daher wahrscheinlich auch nicht als Rede-, sondern als Gebetsgestus zu interpretieren. Seine Kleidung, die mit breiter Schmuckborte versehene Toga, die Tunika mit den in Kupfer ausgeführten Schmuckstreifen, der auffällige Ring an der linken Hand, das vornehme Schuhwerk lassen sich hingegen gut mit aus Rom bekannten Standesabzeichen vergleichen. Die am »Arringatore« vorliegende Kombination scheint allerdings wiederum nicht römisch, sondern lokalspezifisch zu sein. Da nach fast einhelliger historischer Überlieferung die Römer viele Insignien von den Etruskern übernommen hatten (vgl. 6.5), lässt sich aus heutiger Perspektive kaum entscheiden, was diesbezüglich römisch, was etruskisch zu nennen ist. Die porträthafte Charakterisierung des Gesichts fügt sich gleichwohl deutlich in die Entwicklung, die im 2. und 1. Jh. v. Chr. aus der Verbindung von Bildnisinteressen römischer Auftraggeber und den künstlerischen Mitteln griechisch-hellenistischer Bildhauer resultierte. Aber man muss die Statue des *Avle Meteli* wohl noch vor die endgültige Eingliederung der etruskischen Stadtstaaten in den römischen Staat 89 v. Chr. datieren. Nach diesem Datum und der Übernahme des Lateinischen als Amtssprache wäre die Verwendung etruskischer Sprache und Schrift an einem öffentlich aufgestellten Bildwerk kaum zu erklären (vgl. 3.3). Dennoch kann der »Arringatore« beispielhaft für das Aufgehen der etruskischen Zivilisation in der römischen stehen.

Zum Schluss

Die voraufgehenden Seiten haben hoffentlich dazu beigetragen, den Schleier des »Mysteriösen«, der die Etrusker in der Auffassung vieler immer noch umgibt, zu lüften. Bei näherer Betrachtung stellt sich Manches weit weniger geheimnisvoll dar, als es zunächst scheinen mag, aber deswegen nicht als weniger spannend. Lernen wir doch zu verstehen, wie sich einige fest eingewurzelte Klischees aus antiker Außenwahrnehmung entwickeln, die in der Neuzeit gewissermaßen die Brille war, mit der man auch auf die neu entdeckten archäologischen Funde schaute. Ein besonders eindrucksvolles Beispiel ist das Vorurteil der strengen, abergläubischen Religiosität. Dieses wurzelt in der besonderen Wertschätzung etruskischer religiöser Techniken im »offiziellen« Rom, erhält weitere Nahrung durch die Ablehnung eben dieser Techniken und Traditionen durch Philosophen und frühe Christen und wird erneut positiv gewendet durch die etruskerbegeisterten toskanischen Gelehrten des gegenreformatorischen Zeitalters, die alle möglichen Bildwerke als Darstellungen kultischer Zeremonien zu deuten pflegten. Aus heutiger Sicht lässt sich eine gewisse Erstarrung der religiösen Formen aus den historischen Bedingungen der Integration Etruriens in den römischen Machtbereich heraus verstehen, als die *Etrusca disciplina* als Legitimation ererbter Macht und Eintrittskarte in die Kreise der neuen Obrigkeit diente.

Der Religiosität gegenüber steht das Klischee von den lebens- und sinnenfrohen, tendenziell unkriegerischen, aber dadurch zugleich verwöhnten, schwachen und dekadenten Etruskern. Erste Ausformulierungen finden sich vor allem in der moralisierenden Geschichtsschreibung der Griechen. Als man dann im 19. Jahrhundert in großer Zahl etruskische Gräber aufdeckte, mit ihren oft überreichen Beigaben, den farbigen Wandgemälden, die fröhliche Feste zeigen, den Sarkophagen mit den Bildern korpulenter Zecher, schienen sich jene Stereotypen eindrucksvoll zu bestätigen – was je nach Betrachter eher positive oder negative Reaktionen hervorrief. Eine differenziertere Analyse, wie ich sie hier versucht habe anzustellen, vermag die fremdartig anmutenden Gebräuche in Strategien der Selbstdarstellung einer Aristokratie einzuordnen, die über Jahrhunderte hinweg ihr Prestige auch dadurch wahrte, dass sie einen besonderen, eben distinktiven Lebensstil praktizierte.

Gänzlich modern ist schließlich die Sichtweise, in der die Etrusker auf künstlerischem Gebiet zunächst als schöpferisches »Urvolk«, dann als nur mehr oder weniger geschickte Nachahmer der Griechen erscheinen. Zwar sind die Verbindungen zwischen griechischer und etruskischer Kunst tatsächlich besonders eng. Auch haben die etruskischen Künstler wenige gänzlich eigenständige Entwicklungen bezüglich Formensprache und Bildfindungen vorzuweisen. Doch ist nicht zu leugnen, dass sie die äußeren Impulse auf handwerklich oft höchstem Niveau und gemäß den eigenen Interessen umzusetzen verstanden. Das heißt, dass sie eben wirklich verstanden, was sie bei den Griechen sahen, und keineswegs nur geistlos repetierten oder allein auf dekorative Effekte zielten.

Übersetzungsleistungen sind es denn auch, die die Etrusker zu bedeutenden historischen Akteuren innerhalb des Gefüges der antiken Mittelmeerwelt – und darüber hinaus – machten. Das gilt in erster Linie für die Hochphase der weitgespannten Außenbeziehungen, im Wesentlichen das 6. Jh. v. Chr., und für Kontakte nach Westen und Norden. Aber auch danach zeigten sich Etrusker aufgeschlossen nicht nur für künstlerische Neuerungen, sondern ebenso für solche auf technologischem und architektonischem Gebiet. So trifft es zwar nicht zu, dass die Gewölbekonstruktion in Etrurien erfunden worden wäre (wie mitunter immer noch zu hören und zu lesen ist), doch haben Etrusker diese Bauweise nicht zuletzt in der Grabarchitektur sehr erfolgreich adaptiert.

Vor allem bleibt hier jedoch festzuhalten, dass es »*die* Etrusker« eigentlich nicht gibt – als Ethnos nicht und als historisches Phänomen nicht. Sie tauchen nicht unvermittelt auf und verschwinden auch nicht einfach aus der Geschichte, sondern es lassen sich Formierungs- ebenso wie Desintegrationsprozesse der etruskischen Zivilisation erkennen. Sie wandelte sich stark unter den jeweiligen ökonomischen und sozialen Rahmenbedingungen, und dadurch variierte auch ihre räumliche Verbreitung im Laufe der Zeit. Schließlich müssen wir uns stets bewusst sein, dass wir fast nur die städtische Elite in den archäologischen Quellen zu fassen bekommen, von möglicherweise abweichenden Lebensweisen und kulturellen Prägungen der etruskischen Landbevölkerung aber nach wie vor äußerst wenig wissen.

Es war hier an vielen Stellen nicht möglich, allgemeine Einschätzungen und offene Fragen anhand der Quellenlage im Detail durchzuspielen und auszudiskutieren. Vielfach konnte ich nur exemplarisch verfahren. Für alles Weitere muss auf die im Anhang aufgeführte Literatur verwiesen werden. Wenn es mir aber gelungen ist, Interesse für solche Vertiefung zu wecken, hat dieses Buch seinen Zweck erfüllt.

Anhang I: Namen etruskischer Städte und Stätten, modern und antik

Modern	Lateinisch	Etruskisch
Arezzo	Arretium	?
Blera (Bieda)	Blera	?
Bologna	Bononia	Felsina
Bolsena	Volsinii novi	?
Cerveteri	Caere	Kisra
Chiusi	Clusium	Clevsins, Kamars (?)
Cortona	Cortona	Curtun (?)
Fiesole	Faesulae	?
Gravisca	Graviscae	?
Mantova/Mantua	Mantua	?
Marzabotto	–	Kainua (?)
Orvieto	Volsinii	Velzna
Perugia	Perusia	?
Pisa	Pisae	?
Populonia	Populonia	Pupluna
Pontecagnano	–	?
Roselle	Rusellae	?
San Giuliano (Barbarano)	Manturanum/ Marturanum	?
Santa Maria Capua Vetere	Capua	Volturnus (?)
Santa Severa	Pyrgi	?
Sovana	Suana	Sveama (?)
Spina	Spina	?
Tarquinia (Corneto)	Tarquinii	Tarch(u)na
Tuscania (Toscanella)	Tuscana	?
Veio/Veji	Veii	Vei
Vetulonia	Vetulonia	Vatluna/Vetluna/ Vetalu
Volterra	Volaterrae	Velathri
Vulci	Vulci/Volci	Velch (?)

Anhang II: Epochen

1200 v. Chr.	Ausgang Bronzezeit (›Protovillanoviano‹)	›Seevölker‹ u. a. in Ägypten Untergang der mykenischen Kultur in Griechenland
1100		
1000	Anfang Eisenzeit (Villanova-Kultur)	
900		
800	Orientalisierende Zeit	um 760: Gründung Pithekoussai (Ischia)
700		
600	Archaische Zeit	ca. 600: Gründung Massalia ab ca. 550: Berichte über etruskische ›Piraten‹ 540: Seeschlacht von Aléria
500	Nacharchaische Zeit (Übergangsphase)	509: Sturz der Monarchie in Rom 474: Seeschlacht von Kyme 423: Capua wird samnitisch
400		396: Einnahme von Veji
300	Hellenistische Zeit (Romanisierungsphase)	280: Sieg Roms über Vulci 264: Zerstörung Volsiniis 218–201: 2. Punischer Krieg
200		
100		90–88 v. Chr.: Bundesgenossenkrieg
v. Chr. n. Chr.	Römische Kaiserzeit	41–54 n. Chr.: Kaiser Claudius
100		
200		
300	Spätantike	um 330: Letzte Aktivitäten etruskischer Priester
400 n. Chr.		

Anhang III: Bibliographie

Bei der Auswahl der weiterführenden Literaturhinweise wurde der Schwerpunkt auf neuere sowie auf deutsch- und englischsprachige Titel gelegt. Die Auswahl ist jeweils möglichst knappgehalten, aber darauf angelegt, alle wesentlichen Aspekte des in den jeweiligen Kapiteln behandelten Themas zu erschließen. Etwas umfangreicher und detaillierter ist die Liste für Kapitel 8, weil zu diesem ergänzendes Bildmaterial mit besonderem Gewinn herangezogen werden kann. Die Reihenfolge der Titel entspricht der ihres Erscheinens (aufsteigend).

Antike Quellentexte:

Die meisten der hier zitierten Quellen (und englische Übersetzungen) können leicht auf der Internetseite des Perseus-Projekts abgerufen werden: https://www.perseus.tufts.edu/hopper/

Überblicksdarstellungen:

Allgemein: M. Cristofani u. a., Die Etrusker, Stuttgart – Zürich 1985 (div. Neuausgaben); M. Pallottino, Etruskologie. Geschichte und Kultur der Etrusker, Basel 1988; ders. (Hg.), Rasenna. Storia e civiltà degli Etruschi, Milano 1986; F. Prayon, Die Etrusker, München 1996 (div. Neuauflagen); G. Camporeale, Die Etrusker. Geschichte und Kultur, Düsseldorf 2003; S. Haynes, Kulturgeschichte der Etrusker, Mainz 2005; G. Bartoloni (Hg.), Introduzione all'Etruscologia, Milano 2012; J. M. Turfa (Hg.), The Etruscan World, London 2013; F. Bubenheimer-Erhart, Die Etrusker, Darmstadt 2014; Ch. Smith, Die Etrusker, Stuttgart 2016; A. Naso (Hg.), Etruscology, 2 Bände, Berlin – New York 2017

Übersichten zur Topographie Etruriens und Ausgrabungsstätten: S. Steingräber, Etrurien. Städte, Heiligtümer, Nekropolen, München 1981; S. Bruni – G. Barbieri, Gli Etruschi delle città. Fonti, ricerche e scavi, Cinisello Balsamo 2010

Ausstellungskataloge (eine kleine Auswahl): M. Cristofani (Hg.), Civiltà degli Etruschi [Florenz 1985], Milano 1985; M. Pallottino (Hg.), Die Etrusker und Europa [Paris – Berlin 1992/93], Mailand 1992; M. Torelli (Hg.), The Etruscans [Venedig 2000/01], Milano 2000; B. Andreae u. a. (Hg.), Die Etrusker. Luxus für das Jenseits, Bilder vom Diesseits, Bilder vom Tod [Hamburg 2004], München 2004; P. S. Lulof – M. Akkerman (Hg.), Etruscans. Eminent Women, Powerful Men [Amsterdam – Leiden 2011/12], Zwolle 2011; L. Ambrosini u. a. (Hg.), Étrusques. Un hymne à la vie [Paris 2013/14], Paris 2013; C. Hattler (Hg.), Die Etrusker. Weltkultur im antiken Italien [Karlsruhe 2017/18], Darmstadt 2017

Kapitel 1:

Das Eingangszitat (in Übersetzung des Verfassers) aus: D. H. Lawrence, Etruscan Places. Travels Through Forgotten Italy, zuerst erschienen 1932, hier nach Ausgabe London 2011, S. 11

M. Cristofani, La scoperta degli Etruschi. Archeologia e antiquaria nel '700, Roma 1983; G. Bartoloni – P. Bocci Pacini, *The Importance of Etruscan Antiquity in the Tuscan Renaissance,* in: J. Fejfer u. a. (Hg.), The Rediscovery of Antiquity. The Role of the Artist, Acta Hyperboraea 10, Copenhagen 2003, S. 449–479; H.-U. Cain u. a. (Hg.), Renaissance der Etrusker. Vom Mythos zur Wissenschaft [Ausstellung Leipzig 2006/07], Leipzig 2006; S. Bruni, *Etruscans,* in: A. Grafton u. a. (Hg.), The Classical Tradition, Cambridge/Mass. – London 2010, S. 338–342; J. Swaddling (Hg.), An Etruscan Affair. The Impact of Early Etruscan Discoveries on European Culture, London 2018

Kapitel 2:

Ausgangspunkt auch der aktuellen Diskussionen ist die Rekonstruktion der Ethnogenese als »Formationsprozess« durch M. Pallottino, z. B. in der deutschen Übersetzung seines Standardwerks: Etruskologie (s. »Überblicksdarstellungen«), S. 77–101; Beiträge zu vielen unterschiedlichen, historischen, sprachgeschichtlichen, archäologischen und humangenetischen Aspekten des Themas gesammelt in: V. Bellelli (Hg.), Le origini degli Etruschi: storia, archeologia, antropologia, Roma 2012

Zur Diskussion in der Antike s. z. B. D. Briquel, *Die Frage der Herkunft der Etrusker. Ihre ideologische Bedeutung in der Antike,* in: M. Kunze – H. Heres (Hg.), Die Welt der Etrusker. Internationales Kolloquium Berlin 1988, Berlin 1990, S. 15–22

Zur Sprache kurz zusammenfassend: H. Rix, *Etruscan,* in: R. D. Woodaard (Hg.), The Ancient Languages of Europe, Cambridge 2008, S. 141–164; auf Deutsch ein älterer Beitrag vom selben Autor: *Schrift und Sprache,* in: Cristofani, Etrusker (s. »Überblicksdarstellungen«), S. 210–238; Sammlung etruskischer Texte: G. Meiser (Hg.), Etruskische Texte. Editio minor, 2 Bände, Hamburg 2014

Zum möglichen Zusammenhang mit den »Seevölkern« s. z. B. N. Oettinger, *Seevölker und Etrusker,* in: Y. Cohen u. a. (Hg.), Pax Hethitica. Studies on the Hittites and their Neighbours in Honour of Itamar Singer, Wiesbaden 2010, S. 233–246

Kapitel 3:

Gute Überblicke über die etruskische Geschichte vermitteln: K.-W. Weeber, Geschichte der Etrusker, Stuttgart 1979; M. Torelli, Die Etrusker, Frankfurt a. M. – New York 1988; den gesamtitalischen Kontext darstellend: M. Pallottino, Italien vor der Römerzeit, München 1987

Zu den Beziehungen zwischen Etruskern, Griechen und Phöniziern: S. Moscati, Italia punica, Milano 1986; M. E. Aubet, The Phoenicians and the West. Politics, Colonies and Trade, Cambridge 1993; D. Ridgway, The First Western Greeks, Cambridge 1992; G. R. Tsetskhladze (Hg.), Greek Colonisation. An Account of Greek Colonies and Other Settlements Overseas, 1, Leiden 2006; L. Donnellan u. a. (Hg.), Contexts of Early Colonisation [Konferenz Rom 2012], Roma 2016

Verhältnis zu italischen Völkern und Kelten: G. Camporeale (Hg.), The Etruscans outside Etruria, Los Angeles 2004; G. Bradley – E. Isayev – C. Riva (Hg.), Ancient Italy. Regions without Boundaries, Exeter 2007; P. Piana Agostinetti (Hg.), Celti d'Italia. I Celti dell'età di La Tène a sud delle Alpi. Atti del convegno internazionale Roma 2010, Roma 2017

Etrusker und Rom: A. Alföldi, Das frühe Rom und die Latiner, Darmstadt 1977; W. V. Harris, Rome in Etruria and Umbria, Oxford 1971; G. A. Mansuelli, L'ultima Etruria. Aspetti della romanizzazione del paese etrusco, Bologna 1988; L. Aigner-Foresti, Die Etrusker und das frühe Rom, 2. Aufl., Darmstadt 2009; M. Torelli, La forza della tradizione. Etruria e Roma: continuità e discontinuità agli albori della storia, Milano 2011

Kapitel 4:

Zur Entstehung städtischer Zentren in Etrurien: A. Mandolesi, La »prima« Tarquinia. L'insediamento protostorico sulla Civita e nel territorio circostante, Firenze 1999; M. Torelli, *The Etruscan City-State*, in: M. H. Hansen (Hg.), A Comparative Study of Thirty City State Cultures, Copenhagen 2000, S. 189–208; G. Bartoloni, *La nascita delle metropoli dell'Etruria meridionale*, in: M. Torelli – A. M. Moretti Sgubini (Hg.), Etruschi. Le antiche metropoli del Lazio. [Ausstellung Rom 2007/09], Milano 2008, S. 38–45; C. Riva, The Urbanisation of Etruria. Funerary Practices and Social Change, 700–600 BC, Cambridge 2010; M. Rendeli (Hg.), Le città visibili. Archeologia dei processi di formazione urbana, 1. Penisola italiana e Sardegna, Roma 2015

Zum etruskischen Städtebau und etruskischen Häusern seit dem 7. Jh. v. Chr.: G. Colonna, *Urbanistica e architettura*, in: Pallottino, Rasenna (s. »Überblicksdarstellungen«), S. 369–530; S. Steingräber, The Process of Urbanization of Etruscan Settlements from the Late Villanovan to the Late Archaic Period, Etruscan Studies 8, 1, 2008, S. 7–33 (auch im Internet: http://scholarworks.umass.edu/etruscan_studies/vol8/iss1/1); M. Bentz – Ch. Reusser, Marzabotto. Planstadt der Etrusker, Mainz 2008; dieselben (Hg.), Etruskisch-italische und römisch-republikanische Häuser, Wiesbaden 2010; G. M. Della Fina (Hg.), Dalla capanna al palazzo. Edilizia abitativa nell'Italia preromana. Atti del XXIII Convegno Internazionale di Studi sulla Storia e l'Archeologia dell'Etruria [Orvieto 2015], Roma 2016

Zu Bodenschätzen, landwirtschaftlichen Ressourcen und Landnutzung: G. Camporeale (Hg.), L'Etruria mineraria. [Ausstellung Portoferraio 1985],

Milano 1985; L'alimentazione nel mondo antico. Gli Etruschi (Roma 1987); G. Barker – T. Rasmussen, The Etruscans, Malden 1998, S. 141–215; V. Izzet, The Archaeology of Etruscan Society, Cambridge 2007, S. 189–206; L. Pulcinelli, L'Etruria meridionale e Roma. Insediamenti e territorio tra IV e III secolo a. C., Roma 2016

Zu den Handelsverbindungen der Etrusker: M. Cristofani, Gli Etruschi del mare, Mailand 1983; Pallottino, Etrusker und Europa (s. »Überblicksdarstellungen«); A. J. Nijboer, From household production to workshops. Archaeological evidence for economic transformations, pre-monetary exchange and urbanisation in central Italy from 800 to 400 BC, Groningen 1998; O. Höckmann, *Etruskische Schiffahrt*, Jahrbuch des Römisch-Germanischen Zentralmuseums 48, 2001, S. 227–308; L. Long u. a. (Hg.), Les Étrusques en mer. Épaves d'Antibes à Marseille, Aix-en-Provence 2002

Kapitel 5:

Zu Grabformen und -architektur: F. Prayon, Frühetruskische Grab- und Hausarchitektur, Heidelberg 1975; J. P. Oleson, The Sources of Innovation in Later Etruscan Tomb Design (ca. 350–100 BC), Roma 1982; S. Steingräber, Antike Felsgräber, unter besonderer Berücksichtigung der etruskischen Felsengräbernekropolen, Mainz 2015

Zur Tomba Regolini Galassi: L. Pareti, La tomba Regolini-Galassi del Museo Gregoriano Etrusco, Città del Vaticano 1947; G. Colonna – E. Colonna Di Paolo, *Il letto vuoto, la distibuzione dei corredi e la »finestra« della Tomba Regolini Galassi*, in: Etrusca et Italica. Scritti in ricordo di Massimo Pallottino, 1, Pisa 1997, S. 131–172

Zur Grabmalerei: S. Steingräber (Hg.), Etruskische Wandmalerei, Stuttgart 1985; S. Steingräber, Etruskische Wandmalerei. Von der geometrischen Periode bis zum Hellenismus, München 2006

Soziale Repräsentation und Jenseitsvorstellungen: B. d'Agostino, *Image and Society in Archaic Etruria*, Journal of Roman Studies 79, 1986, S. 1–10; M. Torelli, *Limina Averni. Realtà e rappresentazione nella pittura tarquiniese arcaica*, in: Il rango, il rito e l'immagine. Alle origini della rappresentazione storica romana, Milano 1997, S. 122–151; M. Nielsen, *»stemmate quod Tusco ramum millesime ducis …« (Persius Sat. 3.28): Family Tombs and Genealogical Memory among the Etruscans*, in: J. M. Højte (Hg.), Images of Ancestors, Aarhus 2002, S. 89–126; F. Prayon, Die Etrusker. Jenseitsvorstellungen und Ahnenkult, Mainz 2006; G. Sassatelli – A. Russo Tagliente (Hg.), Il viaggio oltre la vita. Gli Etruschi e l'Aldilà tra Capolavori e Realtà Virtuale, Bologna 2014; D. Steiner, Jenseitsreise und Unterwelt bei den Etruskern, München 2004; D. Steuernagel, *Die Geburt der Dämonen. Zum Wandel der etruskischen Grabikonographie im 5./4. Jh. v. Chr.*, in: A. Merkt (Hg.), Metamorphosen des Todes. Totengedenken, Bestattungskulturen und Jenseitsvorstellungen im Wandel der Zeit, Regensburg 2016, S. 23–43

Kapitel 6:

Aktuelle Beiträge zu unterschiedlichen Aspekten der etruskischen Gesellschaft: L. Aigner-Foresti – P. Amann (Hg.), Beiträge zur Sozialgeschichte der Etrusker. Akten der internationalen Tagung Wien 2016, Wien 2018

Zu Familienstrukturen und *Gentes*: H. Rix, *Zum Ursprung des römisch-mittelitalischen Gentilnamensystems*, in: H. Temporini (Hg.), Aufstieg und Niedergang der römischen Welt 1, 2 (Berlin – New York 1972) S. 700–758; G. Colonna, *Nome gentilizio e società*, Studi Etruschi 45, 1977, S. 175–192; P. Amann, Die Etruskerin. Geschlechterverhältnis und Stellung der Frau im frühen Etrurien (9.–5. Jh. v. Chr.), Wien 2000; Ch. Smith, The Roman Clan. The Gens from Ancient Ideology to Modern Anthropology, Cambridge 2006

Zu Sozialstruktur, verschiedenen Gruppen der Gesellschaft, Formen der Selbstdarstellung: J. Heurgon, Die Etrusker, 3. Auflage, Stuttgart 1981, S. 61–105 (teilweise überholt); J.-R. Jannot, Les reliefs archaïques de Chiusi, Rome 1984; B. d'Agostino, *Military Organization and Social Structure in Archaic Etruria*, in: O. Murray – S. Price (Hg.), The Greek City. From Homer to Alexander, Oxford 1990, S. 59–82; R. D. De Puma – J. P. Small (Hg.), Murlo and the Etruscans. Art and Society in Ancient Etruria, Madison 1994; M. Torelli, Il rango, il mito e l'immagine. Alle origini della rappresentazione storica romana, Milano 1997; G. Bartoloni (Hg.), Principi etruschi, tra Mediterraneo ed Europa [Ausstellungskatalog Bologna 2001/01], Venezia 2001; V. Bellelli – E. Benelli, Gli Etruschi. La scrittura, la lingua, la società, Roma 2018, S. 153–210

Zu politischen Institutionen und Ämtern: R. Lambrechts, Essai sur les magistratures des républiques étrusques, Bruxelles 1959; La lega etrusca, dalla dodecapoli ai quindecim populi. Atti della Giornata di Studi, Chiusi 1999, Pisa 2001; L. Aigner-Foresti – P. Siewert (Hg.), Entstehung von Staat und Stadt bei den Etruskern. Probleme und Möglichkeiten der Erforschung früher Gemeinschaften in Etrurien im Vergleich zu anderen mittelmeerischen Kulturen, Wien 2006

Kapitel 7:

Allgemein und zur etruskischen Götterwelt: A. J. Pfiffig, Religio Etrusca, Graz 1975; Nachdruck unter dem Titel: Die etruskische Religion, Wiesbaden 1998; F. Gaultier – D. Briquel (Hg.), Les Étrusques, les plus religieux des hommes. État de la recherche sur la religion étrusque, Paris 1997; J.-R. Jannot, Devins, dieux et démons. Regards sur la religion de l'Étrurie antique, Paris 1998; N. Thomson de Grummond – E. Simon (Hg.), The Religion of the Etruscans, Austin 2006; N. Thomson de Grummond, Etruscan Myth, Sacred History, and Legend, Philadelphia 2006; I. Domenici. Etruscae fabulae. Mito e rappresentazione, Roma 2009

Zu den religiösen Schriften der Etrusker und ihrer römischen Überlieferung: C. O. Thulin, Die etruskische Disciplin, Teil I-III, Göteborg 1905–1909;

Nachdruck in einem Band, Darmstadt 1968; G. Capdeville, *Die Rezeption der etruskischen Disziplin durch die gelehrten Römer*, in: L. Aigner-Foresti (Hg.), Die Integration der Etrusker und das Weiterwirken etruskischen Kulturgutes im republikanischen und kaiserzeitlichen Rom, Wien 1998, S. 385–419

Zu den etruskischen Originaltexten: M. Cristofani, Tabula Capuana. Un calendario festivo di età arcaica, Firenze 1995; L. B. van der Meer, The Bronze Liver of Piacenza. Analysis of a polytheistic structure, Amsterdam 1987; ders., Liber linteus Zagrabiensis. The Linen Book of Zagreb, Louvain 2007; V. Belfiore, Il liber linteus di Zagabria: testualità e contenuto, Pisa – Roma 2010

Stadtgründungsriten, Heiligtümer und Tempel: G. Colonna (Hg.), Santuari d'Etruria [Ausstellungskatalog Arezzo 1985], Milano 1985; I. Edlund-Berry, The Gods and the Place. Location and Function of Sanctuaries in the Countryside of Etruria and Magna Graecia (700–400 BC), Stockholm 1987; N. Thomson de Grummond – I. Edlund-Berry (Hg.), The Archaeology of Sanctuaries and Ritual in Etruria, Portsmouth 2011 (mit Bibliographie); E. Govi (Hg.), La città etrusca e il sacro. Atti del Convegno, Bologna 2016, Bologna 2017

Toten- und Ahnenkult: S. Steingräber, *Ahnen in etruskischen und unteritalischen Grabgemälden*, in: J. M. Højte (Hg.), Images of Ancestors, Aarhus 2002, S. 127–158; F. Prayon, Die Etrusker. Jenseitsvorstellungen und Ahnenkult, Mainz 2006

Kapitel 8:

Allgemein zur etruskischen Kunstgeschichte: R. Bianchi Bandinelli – A. Giuliano, Etrusker und Italiker vor der römischen Herrschaft. Die Kunst Italiens von der Frühgeschichte bis zum Bundesgenossenkrieg, München 1974; M. Sprenger – G. Bartoloni, Die Etrusker. Kunst und Geschichte, München 1977; O. Brendel, Etruscan Art, Harmondsworth 1978 (Neuauflage New Haven 1995); M. Cristofani, L'arte degli Etruschi. Produzione e consumo, Torino 1978; M. Torelli, L'arte degli Etruschi, Roma – Bari 1985; N. J. Spivey, Etruscan Art, London 1997

Grabmalerei: s. zu Kapitel 5, außerdem: A. Naso, *The Origins of Etruscan Tomb Painting*, Ancient West & East 9, 2010, S. 63–86; A. Russo Tagliente u. a. (Hg.), Pittura di terracotta. Mito e immagine nelle lastre dipinte di Cerveteri, Roma 2018

Keramik: J. D. Beazley, Etruscan Vase Painting, Oxford 1947; T. Rasmussen, Bucchero Pottery from Southern Etruria, Cambridge 1979; M. Martelli, La ceramica degli Etruschi. La pittura vascolare, Novara 1987; M. A. Rizzo (Hg.), Un artista etrusco e il suo mondo. Il pittore di Micali. [Ausstellung Rom 1988], Roma 1988; Ch. Reusser, Vasen für Etrurien. Verbreitung und Funktionen attischer Keramik im Etrurien des 6. und 5. Jahrhunderts vor Christus, Zürich 2002; M. Scarrone, La pittura etrusca vascolare del V secolo, Roma 2015; J. Gran-Aymerich, Les vases de bucchero. Le monde étrusque entre Orient et Occident, Roma 2017

Bronzen: N. Thomson de Grummond (Hg.), A Guide to Etruscan Mirrors, Tallahassee 1982; S. Haynes, Etruscan Bronzes, London 1985; M. Cristofani, I bronzi degli Etruschi, Novara 1985; A. Emiliozzi – A. Maggiani (Hg.), Caelatores. Incisori di specchi e ciste tra Lazio ed Etruria. Atti della Giornata di studio Roma 2001, Roma 2002

Goldschmiedekunst: M. Cristofani – M. Martelli, L'oro degli Etruschi, Novara 1983; G. Nestler – E. Formigli, Etruskische Granulation. Eine antike Goldschmiedetechnik, Siena 1993; K. Geppert, Studien zu Aufnahme und Umsetzung orientalischer Einflüsse in Etrurien und Mittelitalien vom Ende des 8. bis Anfang des 6. Jh.s v. Chr, Berlin 2006

Glyptik: P. Zazoff, Etruskische Skarabäen, Mainz 1968; E. Zwierlein-Diehl, Antike Gemmen und ihr Nachleben, Berlin 2007, S. 81–96

Terrakottaskulptur: G. Maetzke (Hg.), La coroplastica templare etrusca fra il IV e il II secolo a.C. Atti del XVI Convegno di Studi Etruschi e Italici, Orbetello 1988, Firenze 1992; N. Winter, Symbols of Wealth and Power. Architectural Terracotta Decoration in Etruria and Central Italy, 600–510 BC, Ann Arbor 2009; P. S. Lulof (Hg.), Deliciae fictiles IV. Architectural Terracottas in Ancient Italy: Images of Gods, Monsters and Heroes. Proceedings of the International Conference, Rome – Syracuse 2009, Oxford 2011

Grabskulpturen und -reliefs: Jannot, Les reliefs (zu Kap. 6); Sassatelli – Russo Tagliente (zu Kap. 5); ferner A. Hus, Recherches sur la statuaire en pierre étrusque archaïque, Paris 1961; A. M. Moretti Sgubini, *Vulci. La patria della scultura monumentale in pietra*, in: M. Torelli – A. M. Moretti Sgubini (Hg.), Etruschi. Le antiche metropoli del Lazio [Ausstellungskatalog Rom 2008/09], Milano 2008, S. 110–119

Sarkophage und Urnen: R. Herbig, Die jüngeretruskischen Steinsarkophage, Berlin 1952; M. Cristofani, Statue-cinerario chiusine di età classica, Roma 1975; A. Maggiani (Hg.), Artigianato artistico. L'Etruria settentrionale interna in età ellenistica [Ausstellung Volterra 1985], Milano 1985; L. B. van der Meer, Myths and More on Etruscan Stone Sarcophagi (c. 350 – c. 200 BC), Louvain 2004

Porträt: M. Papini, Antichi volti della Repubblica. La ritrattistica in Italia centrale tra IV e II secolo a. C., Roma 2004

Mythen in der etruskischen Kunst: I. Krauskopf, Der thebanische Sagenkreis und andere griechische Sagen in der etruskischen Kunst, Mainz 1974; L. B. van der Meer, Interpretatio Etrusca. Greek Myths on Etruscan Mirrors, Amsterdam 1995; D. Steuernagel, Menschenopfer und Mord am Altar. Griechische Mythen in etruskischen Gräbern, Wiesbaden 1998; Thomson de Grummond, Etruscan Myth (Kap. 7); F. de Angelis, Miti greci in tombe etrusche. Le urne cinerarie di Chiusi, Roma 2015

Bildnachweis:
4: Wikimedia Commons Waterborough; 12: akg-images / Rabatti & Domingie; 5: akg-images / De Agostini / Archivio J. Lange; 9: akg-images / De Agostini Picture Library; 10: © Institut für Klassische Archäologie Tübingen, Foto: Th. Zachmann; 13: akg-images / De Agostini Picture Lib. / G. Nimatallah; 14: akg-images / Erich Lessing; 15: Schwanke, Neg. 82.565, D-DAI-Rom; 18: akg-images / De Agostini Picture Lib. / G. Dagli Orti; 24: akg-images / André Held; 25, 26: akg-images / Pirozzi; 27: akg-images / Nimatallah; 28: Faraglia, Neg. 29.292, D-DAI-Rom; 29: mauritius images / Peter Horree / Alamy

FSC
www.fsc.org
MIX
Papier aus verantwortungsvollen Quellen
FSC® C083411

Bibliografische Information der Deutschen Nationalbibliothek
Die Deutsche Nationalbibliothek verzeichnet diese Publikation in der Deutschen Nationalbibliografie; detaillierte bibliografische Daten sind im Internet über http://dnb.d-nb.de abrufbar.

Covergestaltung: Anja Carrà, Weimar
Lektorat: Stefan Gücklhorn
Satz und Bearbeitung: SATZstudio Josef Pieper, Bedburg-Hau
Der Titel wurde in der Palatino Linotype gesetzt.
Gesamtherstellung: CPI books GmbH, Leck – Germany

ISBN: 978-3-7374-1138-7

Mehr über Ideen, Autoren und Programm des Verlags finden Sie auf www.verlagshausroemerweg.de und in Ihrer Buchhandlung.

LIGURIA
Piacenza
Mantova
Adige
Po
Genua
Modena
Bologna
Luni
Marzabotto
Villanova
Mare Ligusticum
(Ligurisches Meer)
Pistoia
Pisa
Arno
Fiesole
Florenz
Casale
Marittimo
Volterra
Colline
metallifere
Siena
Populonia
Murlo
Elba
Lago
Trasimeno
Vetulonia
Roselle
Chiusi
Perugia
Korsika
Ombrone
Aleria
Talamone
Bolsena
Sovana
Marsiliana
Orvieto
Cosa
Bisenzio
Vulci
Tuscania
Tarquinia
Monti
della
Tolfa
Gravisca
Pyrgi
Cerveteri
Veji
Rom
Ostia
Ariccia
Satricum
Sardinien
Mare Tyrrhenum
(Tyrrhenisches Meer)
Etruskisches Kernland
Maximale Ausdehnung der
etruskischen Hegemonie